別冊 金融・商事判例

最新 金融・商事法判例
の分析と展開

監修：小出　篤

経済法令研究会

はしがき

　法律実務における判例研究の重要性については改めて述べるまでもないが、特に金融・商事分野においてその意義はますます大きくなってきている。会社法や金融商品取引法などをはじめとした近年の一連のビジネス関連法制の整備からしばらく時間も経過したことで実務の蓄積も進み、そうした法制に関する新しい法的論点について裁判所の判断が問われるケースが多くなってきている。とりわけ近年のビジネス関連法制は、事前規制型から事後救済型にその規制モデルを移しつつあり、したがって事後的な紛争処理において裁判所が示す見解は、これらの法制度の本質的理解にかかわるものが少なくない。これらの判例を検討し、適切な理解を行うことは、理論のみならず実務にとっても極めて重要であるといえよう。

　さらに、金融・商事分野における判例は、ビジネス実務におけるイノベーションによって日々生まれる各種の新しい取引を対象とするものが多い。これらの判例を理解することは、こうした新しいビジネスを法制度の面から整理し直すことにほかならない。こうしたイノベーションをキャッチアップするために、実務家にとって金融・商事分野の最新判例ほどよい素材はないといえる。

　本誌では金融・商事関連の最新判例について、気鋭の弁護士による研究をまとめ、公表することとした。研究にあたっては、伝統的な判例評釈のスタイルに必ずしも拘泥することなく、①なるべく事案を丁寧に整理することで、問題となっている実務の実態を明らかにすること、②当該事例に関する法解釈の整理はもちろん、実務にとっての有効な指針を提示すること、を心がけている。

　本誌に掲載された諸研究のベースとなったのは、金融・商事分野に関心を有する弁護士を中心とした自主勉強会である（なお、この勉強会ではかつて、企業不祥事について会社役員の民事・刑事責任が問われた判例を研究し、まとめたこともある。『企業不祥事判例にみる役員の責任』（別冊金融・商事判例）参照）。勉強会には、企業の一線での勤務経験を有する弁護士や判事の経験を持つ弁護士、法科大学院で研鑽を積んだ弁護士など、幅広いバックグラウンドを有した弁護士が集まり、議論は毎回大変実りの多いものとなった。本誌掲載の各研究は、もちろんいずれも執筆者の個人的見解を述べたものではあるが、勉強会におけるこうした熱心な議論を経たものである。

　研究会の開催にあたっては、毎回、桃尾・松尾・難波法律事務所に、立派な会議室を快く利用させていただいた。また、本誌の出版にあたっては、㈱経済法令研究会の地切修氏、中村桃香氏に大変にご尽力いただいた。心より感謝申し上げる。

　　2013年4月

　　　　　　　　　　　　　　　　　学習院大学法学部・法科大学院教授　小出　篤

◆別冊 金融・商事判例◆

最新 金融・商事法判例の分析と展開

目　　次

I　金融関係

1　銀行が販売した投資信託についてこれを購入した受益者の破産管財人が当該投資信託契約を解約して銀行に解約金の支払を求める場合に、銀行がした受益者に対して破産手続開始当時に有していた貸金債権を自働債権、当該解約金の支払債務に対応する債権を受働債権とする相殺の許否
（大阪高判平成22・4・9本誌1382号48頁）……………… 弁護士　鈴木　雄介・6

2　投資信託受益権を共同相続した相続人らの一部が、当該投資信託を解約し、相続分に応じた解約金の支払を請求した事例（消極）
（大阪地判平成23・8・26金融法務事情1934号114頁）…… 弁護士　浦山　慎介・16

3　ノックイン事由が生じた場合の償還価格が株価指数と連動して増減する仕組債につき、これを販売した証券会社に説明義務違反があったとして、不法行為に基づく損害賠償請求が認められた事例（過失相殺7割）
（東京高判平成23・10・19金融法務事情1942号114頁）
………………………………………………… UBS銀行法務部　赤間　英一・25

4　銀行と顧客（事業者）との間のリスクヘッジを目的とする金利スワップ契約につき、締結に際して銀行側に重大な説明義務違反があるため、同契約が信義則に違反するものとして無効であり、かつ、銀行の不法行為を構成するとされた事例
（福岡高判平成23・4・27本誌1369号25頁）………………… 弁護士　加藤　伸樹・35

5　信用金庫の会員が、常務会理事が決定した融資が金庫に対する善管注意義務違反に当たるとして求めた会員代表訴訟が認容された事例
（宮崎地判平成23・3・4判例時報2115号118頁）…………… 弁護士　加藤　洋美・46

Ⅱ　商事法関係

6 新株予約権の行使条件に反した権利行使による株式発行の効力
（最判平成23・4・24本誌1392号16頁）……………………… 弁護士　渡辺　　久・57

7 グルグル回し取引によって不良在庫を抱えて経営が破綻した子会社に対する親会社の不正融資等について親会社の取締役の忠実義務及び善管注意義務違反の成否
（福岡地判平成23・1・26本誌1367号41頁、福岡高判平成24・4・13本誌1399号24頁）
……………………………………………………………………… 弁護士　松尾　剛行・65

8 子会社の発行済全株式の譲渡について、親会社である譲渡人が譲受人に対して「表明保証」した場合に、表明保証に基づく責任を負わないとされた事例
（東京地判平成23・4・19本誌1372号57頁）………………… 弁護士　杉本　亘雄・78

9 濫用的会社分割について会社法22条1項の類推適用が認められた事例
（東京地判平成22・11・29判例タイムズ1350号212頁）…… 弁護士　山田　晴子・86

10 新設分割において、新設会社は法人格否認の法理により分割会社と同様の責任を負うとされた事例
（福岡地判平成22・1・14本誌1364号42頁）………………… 弁護士　村岡賢太郎・96

11 会社分割による個々の財産移転行為が否認権の対象となるとされた事例
（福岡地判平成22・9・30判例タイムズ1341号200頁）…… 弁護士　木下　雅之・104

12 株式買取価格決定に関する許可抗告事件—インテリジェンス株式価格決定事件
（最決平成23・4・26本誌1375号28頁）……………………… 弁護士　澁谷　展由・114

13 1　いわゆる「未公開株式」が売買された場合と当該株式を発行した株式会社の買主に対する損害賠償責任の有無（積極）
　　 2　いわゆる「未公開株式」が売買された場合と当該株式を発行した株式会社の代表取締役ないし取締役の買主に対する損害賠償責任の有無（積極）
（東京高判平成23・9・14本誌1377号16頁）………………… 弁護士　今田　　瞳・124

14 有価証券報告書等に虚偽の記載がされている上場株式を取得した投資者の損害賠償請求を認めた事件（西武鉄道株式会社株主事件①②）
（最判平成23・9・13本誌1383号15頁）……………………… 弁護士　中根　敏勝・133

I　金融関係

① 銀行が販売した投資信託についてこれを購入した受益者の破産管財人が当該投資信託契約を解約して銀行に解約金の支払を求める場合に、銀行がした受益者に対して破産手続開始当時に有していた貸金債権を自働債権、当該解約金の支払債務に対応する債権を受働債権とする相殺の許否（大阪高判平成22・4・9本誌1382号48頁）

弁護士　鈴木　雄介

I　事案の概要

1　取引の開始

A（破産者）とY（銀行業務を目的とする株式会社）は、平成18年3月31日、委託者をB、受託者をC、受益者をAとする証券投資信託に関する累積投資取引契約（以下、「本件契約」という）を締結し、取引を開始した。当初、受益証券が発行され、Yが保護預りしていたが、平成19年1月4日以降、Aの受益権は、振替機関及び口座管理機関（Y）が備え置く振替口座簿の記録によって管理されるようになった。

2　Aの破産申立

Aは、平成20年6月13日、破産手続開始決定を受け、XがAの破産管財人に選任された。破産手続開始決定時、Aが本件契約に基づき購入した受益権を有していたことから、Xは、Yに対し、平成20年7月11日付け書面で、本件契約について解約金の支払を受けたい旨を伝え、その手続の教示を求めた（もっとも、これをもって解約の意思表示とは認定されていない）。

3　XによるYに対する訴訟提起

Yから本件契約の解約金の支払がなされないため、平成21年1月14日、Xは、Yに対し、解約金の支払を求める訴えを提起した。この訴えを受け、同年4月27日、YはBに対し、本件契約に係る信託契約の解約手続を行い、同年5月1日にBから621万3754円の解約金を受領した。そして、Yは、同年5月13日の本件第3回口頭弁論期日において、YがAに対して有する貸金返還請求権を自働債権、本件契約の解約金の支払債務に対応するAがYに対して有する債権を受働債権として、対当額で相殺する旨の意思表示をした。

原審（大阪地判平成21・10・22本誌1382号54頁）は、Yの相殺の抗弁を認め、Xの請求を棄却した。そこで、Xが控訴したところ、控訴審は原審を維持し、控訴を棄却した。Xは上訴したものの上告不受理となり（最決平成23・9・2金融法務事情1934号105頁）、控訴審が確定している。

※1　A・Y間の契約

Yが定めた投資信託取引約款、投資信託受益権振替決済口座管理規定及び累積投資約款において、①Yが受益権の販売のほか、解約実行請求の受付及び一部解約金の代理受領や受益者への支払などの業務を行うこと、②Yの振替口座簿で管理されている受益権は、受益者からの申し出により他の口座管理機関に振替ができること、③受益権の購入及び解約の申込は、Y所定の手続により行うこと、④解約金は、受益者が届け出たYの指定預金口座に入金されること、⑤解約は、受益者から解約の申し出があった場合のほか、やむを得ない事情によりYが解約を申し出たときにもなされ得ることなどが定められている。

※2　B・C間の契約

BとCの定めた投資信託約款において、①受益権は、振替口座簿に記載又は記録されることにより定まること、②受益権の換金は、受益者がBに対して信託契約の解約の実行を請求する方法によること、③この解約実行請求を受益者が行使するときは、受益権を販売した販売会社に対して振替口座簿に記載又は記録された振替受益権をもって行うこと、④Bが解約実行請求を受け付けた場合には信託契約の一部を解除し、一

部解約金は販売会社の営業所などにおいて受益者に支払うことなどが定められており、B・C間の契約においても振替機関及び口座管理機関（Y）の関与（①）及び販売会社（Y）を通じた解約権行使に基づく受益権の換金手続（③④）が予定されていた。

Ⅱ 判決要旨

1 原審（請求棄却）

「2 争点(2)（相殺の可否）について

(1) 本件契約の解約金請求権の性質については……Yは、解約実行請求がなされること及びBから一部解約金の交付を受けることを条件として解約金の支払義務を負い、Xは、Yに対し、前記条件の付いた解約金支払請求権を有するものと解するのが相当である（最高裁判所平成17年(受)第1461号・平成18年12月14日第一小法廷判決・民集60巻10号3914頁参照）。

(2) 次に、かかる条件付債権を受働債権とし、Yが破産者に対して有している破産債権を自働債権として相殺することができるか。すなわち、本件において破産法67条2項が適用されるかどうかが問題となる。

ア この点、破産債権者であるYは、破産者の破産宣告時において破産者に対して停止条件付債務を負担している場合においては、特段の事情のない限り、停止条件不成就の利益を放棄したときだけでなく、破産宣告後に停止条件が成就したときにも、破産法67条2項後段の規定により、前記停止条件付債務、すなわち、破産財団所属の停止条件付債権を受働債権として、破産債権を自働債権として、相殺をすることができるものと解される（最高裁判所平成13年(受)第704号・平成17年1月17日第二小法廷判決・民集59巻1号1頁参照）。

イ したがって、本件においては、相殺の主張が許されない前記の特段の事情が存するかどうかが問題となる。

この点、本件契約においては、解約実行請求が誰からも永遠になされないことにより条件不成就となることは、利殖を目的に運用される投資信託の性質上およそ考えにくいことに加えて、解約実行請求があったにもかかわらず解約金が委託者からYに全く支払われないことにより条件不成就となることも、運用の結果が解約金に反映されることはともかく、受益権が信託財産として分別管理・運用される投資信託においてはおよそ考えにくいことなどに照らせば、前記(1)のとおり、本件契約の解約金請求権が停止条件付債務であるとしても、条件不成就によりYがその債務を免れることは、まず考えられない性質のものである。逆に、前提事実(2)によれば、Yとしては、いつでも破産者から本件契約の解約申出を受ける可能性があったのであり、その場合は、所定の手続により、委託者からYに対して解約申出当時の基準価格により形式的機械的に算出される解約金が支払われ、Yがこれを破産者に支払う義務を負う高度の蓋然性を有していたといえる。

そうすると、Yが破産者に負っていた債務は、停止条件付とはいっても、その条件不成就がほとんど考えられず、その債務額も基準価格により、いかなる時期においても容易にその算定をなし得る性質のものである。したがって、Yとしては、破産者の破産宣告時において、容易に現実化する一定額の債務を負担していたものであって、Yの破産者に対して有していた破産債権との関係においては、相殺の担保的機能に対する合理的な期待を有していなかったとまでは言えない。そして、このような事情に照らせば、前記の判断は、少なくとも受益者の破産宣告後における相殺の可否を検討するに当たっては、単なる債務不履行のみによって受益権に対するYの処分権が認められるかどうかに関する銀行取引約定の解釈や議論によって左右されるものではないものと解される。

ウ 他方、Xは、本件契約による解約金支払債権が、Xの解約実行請求によらねば現実化しないことを前提に、そもそも破産法67条2項に該当しないか、同条項による相殺が許されない特段の事情があることを指摘する。

しかし、……そもそも将来にわたって解約実行請求がなされないことで条件不成就となることは想定されていないと解されるし、破産者の財産を換価し配当すべき破産状況下においては、破産管財人において、解約実行請求の時期を利殖の観点から全く自由に選択し得ると解するのも相当では

ない。……破産債権者から相殺権が行使されることにより…当該破産債権者の破産債権が減少するから、他の破産債権者への配当がその分増加するのであり、破産管財人としては、破産者の受益権を放置することは、その職責上許されていないものと考えられる。したがって、受益者が破産した場合には、いずれにしても、解約金支払債権は現実化すべきものであって、Ｘの指摘の前提は、当裁判所の採用するところではない。

エ そうすると、本件において、Ｙによる相殺権の行使を否定すべき特段の事情は存しないというべきである。

(3) 以上によれば、本件において、Ｘによる解約実行請求がなされたこと及びＹがＢから解約金の交付を受けたことは、前記１から明らかであることから、破産宣告後に受働債権の停止条件が成就したことが認められる。さらに、Ｙによる相殺権の行使を否定すべき特段の事情も認められないから、Ｘの本訴請求に対するＹの相殺の主張には理由がある。」

２ 控訴審（控訴棄却）

「１ 判断の大要

当裁判所も、Ｙのなした、貸金債権を自働債権としてＸがＹに対して有する解約金支払請求権と相当額で相殺するとの相殺権の行使は有効であり、Ｘの請求権は消滅したから、Ｘの請求は棄却すべきものと判断する。……。

２ 当審におけるＸの補充主張に対する判断

(1) Ｘは、投資信託の販売会社は単なる取次にすぎず、自ら投資信託を解約等して換金することもできないから、これに対して相殺の対象として期待すべき相当性はない旨主張する。

しかし、本件契約において、Ｙは、Ａの受益権を管理する口座管理機関であり、Ｙを通してのみ他の口座管理機関への受益権の振替及び信託契約の解約による換金が可能であって、また、解約があった場合に、その解約金はＹの指定預金口座に入金されることが明らかである。したがって、Ｙの立場は、受益者であるＡと委託者であるＢを取り次いで投資信託の販売を行うことで終了するものではなく、その後も、解約若しくは他の口座管理機関への振替がなされるまで、本件契約に基づく受益権をその管理支配下に置いているということができる。したがって、このような受益者であるＡと口座管理機関であるＹとの関係は、信託契約の解約金について、Ｙの知らない間に処分されることがなく、また、その支払はＹの預金口座を通じての支払となることからして、相殺の対象となるとＹが期待することの相当性を首肯させるものというべきである。

(2) また、ＡとＹとの間の銀行取引約定書（《証拠略》）には、ＡがＹに対する債務を履行しなかった場合には、Ｙがその占有しているＡの動産、手形その他の有価証券について、必ずしも法定の手続によらず一般に適当と認められる方法、時期、価格等により、当該動産又は有価証券を取立て又は処分の上、その取得金から諸費用を差し引いた残額を法定の順序にかかわらずＡの債務の弁済に充当できるとの任意処分に関する規定（４条３項）及びＹが、ＡのＹに対する債務とＡのＹに対する預金その他の債権とをいつでも相殺し、又は払戻し、解約、処分のうえ、その取得金をもって債務の弁済に充当することができるとの差引計算に関する規定（７条１項）が存在することが認められる。これらは、直接Ｙに対する権利でないものであっても、Ｙが事実上支配管理しているものについては、事実上の担保として取り扱うことを内容とする約定であって、このような約定の存在は、本件契約に基づく投資信託の解約金についてもＹの相殺の対象と期待することが自然であることを示しているというべきである。」

Ⅲ 分析・検討

判旨に賛成。

１ 問題の所在

相殺の担保的効力が最大限に発揮されるのは相手方無資力の際である。もっとも、相手方が破産した場合には、相殺権の行使といえども破産法の規定に服することになる。ここで、破産法は、原則として破産債権者による相殺による優先的回収を認めることとし（破産法67条）、相殺による不当な優先的満足となるような場合に限って例外的に相殺を禁止している（同法71条１項・72条１

項)。こうした規定に関連して、本件では、破産手続開始当時に有していた貸金債権を自働債権、破産手続開始決定後に条件の成就した投資信託の解約金(本件契約に基づき購入した受益権の解約により発生した解約金につき、判旨に従い「投資信託の解約金」と表現する)の支払債務に対応する債権を受働債権とするYによる相殺の可否が問題とされた。

2 投資信託の解約金支払債務の性質

本件におけるYによる相殺の可否を検討する上で、まず、YがAに対して負担した投資信託の解約金支払債務の性質が問題となる。

投資信託の解約金の法的性質に関し、原審が引用する最高裁平成18年12月14日判決(民集60巻10号3914頁、本誌1262号33頁)(以下、「平成18年判決」という)は、①投資信託の販売会社は、受益者に対し、委託者から一部解約金の交付を受けることを条件として一部解約金の支払義務を負う、②受益者は、販売会社に対し、同条件の付いた一部解約金支払請求権を有すると判示する。この平成18年判決を踏襲し、原審は、本件契約の解約金請求権の性質について、Xから解約実行請求がなされること、YがBから投資信託の一部解約金の交付を受けることを停止条件としてYはXに対して解約金の支払義務を負い、Xは、Yに対し、同条件の付いた解約金支払請求権を有すると判断しており、控訴審においてこの判断は維持されている。

3 破産債権者が破産手続開始の時に停止条件付であり、破産手続開始後に停止条件が成就した債務に対応する債権を受働債権とし、破産債権を自働債権として相殺することの可否

破産債権者は、破産手続開始時に期限付き又は条件付きの債務に対応する債権を受働債権とする相殺が許される一方で(破産法67条2項後段、旧破産法99条後段)、破産手続開始後に負担した債務に対応する債権を受働債権とする相殺が許されないとされている(同法71条1項1号、旧破産法104条1号)。そこで、Yの負担した債務が停止条件付の債務であるとして、破産手続開始後に条件の成就した同債務に対応する債権を受働債権とする相殺が許されるか問題となる。

この問題に関し、最高裁平成17年1月17日判決(民集59巻1号1頁、本誌1220号46頁)(以下、「平成17年判決」という)は、旧破産法下において「破産債権者は、その債務が破産宣告の時において期限付である場合には、特段の事情のない限り、期限の利益を放棄したときだけでなく、破産宣告後にその期限が到来したときにも、法99条後段の規定により、その債務に対応する債権を受働債権とし、破産債権を自働債権として相殺をすることができる。また、その債務が破産宣告の時において停止条件付である場合には、停止条件不成就の利益を放棄したときだけでなく、破産宣告後に停止条件が成就したときにも、同様に相殺をすることができる。」と判示する。

この平成17年判決を受け、現行破産法下において「特段の事情のない限り」、破産債権を自働債権、破産手続開始の時に停止条件付であり、破産手続開始後に停止条件が成就した債務に対応する債権を受働債権とする相殺が許されている。残された問題は、如何なる場合に「特段の事情」が認められるかである。本件では、この「特段の事情」の有無に関連して相殺権の濫用が争点の1つとされた。

4 破産手続と相殺権の濫用

(1) 相殺権の濫用に対する制度

破産手続開始決定後の相殺権の濫用は、破産法が規定をおいて対処している濫用と(破産法71条1項・72条1項)、破産法の規定では直接的に対処できない濫用に分けることができる(三木浩一「相殺権の濫用」判例タイムズ830号192頁)。

現行破産法は、相殺権の濫用といえる場合の対処として、破産債権者が破産者に対して債務を負担した場合(同法71条)と、破産者に債務を負担する者が破産債権を取得した場合(同法72条)について相殺を禁止する規定を設け、破産手続開始後、支払不能後、支払停止後、破産手続開始申立後の相殺禁止の要件を定めている。こうした規定が定められた趣旨は、債権者平等の理念に反しない範囲で相殺の担保的機能を認めることにある。これらの破産法の規定では直接的に対処できない

ような濫用として、実質的危機時期以前の駆込的ケース（木川裕一郎「相殺権の濫用」山本克己ほか編『新破産法の理論と実務』321頁）が挙げられる。もっとも、平成16年破産法改正の際、支払不能後に破産者に対して債務を負担した場合や破産債権を取得した場合について相殺を禁止する規定が新設されており（同法71条1項2号・72条1項2号）、こうした立法措置により、破産法の規定では直接的に対処できない相殺権の濫用を検討すべき場面は一層狭まっている。

(2) 破産手続と相殺権の濫用に関する判例

平成17年判決のいう「特段の事情」として相殺権の濫用に該当する場合が考えられており（三木素子「破産債権者が破産宣告の時において期限付又は停止条件付であり破産宣告後に期限が到来し又は停止条件が成就した債務に対応する債権を受動債権とし破産債権を自働債権として相殺することの可否」法曹時報60巻4号1203頁、木川裕一郎「相殺禁止」山本ほか編・前掲310頁など）、以下では下級審裁判例において破産手続と関連して相殺権の濫用が問題とされた事案を概観する。

相殺が濫用といえるか否かは、具体的な事実関係に基づきは決定されるところ、以下の各下級審裁判例では、相殺に対する合理的期待の有無、破産債権者の平等、反信義性といった点が重視されている。こうした視点は、破産法上の相殺禁止の解釈に言及する最高裁昭和61年4月8日判決（民集40巻3号541頁、本誌747号3頁）、最高裁昭和63年10月18日判決（民集42巻8号575頁、本誌810号3頁）と軌を一にする。

① 名古屋高裁平成12年4月27日判決（判例時報1748号134頁）

（事案の概要）

破産者Aが賃借していた建物に関し、破産管財人Xが解約して建物を返還した上で、賃貸借の契約時に差し入れていた敷金及び店舗建設協力金（賃貸人YがAの希望する仕様の建物を建築するなどの理由でAからYに交付された）の返還請求をしたところ、Yから、敷金及び建設協力金の未返還額を賃貸借契約の中途解約時に生じる違約金に相殺充当する特約を理由に、返還債務は存在しない旨の反論がなされた。

（判旨）

「……破産手続における相殺は、他の破産債権者に優先して満足を与える結果となるものであるから、少なくとも相殺できることへの合理的な期待の範囲内で認められるべきものであり、右範囲を超える相殺は、破産債権者全体の公平を害することになって、破産法104条各号に具体的に該当しなくとも、権利の濫用として許されないものである。AとYらは、本件賃貸借契約において本件特約を合意したのであるから、Yらとしては、違約金全額との相殺を期待していたことになるが、破産手続においては、本来の契約当事者間の期待だけではなく、債権者全体の立場も考慮して、合理的な期待の範囲といえるかどうかを検討すべきである。」

「5　右事情によれば、本件特約による違約金債権を自働債権とする相殺を全面的に認めることは、合理的な期待の範囲を超えているといえるから、その範囲を超えた部分については、権利の濫用として許されない。」

② 大阪高裁平成7年12月26日判決（判例タイムズ918号139頁）

（事案の概要）

A銀行グループに属し、破産者Bに対する担保余力があるファイナンス会社Yが、Yの担保余力を利用して、担保を喪失したAから、AのBに対する債権を譲り受けた上で、BがYに対して供していた担保を処分した後の残額返還請求権を受働債権、Aから譲り受けた債権などを自働債権として相殺したところ、これら担保権の行使や相殺が権利の濫用に当たるとして、Bの破産管財人XがYに対して担保の清算金などの返還を請求した。

（判旨）

「支払停止以前の段階でも債務者の支払能力が危機的状況であることが客観的に裏付けられ、特定の債権者の利益を図る為に担保余力を行使するときは一般債権者を害することとなることが十分認識し得る情況が存する場合には、担保余力の行使はその実質において駆け込み割引等と同様の不当性、反信義性を有するに至るものであり、かかる場合担保余力の利用と駆け込み割引等とに差異はないというべきである。そして前記認定したBの逮捕に至る経緯及び本件債権譲渡の行われた経

緯に照らせば本件が右の場合に該たることは明らかである。」
③　大阪地裁平成6年10月25日判決（判例時報1529号95頁）（②の原審）
（事案の概要）
②参照
（判旨）
「もとより、取引社会において、資力の乏しい相手方の資産からいち早く自らの債権の満足をえた結果、他の債権者が遅れをとることになったとしても、それは自由競争の必然の結果ともいうるところであって、特に本件Yのように、充分な担保設定を受けるなど……債権回収により勤勉であった者について、右の点のみを理由として、その債権回収行為を非難することはできないというべきである。

しかしながら、このような取引社会においてもおのずから限度かあり、権利の濫用にわたるような場合には、その権利行使が許されないことは当然であるところ、これについて本件をみるに、前記認定によれば、A銀行は、破産者から担保として供した定期預金証書の偽造という犯罪行為の存在を密かに告白され、その信用悪化が決定的なものになることを知ったが、A銀グループに属するYの担保余力を利用すれば、その債権を駆け込み的に回収することかできることから　その旨をYに告げて積極的な協力を求めたところ、Yは、これに積極的に加担して専ら同銀行の利益を図ろうとしたものであり、Yによる債権回収の具体的方法としても、当初から自らの破産者に対する債権であった第一手形貸付債権元本の少なくない部分の回収についてはわざわざ相殺によるものと、本件譲受債権のほぼ全額の回収については担保権の行使によるものとしたのも、譲受債権にかかる相殺によったのでは破産法104条4号の規定に抵触する可能性を認識していたため、これを可及的に回避しようとした証左といいうるところであって、これらの事実を踏まえるとき、Yとしては、自らの債権の回収という通常の事務処理の形態をとって、処理の適正を装ってはいるものの、その実態は、破産者の一般債権者の犠牲において、専らA銀行の利益のために債権の回収を図るべく積極的に加担したものであって、その背信性には極めて重大で著しいものかあるといわざるを得ないから、右相殺及び担保権の行使はいずれも権利の濫用に当たり、効力を生じないというべきである。」
④　大阪地裁昭和62年4月30日判決（判例時報1246号36頁）
（事案の概要）
金の現物まがい商法を営業内容としていたAの破産管財人Xが、Aとの間で歩合報酬契約を締結し、高額の報酬を得ていた営業社員Yらに対して、同契約が公序良俗に反することを理由に不当利得返還請求した事案。Yらから相殺の抗弁が主張されたのに対し、Xから、旧破産法104条、権利濫用、民法509条などにより、相殺が許されない旨の再抗弁が出された。なお、本判決では、破産者自身からの不法原因給付の請求は認められないものの、破産管財人からは許容されると判断されている。
（判旨）
「Yらが本件歩合報酬返還債務に担保的機能を予定していなかったことは、これまで説示してきた事実関係に照らし明らかであるから、右実質的な法律状態に破産法第104条1号の趣旨を類推適用し、右相殺は許されないものと解するのが相当である。」
⑤　大阪地裁平成元年9月14日判決（判例時報1348号100頁）
（事案の概要）
④の第2次訴訟。
（判旨）
「確かに、Yらの相殺権の行使は、破産法104条に直接抵触しない。しかしながら、同法98条による相殺を認めることが著しく信義則に反し、債権者相互間の不公平な結果を招来する等の特段の事情がある場合には右相殺権の行使は権利の濫用に該当し、許されないと解するのが相当である。

そこで、前記認定の事実に照らすと、YらはAの社員として詐欺的本件商法を推進することにより右債権を取得したのであって、右相殺を許容することは詐欺的商法の被害者である前記破産債権者らの犠牲において優先弁済を受けるのと同様の結果を招き、著しく信義則に反し、破産債権者間の公平を害する。してみれば、Yらの主張する相

殺権の行使はその余の点について判断するまでもなく、権利の濫用に該当し、許されないといわねばならない。」

5　本件における相殺権の濫用に関する検討

　Yの相殺に対する合理的期待を考える上で、本件取引及び受働債権となる解約金支払債務に対応する債権の性質は重要である。この点に関し、原審は、YのAに対する解約金支払債務が「条件不成就によりYがその債務を免れることは、まず考えられない性質のものである」こと、「いつでもAから本件契約の解約申出を受ける可能性があったのであり、その場合は、……YがこれをAに支払う義務を負う高度の蓋然性を有していた」ことから、YはAに対し、「Aの破産宣告時において、容易に現実化する一定額の債務を負担していた」とする。YがAに対して負担する債務は条件付きであるものの、かかる条件の成就及び債務負担の確実性からすると、Yがこの解約金支払債務に対応する債権を受働債権として相殺を行うことにつき合理的期待を有することは当然のことと思われる。

　加えて、控訴審は、単なる取次ぎに過ぎないYには相殺に対する期待がないとのXからの主張に関連し、Yの取引上の立場及び銀行取引約定の解釈について言及する。まず、「Yの立場は、受益者であるAと委託者であるBを取り次いで投資信託の販売を行うことで終了するものではなく、その後も、解約若しくは他の口座管理機関への振替がなされるまで、本件契約に基づく受益権をその管理支配下に置いている」、「信託契約の解約金について、Yの知らない間に処分されることがな」いと判示し、解約金に対するYによる管理支配性を認めた。次に、A・Y間で締結された銀行取引約定書中の「任意処分に関する規定」、「差引計算に関する規定」について、投資信託の解約金のように「直接Yに対する権利でないものであっても、Yが事実上支配管理しているものについては、事実上の担保として取り扱うことを内容とする約定」と解釈する。この結果、Yは単なる取次に過ぎない立場とはいえず、Yが管理支配性を有するAの投資信託の解約金に対するYの相殺への期待に合理性を認め、Yによる相殺を適法とし

た。投資信託の販売会社は、受益権の買付や解約の取扱い、振替決済口座による管理など、受益権の購入者に対し、様々な契約上の責任を負っており（坂本實「証券投資信託において受益者に破産手続ないし民事再生手続が開始された場合の債権回収を巡る諸問題」判例タイムズ1359号23頁）、村岡佳紀「投資信託における契約関係」金法務事情1796号16頁）、単なる取次ぎでないことに異論はなかろう。なお、「任意処分に関する規定」、「差引計算に関する規定」が投資信託の解約金に及ぶか問題となり得るところ（Xからも同趣旨の主張がなされていた）、本判決は、相殺権の濫用との関係で「このような約定の存在は、本件契約に基づく投資信託の解約金についてもYの相殺の対象と期待することが自然であることを示している」と判示する。証券投資信託取引における銀行取引約定の適用について、受益者・販売会社間の合理的意思解釈により考えるべき旨指摘されているところ（坂本・前掲25頁）、本件では「Yが、AのYに対する債務とAのYに対する預金その他の債権とをいつでも相殺し、又は払戻し、解約、処分のうえ、その取得金をもって債務の弁済に充当することができる」旨の差引計算に関する規定についてA・Y間で合意されていたのであるから、合理的意思解釈として、A・Y間の証券投資信託取引における銀行取引約定の適用を認めてよいであろう。

　Yの振替口座簿で管理されている受益権は、受益者からの申し出により他の口座管理機関に振替ができるものであったことについて、Yの相殺への期待を減殺するとの意見があり得る。もっとも、控訴審が判示するように、振替がなされるまではYが投資信託の受益権を管理支配している。また、Yの知らないうちに他の口座管理機関に振り替えられることもない上、実務上、他の口座管理機関に振替がなされることは少ないと思われる。そうすると、他の口座管理機関に振替ができるとしても、その事実をもって、Yの相殺に対する期待を否定することは困難であろう。

　Ⅲ4(2)の相殺権の濫用を認めた事例と比較し、本件のYの相殺に対する期待には十分な合理的理由があり、Yによる相殺を認めた原審及び控訴審の判断は妥当である（なお、判旨または本件のような状況における投資信託の販売会社による相殺に賛成

ものとして、鹿子木康ほか「第10回全国倒産処理弁護士ネットワーク沖縄大会パネルディスカッション倒産と相殺」事業再生と債権管理136号34頁[鹿子木発言]、伊藤尚「破産後に販売会社に入金になった投資信託解約金と販売会社の有する債権との相殺の可否―大阪高判平22.4.9を契機に」金融法務事情1936号61頁、坂本・前掲30頁など、反対するものとして鹿子木ほか・前掲34頁中[服部発言]、中西正「証券投資信託における受益者の破産・民事再生と相殺―名古屋高裁平成二四年一月三一日判決の検討―」銀行法務21・743号28頁など)。

6 民事再生手続における相殺

(1) 民事再生手続開始決定後に投資信託を解約し、再生債務を自働債権、解約金支払債務に対応する債権を受働債権とする相殺

本件と同様に、民事再生手続においても、民事再生手続開始決定後に投資信託を解約し、再生債務を自働債権、解約金支払債務に対応する債権を受働債権とする相殺が許されるかが問題となる。この点に関し、後記の名古屋高裁平成24年1月31日判決(本誌1388号42頁)(以下、「平成24年判決」という)は、当該事件における金融機関によるかかる相殺を適法と判断している。

(2) 平成24年判決

平成24年判決では、民事再生手続開始後に、再生債権者である金融機関Vが、Vの販売した再生債務者Wの有する投資信託を解約し、この解約金支払債務に対応する債権を受働債権、VのWに対する貸金返還請求権を自働債権として相殺を行ったところ、この相殺の有効性が争われた。同事件の原審(名古屋地判平成22・10・29本誌1388号58頁)は、Vからの相殺が民事再生法93条1項3号により禁止され、相殺禁止が解除される同条2項2号にも該当しないため、この相殺を無効と判断した。一方、平成24年判決は、相殺禁止に関する同条1項3号に該当する点では原審と同様であるものの、相殺禁止が解除される同条2項2号に該当するとし、相殺を有効と判断した。この結論の差異は、原審が解約金支払債務の発生を「不確実」と評価して同号の支払不能を知る「前に生じた原因」でないと判断したのに対し、平成24年判決は、受益権を金融機関が管理する仕組みなどを根拠として解約金支払債務が同号の支払不能を知る「前に生じた原因」に基づくと判断したことによる。

平成24年判決の原審第3.1(1)イが指摘するように、民事再生法は、停止条件付債務を受働債権とする相殺を許容する破産法67条2項後段に相当する明文を設けていない。このため、清算型の破産手続と異なり、再建型の民事再生手続では、再生手続開始後に停止条件付債務の条件が成就した場合、この債務に対応する債権を受働債権とする再生債権者からの相殺が認められないのではないか疑問が生じるところであった。この点に関連し、最高裁昭和47年7月13日判決(民集26巻6号1151頁、本誌330号2頁)(以下、「昭和47年判決」という)では、会社整理決定開始前に譲渡担保契約がなされていたところ(譲渡担保実行に伴う剰余金支払債務は、対象物件の換価処分清算による剰余金の発生を停止条件とする停止条件付債務である)、会社整理開始決定後の譲渡担保の実行により剰余が生じたため(条件成就)、この剰余分の支払債務に対応する債権を受働債権とする相殺が問題とされた。昭和47年判決は、会社整理手続が旧破産法の相殺の拡張の関する規定を準用せず、相殺制限のみを準用していること(旧商法403条1項、旧破産法104条)などを根拠としてこの相殺を否定している。昭和47年判決と平成24年判決では、破産法67条2項後段のような規定の存在しない再建型手続における相殺が問題とされた点で共通するところ、両者の結論は異なる。これは、昭和47年判決で問題とされた会社整理には、相殺禁止を例外的に解除する民事再生法93条2項2号に相当する規定が存在しないところ、平成24年判決では同号が適用されたことによる。そこで、平成24年判決は昭和47年判決に抵触しないであろう。

7 本件契約の解約の意思表示

本件では、XがYに対し、平成20年7月11日付書面で、本件契約について清算金の支払を受けたい旨を伝え、その手続の教示を求めている。この時点で本件契約の解約請求がなされたか否かにより解約金額が異なってくるため、原審では本件契約の解約の意思表示の時期及び解約金額につい

て争われた（Xが主張する平成20年7月11日に本件契約が解約された場合、解約金額は851万1900円となるのに対し、平成21年1月14日（本訴提起）を受けてYが実際に行った解約の場合、解約金額は621万3754円となる）。

Xの作成した平成20年7月11日付書面では「債権者に対する配当原資に当てるため、お預け証券等の清算金の返還を受けたいと考えております。」、「お忙しい中、お手数をおかけして誠に恐縮ですが、返還手続等についてご教示下さるようよろしくお願いします。」と記載されていた。この記載により、本件契約の解約請求がなされたといえるかであるが、控訴審の是認する原審は「解約申入れの存否及び時期は、疑義のない明確な形で明らかにされなければならず、解約を予告する書面や解約手続の教示を求める書面の送付は、本件契約の解約申入れには該当しないというほかない。」と判示し、平成20年7月11日付書面による解約請求を認めなかった。

解約請求がなされたか否かは、平成24年判決においても問題とされている。平成24年判決では、取引規定に定められた解約手続をとっていないことが重視され、取引規定に従わずになされた返還要請をもって、受益権の解約実行請求をしたとはできないと判示されている。

IV　実務の指針

1　投資信託の販売会社による投資信託の解約金支払債務に対応する債権を受働債権とする相殺を用いた債権回収

本判決の判断を踏まえると、原則として、投資信託の販売会社が受益者に対して破産手続開始当時に有していた債権を自働債権、破産手続開始後に条件の成就（投資信託の解約実行請求がなされること、販売会社が委託者から投資信託の解約金の交付を受けること）した投資信託の解約金支払債務に対応する債権を受働債権とする当該投資信託の販売会社による相殺は許されることになる。このため、投資信託の受益権者が無資力状態となった場合、こうした相殺は、投資信託の販売会社にとって債権回収の有力な選択肢となる。

無資力状態にもかかわらず受益権者が投資信託の解約手続をとらない場合、販売会社としては、銀行取引約定書中の「任意処分に関する規定」に基づく処分権限や、債権者代位権を利用して解約手続を進めることが考えられる。もっとも、本件のように破産手続が開始された場合、「任意処分に関する規定」に基づく準委任契約は破産手続開始によって終了し（民法656条・653条2号）、また、債権者代位権も利用できなくなる（破産法45条参照）。そこで、販売会社としては、破産手続の開始前に「任意処分に関する規定」を根拠とした処分権限を行使することが重要である（安東克正「8つの裁判例からみた投資信託からの回収」金融法務事情1944号34頁）。

なお、「任意処分に関する規定」により投資信託の解約手続をなし得るかは検討すべき論点を含む。まず、投資信託が処分対象となるか否かであるが、投資信託の振替受益権が投資信託及び投資法人に関する法律2条5項及び金融商品取引法2条2項により「有価証券」とみなされていることから、投資信託の受益権も「任意処分に関する規定」にいう「有価証券」といってよいであろう。もっとも、「任意処分に関する規定」に投資信託の受益権が明示されていないことが問題視される可能性もあるため、投資信託の受益権の解約金が処分対象である旨、規定上に明示することを検討すべきである。次に、処分対象となるための販売会社の「占有又は準占有」の有無が問題となる。本判決は、「任意処分に関する規定」について「直接Yに対する権利でないものであっても、Yが事実上支配管理しているものについては、事実上の担保として取り扱うことを内容とする約定」と解し、少なくとも本件の契約内容において投資信託の受益権に対するYの事実上の支配管理を認める。また、販売会社による投資信託の受益権に対する準占有を肯定した裁判例もある（大阪地判平成23・1・28金融法務事情1923号108頁）。そこで、一般的な金融商品を基礎とする限り、投資信託の受益権に対する販売会社による占有又は準占有を肯定してよいであろう（投資信託の受益権が旧銀行取引約定ひな型の任意処分及び債権充当の対象となり得ることに関して安東・前掲38頁、坂本・前掲26頁、中野修「振替投資信託受益権の解約・処

分による貸付金債権の回収」金融法務事情1837号53頁)。

2　受益者からの投資信託の解約手続

投資信託を解約する際、実務では、取引規定に従い、解約申込書に必要事項を記入する方式がとられている。こうした書面の文面は、解約申入の存否及び時期について、疑義のない明確な形で明らかにするものであり、本判決及び平成24年判決に沿うものといえる。このため、顧客が取引規定と異なる投資信託の解約手続を行った場合、解約の意思表示が有効と扱われない可能性が高く、顧客としては取引規定に従った解約手続を選択すべきである。

また、本件の他にも投資信託の解約手続に関して争われる事例が存在することから(名古屋地判平成20・12・19本誌1317号54頁)、投資信託の販売会社としては、顧客に対し、換金手続を含めて丁寧に説明することが望まれる(村岡佳紀ほか「投資信託換金受付時における銀行の窓口対応の留意点―名古屋地裁平成二〇年一二月一九日判決を踏まえて―」銀行法務21・703号)。

3　破産管財人における投資信託の解約

投資信託の販売会社が破産者に対して貸付金など自働債権となり得る債権を有している事案では、破産管財人から販売会社に対して投資信託の解約申入を行ったとしても、この解約金支払請求権を受働債権、貸付金などを自働債権として、販売会社から相殺をされてしまう。これを回避するため、管財人としては、振替口座簿で管理されている投資信託の受益権を他の口座管理機関に振替ができる旨の規定に基づき、投資信託の受益権を、破産者に対して債務を有さない他の口座管理機関に対して振り替えた上で解約請求することが考えられる(伊藤・前掲62頁)。もっとも、平成24年判決における一部の投資信託のように、当該投資信託を販売会社以外では扱っていない場合には、事実上他の口座管理機関に対して振替できないことには注意を要する。

2 投資信託受益権を共同相続した相続人らの一部が、当該投資信託を解約し、相続分に応じた解約金の支払を請求した事例（消極）（大阪地判平成23・8・26金融法務事情1934号114頁）

弁護士　浦山　慎介

I　事案の概要

1　概略

原告ら（2名）の父は、生前、被告（証券会社）に対し、投資信託受益権（200万口）を預け入れていたところ、父が死亡し、原告らと他の2名のあわせて4名が共同相続した。原告らの法定相続分は各6分の1ずつである。

原告らは、投資信託受益権が可分債権であることを前提に、33万3333口（200万口÷6）の受益権を分割取得したとして、その解約を主張し、解約金33万3333円の支払を被告に請求した。また、予備的に、33万3333口の受益権を有していることの確認を求めた。

なお、本訴訟では、投資信託受益権のほかに預託金の払戻請求もなされたが、これについては実質的な争いはなく、本判決では法定相続分相当額の払戻しが認められている。

2　本件投資信託の概要

いわゆる公社債投信であり、投資信託委託業者であるA社を委託者、信託会社であるB社を受託者として、両者間で締結された証券投資信託契約に基づき設定された投資信託及び投資法人に関する法律（以下、「投資信託法」という）2条4項所定の証券投資信託である。

委託者は、受託者に対し、受益者のために利殖する目的をもって、信託財産たる金銭を信託し、受託者はこれを引き受け、委託者の指図に従って運用する。信託の期間は原則として無期限である。

委託者は、受益権を均等に分割し、販売会社（本件における被告）を通じて、これを複数の受益者に取得させる。

販売会社は、受益権の募集及び販売を行い、受益者に対する収益分配金、償還金、一部解約等の支払、受益者からの一部解約実行請求の受付等の業務を取り扱う。受益者は、販売会社を通じて、収益分配金や償還金の支払を受ける。

受益者は、受益権を換金するために、販売会社に対し、受益権の買取りを請求でき、また、委託者に対し、自己に帰属する受益権に係る投資信託の一部解約の実行を請求することができる。

一部解約実行請求をしようとする受益者は、販売会社又は委託者に対し、自己に帰属する受益権に係る投資信託の一部解約の実行を請求する。販売会社は、同請求を受けると、委託者に対し、同請求があった旨を通知する。その場合、委託者は、投資信託の一部を解約し、受益者に対し、販売会社を通じて、受益権の基準価額等を基に算出された一部解約金を支払う。

本件受益権に係る投資信託の一部解約実行請求は、他の受益者と協議することなく、受益権1口を最低単位として行うことができる。なお、本件受益権の基準価額は、運用実績により変動し、1口1円とは定められていない。

受益権については、社債、株式等の振替に関する法律の規定が適用され、原則として、受益証券は発行されず、その帰属は同法2条所定の振替機関の振替口座簿に記載又は記録されることにより定まる。

II　判決要旨

一部認容。

「原告らが、別紙受益権目録2（省略）の投資

信託受益権について、各6分の1の準共有持分を有することを確認する。」との限りで請求を認容し、解約金支払請求及び受益権33万3333口を有することの確認請求は棄却した。

1　受益権の内容

「本件受益権は証券投資信託の受益権であり、その内容として、(中略)、一部解約実行請求権、一部解約金支払請求権、買取請求権、償還金請求権（投資信託法6条3項）及び収益分配金請求権（同項）を含む上、議決権（同法17条6項）等も含むものであって、それらの権利の集合した一つの契約上の地位というべきものである。しかも、上記議決権は、それ自体、金銭債権ではなく、不可分債権の性質を有するものと解される。」

2　信託法193条の準用

「また、投資信託法6条7項が準用する信託法193条本文は、「受益証券発行信託の受益権が2人以上の者の共有に属するときは、共有者は、当該受益権についての権利を行使する者1人を定め、受益証券発行信託の委託者に対し、その者の氏名又は名称を通知しなければ、当該受益権についての権利を行使することができない。」と規定し、投資信託受益権が準共有の対象となる権利であることを前提としている。

このような本件受益権の内容と投資信託受益権に関する法律上の規律に照らせば、本件受益権は、可分債権ではなく、性質上の不可分債権であると解するのが相当である。」

3　一部解約実行が認められることについて

「本件受益権に係る投資信託の一部解約実行請求権等が、他の受益者と協議することなく、1口を最低単位として行使できるものとされていることのみをもって、上記判断を覆し、本件受益権が可分債権であるということはできない。」

4　結論

「本件受益権は、性質上の不可分債権と解されるから、本件相続により本件共同相続人らに準共有されており、原告らの準共有持分は法定相続分である各6分の1すぎない。そうすると、原告らがした本件受益権の一部に係る投資信託を解約する旨の意思表示は無効というほかない（民法251条）。」

Ⅲ　分析・検討

判旨に賛成する。

1　本判決の位置付け

(1)　共同相続の原則

相続人が数人いる場合、相続財産はその共有に属する（民法898条）。ここにいう相続財産の共有とは、民法249条以下に規定する「共有」とその性質を異にするものではない（最判昭和30・5・31民集9巻6号793頁）。共同相続人らは、遺産分割によって共有する相続財産の帰属を決めることになる。

ただし、相続財産が可分債権である場合には共有（正確には準共有）されず、法律上当然に分割され、遺産分割を経ることなく、各共同相続人がその相続分に応じて権利を承継するものとされている（最判昭和29・4・8民集8巻4号819頁）。

(2)　預　金

預金について相続が生じた場合、金融機関は、共同相続人全員の同意書、または、共同相続人全員が署名捺印した遺産分割協議書を徴求した上で、払戻しまたは名義変更に応じるのが実務上の取扱いである。ただし、訴訟となった場合、預金が金銭債権すなわち可分債権であることを理由に、各相続人はその相続分に応じた権利を分割承継するとして、共同相続人の一部による分割払戻請求が認められている。

(3)　旧郵便局の定額郵便貯金

預金と類似するものに旧郵便局の定額郵便貯金がある。これについては、①改正前の郵便貯金法7条1項3号が、定額郵便貯金を「分割払戻しをしない条件で一定の金額を一時に預入するもの」と規定し、分割払戻しを認めていないこと、②郵便貯金規則33条が「二人以上の相続人があるときは、名義書換又は転記の請求をする相続人以外の相続人の同意書を提出しなければならない」と規定し、相続人全員による同意書の提出を払戻しの条件としていることから、預金と同様に相続人

の一部からの分割請求が認められるかは議論があるところである。

この点、東京地裁平成8年11月8日判決（金融法務事情1499号45頁）は相続人の一部からの請求を認容したが、その後の裁判例（東京地判平成10・2・13金融法務事情1547号61頁等）は、上記①②の規定を根拠として、相続人の一部による分割請求を否定する傾向にある。

(4) 株式・社債

株式・社債が相続の対象となる場合、明文はないが、相続人らの準共有となると解されており、当然に法定相続分で分割されるものとは考えられていない（江頭憲治郎『株式会社法〔第3版〕』117頁参照）。相続人らは、遺産分割により当該株式の帰属を決めることになるが、遺産分割が成立するまでは、会社法106条・686条に基づき、代表者を定めて議決権等の権利行使をすることになる。

(5) 投資信託受益権

近時、銀行等でも投資信託商品が販売されるようになり、投資信託受益権が相続の対象となることも珍しくない。この場合、投資信託受益権は金融商品として販売され、預金に近い性格を有する一方、議決権等を含むなど株式・社債に類似する点もあることから、預金のように当然に分割されるのか、株式・社債のように準共有されるのかが問題となる。

この問題について、後記2のとおりいくつかの裁判例があり、共同相続人に一部による解約払戻請求について積極例・消極例のいずれも存在する状況であるが、本判決は、消極例の1つとして位置付けられるものである（受益権につき、各6分の1ずつの準共有持分を有することは認められたものの、相続分に従って受益権を分割取得したとの主張を前提とする請求（解約金の請求並びに受益権33万3333口を分割して取得していることの確認請求）はいずれも棄却されている）。

なお、この問題について、最高裁の判断は未だ示されていない。

2 従前の裁判例

(1) 積極例（相続人の一部からの払戻請求を認めた事例）

① 大阪地裁平成18年7月21日判決（金融法務事情1792号58頁）―MMF、MRF

投資信託契約の約款上、解約実行権を行使するのに実際に受益証券を提示することは求められていないなど、解約権行使に法律的・物理的障害がないことを指摘した上で、次のように判示した。

「本件契約に基づきB（注：被相続人）が有する権利（受益証券返還請求権並びに受益証券上の権利である収益分配金請求権、償還金請求権、一部解約実行請求権、一部解約金償還請求権など）は、いずれも、給付を分割することについての障害が本件取引約款及び本件信託約款によって除去されているものであって、可分債権であると解するのが相当である。（中略）したがって、原告は、Bの被告に対する受益証券返還請求権、一部解約実行請求権及び一部解約金償還請求権のうち、相続分に応じた21万7791口（償還金額21万7791円）を単独で承継しており、単独で行使することができる。」

② 熊本地裁平成21年7月28日判決（金融法務事情1903号97頁）―MRFほか

「投資信託の受益権が承継されるが、これ自体は金銭債権ではないから、原告ら及びD（注：原告以外の共同相続人）は、受益権を準共有し、原告らが合計で4分の3、Dが4分の1の各割合で持分を有することになる。

これを換金するためには、（解約請求ないし買戻請求）をしなければならないところ、その請求を行うことは受益権の管理に関する事項に当たると考えられる。けだし、個人が資産を投資信託の形で保有するか、それ以外の現金、預貯金等の形で保有するかは、資産の運用方法の相違であるにとどまり、投資信託の解約請求又は買戻請求を行うことは資産管理の一内容とみることができるからである。そうすると、上記請求については民法544条の規定の適用はなく、過半数の持分を有する原告らが行うことができると解するのが相当である（同法264条・252条）。

また、原告らが日興MRF及びピムコの支払を求めて本件訴訟を提起した行為は、B（注：被相続人）が有していた投資信託の全部につき解約又は買戻しを請求したものとみることができる。そして、この請求がされた結果、被告に対する権利

は解約代金ないし買戻代金の支払請求権という金銭債権になり、これは可分債権であるから、原告らは、被告に対し、各自の持分に応じた額の支払請求が可能になったと解すべきものとなる。」
　(2)　**消極例**（相続人の一部からの払戻請求を否定した事例）
　①　福岡高裁平成22年2月17日判決（金融法務事情1903号89頁、上記熊本地判の控訴審）
「投資信託の受益権（中略）は単に解約請求権又は買戻請求権にとどまらず、議決権、分配金請求権等を含み、性質上明らかに不可分債権であって単純な金銭債権ではないから、相続人である被控訴人ら各人が相続開始と同時に当然に相続分に応じて分割単独債権として取得するということはできない。」
「（投資信託の解約または買取の）請求を行うことは受益権の処分、すなわち共有物の変更に当たると解すべきである。（中略）準共有物である受益権そのものについて解約請求又は買戻請求をすることは、その結果、投資信託自体が消滅することになるのであるから、受益権を処分することにほかならず、単に受益権の管理に関する事項にとどまらない。」
「約款上も、他の受益者と協議せずに単独で受益証券の返還を請求できる等、単独での解約請求又は買戻請求を求める旨の規定が存在しないので、各共有者は、他の共有者の同意を得なければ、解約請求又は買戻請求をすることができないことは明らかである（民法264条、251条、544条）。」
　②　福岡地裁平成23年6月10日判決（金融法務事情1934号120頁）――MRFほか
「本件各投資信託に係る受益権に含まれる（販売会社を通じて又は直接）各委託会社に対して解約実行請求をする権利や委託会社から一部解約金の交付を受けることを条件とする販売会社に対する一部解約金支払請求権は、本件各投資信託に係る約款上の規定（筆者注：約款によると、受益者が有する権利は、①収益分配金請求権、②償還金請求権、③解約実行請求権、④解約金償還請求権、⑤帳簿閲覧権等を指している）等に照らして、単純な金銭債権とは異なり、その性質上、可分債権であるとみることはできない。」

「投資信託に係る受益権を準共有するに至ったというべきであり、かつ、本件各投資信託についての解約実行請求は民法544条1項の適用ないし類推適用によりB（注：被相続人）の相続人である原告ら及びC（注：原告ら以外の共同相続人）の全員からのみすることができるというべきである。」

3　投資信託受益権の可分性

　投資信託受益権を可分債権と解すれば、預金と同様に当然に分割され、共同相続人の一部の者が、自己の相続分を単独で解約することが認められることになる。他方、投資信託受益権を不可分債権と解すると、共同相続人間で準共有されることになり、準共有者の一部が、投資信託受益権を解約できるかという問題を検討することになる（後記4参照）。そこで、まずは本件投資信託受益権が可分債権か不可分債権かが問題となる。
　(1)　**検討の対象となる権利の捉え方**
　本判決は、本件投資信託受益権には、一部解約実行請求権、一部解約金支払請求権、買取請求権、償還金請求権、収益分配金請求権、議決権が含まれることを前提に、「それらの権利が集合した一つの契約上の地位」が相続されるものと捉え、本件投資信託受益権が不可分債権であるという判断を導いている。
　こうした考え方に対しては、「貸主権」「売主権」といった考え方をしないのと同様、「受益権」という漠然とした権利の総体を考えるのは不十分、不適当であるとの批判がある（松本光一郎「共同相続された投資信託の性質―相続人ごとに分割請求ができるか」金融法務事情1912号60頁）。この見解によると、訴訟物は（条件付の）一部解約金請求権であり、これが可分かどうかを検討すべきであり、個々の権利の束を全体として論じることは不適切であるという。
　確かに、相続開始時に一部解約金請求権が発生していれば、これが相続人に分割して承継されると考えれば足りるといえるが、本件では、相続開始時点において未だ一部解約実行権が行使されておらず、一部解約金に転化していない。訴訟物たる一部解約金請求権が認められるためには、その前提として、一部解約実行請求権が有効に行使され

ることが必要である以上、一部解約実行請求権が誰に帰属しているのか、有効に行使されたのかという問題を検討する必要がある。

そして、一部解約実行請求権は、投資信託の受益者が行使するものであり、受益者としての地位から離れて行使されるものではないから、結局、投資信託受益権が誰に帰属しているのかを問題とせざるを得ない。

したがって、本判決が、投資信託受益権という包括的な権利を検討の対象としたことは適切である。

(2) **商品性から可分性を判断すること**

投資信託受益権の可分性を検討するにあたっては、当該投資信託がどのような商品として設計されたか、投資信託に基づく権利のうち、何をもって最も中核的な権利と位置付けられているか、一般の投資家の感覚では投資信託はどのような性質を有するものとして理解されているかを考えることが大切な視点であるとの指摘がある(村田渉「投資信託の共同相続と当然分割」金融法務事情1839号16頁)。これによれば、本件で問題となった公社債投信は、元本割れの危険が少なく、容易に換金可能であり、経済的には預金と同様の機能を有していることから、可分債権と捉えるべきことになろう。

しかし、法的には、預金債権が金銭債権であるのに対し、投資信託受益権は多くの権利を含むものであり、両者は大きく異なるものといわざるを得ない。また、公社債投信は元本割れの危険性がほとんどない商品とはいえ、元本が保証されているものではなく、解約権が行使されるまでは解約金の金額は定まっていない以上、投資信託受益権を金銭債権と理解することは困難である。

投資信託受益権の帰属という法的な問題を検討するにあたっては、受益権の内容・法的性質から判断されるべきであり、経済的な機能、投資家の認識といったものを重視して投資信託受益権の帰属を判断することは適当とは思われない。

また、どのような商品として設計されたかという観点からみると、投資信託受益権の解約について相続人全員の同意書を徴求している金融実務の取扱いは、投資信託受益権が元々準共有されることを予定している商品であるということができる。

したがって、投資信託の商品性から、投資信託受益権が可分債権であると解すること適当ではない。

(3) **一口単位で一部解約が可能であること**

本判決は、「本件受益権に係る投資信託の一部解約実行請求権等が、他の受益者と協議することなく、1口を最低単位として行使できるものとされていることのみをもって、上記判断を覆し、本件受益権が可分債権であるということはできない」と判示している。

一般に、投資信託受益権は口数単位で一部解約可能であるほか、議決権等の諸権利も口数単位で設定されている。そのため、共同相続人が投資信託受益権を口数単位で分割して相続するとしても、さほど障害はない。共同相続人の一部による請求を認めた前掲・大阪地裁平成18年7月21日判決は、分割給付することについて法律上、事実上の障害がないことを指摘して、受益権を可分債権と判断している。

しかし、投資信託受益権が口数単位で均一に細分化されており、受益者は、出資金額に応じて受益権を複数口保有しているという理解によれば、むしろ1口ごとに受益権を準共有していると考える方が自然ではなかろうか。

また、「口数単位で分割可能であるから可分債権である」という考え方を突き詰めると、たとえば均等に細分化された社員権の割合的単位たる株式も分割できるということになるが、これは株式が準共有されるという現在の実情と整合しない(ただし、株式については、株式数に応じて付与される少数株主権がある点が投資信託受益権と異なっている)。

したがって、1口ごとに一部解約が可能であることを根拠に、投資信託受益権を可分債権であると解することは適切ではない。

(4) **投資信託法・信託法と会社法の共通性**

本判決は、投資信託法6条7項が準用する信託法193条本文が「受益証券発行信託の受益権が2人以上の者の共有に属するときは、共有者は、当該受益権についての権利を行使する者1人を定め、受益証券発行信託の委託者に対し、その者の氏名又は名称を通知しなければ、当該受益権についての権利を行使することができない」と規定し

ていることを指摘し、投資信託受益権が準共有の対象となる権利であることを前提としていることを理由に、投資信託受益権が不可分であるとの判断を導いている。これは、従前の消極的裁判例にみられない新しい理由である。

この規定は、受益権が性質上不可分のため共有される場合の規定であり、受益権が可分債権と捉えられる場合には、適用されないとする余地がないわけではない。したがって、投資信託法6条7項をもって、本件投資信託受益権を不可分とする決定的な根拠とするとまですることはできないと思われる。

ただし、この規定は、株式に関する会社法106条や社債に関する会社法686条の規定と同様のものであり、株式・社債については、これらの規定により、共同相続人らが権利行使者を定めることになっている。投資信託受益権についても、会社法106条・686条と同様の規定が定められていることは、投資信託受益権を株式・社債と同様に取り扱うことの合理性を示す1つの根拠となるといえよう。

(5) 小　結

本判決が投資信託受益権を不可分債権であるとしたことは適当である。なお、投資信託受益権はいくつかの権利を含んだものであり、受益者たる「地位」を指すものといえる。したがって、単なる「債権」ではないから、本判決がいう「不可分債権」という言葉は、厳密な意味の不可分債権（民法428条）とは異なるものである。本判決が「不可分債権」という用語を用いた真意は、本件投資信託受益権が共同相続人に不可分に帰属しているということにあるといえよう。

4　投資信託受益権を不可分債権と捉えた場合の処理

(1) 問題の所在

投資信託受益権を不可分債権と解しても、直ちに、共同相続人全員でなければ解約権を行使することができないということにはならない。前掲・熊本地裁判決のように、受益権が準共有されるとしても、共同相続人の一部の者が解約権を行使できると解する余地は残されている。そこで、準共有者の一部が受益権を単独で解約できるかという問題を更に検討する必要がある。

(2) 民法428条の適用について

民法264条は、共有物に関する規定は所有権以外の財産権の準共有する場合にも適用されるが、法令に特別の規定があるときには適用されないものとしている。そして、複数当事者の債権債務関係については、民法427条以下の規定があり、理論的には、これらの規定が優先的に適用されることになる。そうだとすると、債権者の1人が単独で不可分債権の全部の履行を求めることができると定める民法428条により、共同相続人の一部が単独で投資信託受益権を解約できることになる。

しかし、前述のとおり、投資信託受益権が「不可分債権」であるといっても、単なる債権でなく、民法428条が適用されるべき本来の意味の不可分債権とは異なるものである。投資信託受益権とは、受益者としての地位を指すものであり、当然に民法428条が適用されると解するべきではない。

また、もし民法428条の適用を認めると、ごくわずかの相続分を有するにすぎない共同相続人が解約権を行使でき、受益権全体が解約されることになる。これは他の相続人の権利を一方的に侵害することになり、かかる結論は受け入れがたいものである。

(3) 共有物に関する規定の適用

① 共有に関する規定を適用することの是非

本判決は、民法251条を適用し、相続人全員でなければ投資信託の一部解約はできないとした。前掲・大阪地裁平成18年7月21日判決を除く裁判例も、投資信託の解約について、共有に関する民法251条または252条の規定を適用し、解約権行使の可否を判断している。

この点、民法251条ないし252条は、あくまで共有者間での意思決定方法又は権限の限界を定めたものであり、共有者外の相手方との関係（対外的効力）については、共有物に関する規定は適用されないという批判もあり得るところである。

しかし、共同相続人の一部による預金の取引履歴の開示に関する最高裁平成21年1月22日判決（民集63巻1号228頁）は、「共同相続人全員に帰属する預金契約上の地位に基づき、被相続人名義の預金口座についてその取引経過の開示を求める

権利を単独で行使することができる（同法264条・252条ただし書）」と判示し、預金契約上の地位に基づく権利行使について、共有物の保存行為の規定を引用している。契約上の地位を準共有する場合、その契約上の地位に基づく権利行使については、共有に関する民法251条ないし252条により決するというのが最高裁の考え方といえる。

そうだとすれば、本判決が共有に関する規定を適用したことは、最高裁判例の考え方に合致したものといえよう。

② 共有物の管理行為か、変更行為か

前掲・熊本地裁平成21年7月28日判決は、「個人が資産を投資信託の形で保有するか、それ以外の現金、預貯金等の形で保有するかは、資産の運用方法の相違であるにとどまり、投資信託の解約請求又は買取請求を行うことは資産管理の一内容と見ることができる」と述べ、民法252条本文（共有物の管理）を適用し、過半数の持分を有する共同相続人は、受益権の解約・買戻しを請求できるとしている。

他方、控訴審である前掲・福岡高裁平成22年2月17日判決は、「投資信託を準共有する者において、これを換価すべく、準共有物である受益権そのものについて解約請求又は買戻請求をすることは、その結果、投資信託自体が消滅することになるのであるから、受益権を処分することにほかならず、単に受益権の管理に関する事項にとどまらない」として、民法251条（共有物の変更）を適用し、相続人の一部による請求を否定した。本判決も民法251条を適用している。

共有物の管理（民法252条本文）とは、共有物の現状を維持し、これを利用し、更に改良して価値を高めることを意味する。たとえば、最高裁昭和39年2月25日判決（民集18巻2号329頁）は、共有物を目的とする賃貸借契約を共有者が解除する行為が、共有物の管理行為に当たるとしている。

他方、共有物の変更（同法251条）とは、共有物を物理的・法律的に変更し、又は処分することをいう。一般に、共有物を目的とする賃貸借契約を締結する行為は、それが民法602条の期間を超える場合には、事実上共有物の処分に近い効果をもたらすことから、共有物の変更に当たると解されている（東京地判平成14・11・25判例時報1816号82頁）。

ただし、共有物の管理ないし変更は、必ずしも明確に区別できるものでなく、事案ごとに、共有者への影響等を踏まえて判断されている。それでは、本件のように、準共有されている投資信託受益権を解約することは、管理行為と変更行為のいずれに当たるであろうか。

この点、福岡高裁判決のいうとおり、解約により、議決権等を含む受益権から金銭債権に転化することになる以上、共有物の変更に当たるというべきである。熊本地裁判決は、投資信託を資産の運用方法の1つと捉え、解約することは資産管理の一内容であるとして、共有物の管理に当たるとしているが、かかる見解によれば、現金を株式に投資したりすることも管理行為となってしまい、管理行為の範囲が不当に拡大する結果を招くことになる。あくまでも当該共有財産の現状を維持するものか、これに変更を加えるものかという観点から検討すべきであろう。

したがって、本判決が、投資信託受益権の解約実行権の行使が共有物の変更に当たるとして、民法251条を適用したことは適切である。

(3) 民法544条1項の適用について

民法544条1項は「当事者の一方が数人ある場合には、契約の解除は、その全員から又はその全員に対してのみ、することができる。」と規定している。これは、解除権の不可分性を規定するものである。

前掲・福岡地裁平成23年6月10日判決は、投資信託受益権が共同相続人間で準共有されるとした上で、民法544条1項の適用ないし類推適用により、相続人全員からのみ解約請求できるとした。また、前掲・福岡高裁平成22年2月17日判決も、相続人の一部からの請求を否定する根拠として、（民法251条のほかに）民法544条1項を引用している。他方、本判決は民法544条を引用していない。

この点、共有に関する規定を適用する場面では、民法544条1項の規定は適用すべきではないとするのが判例である（前掲・最判昭和39・2・25参照）。共有物に関する契約解除行為が共有物の管理に当たる場合、全員で解除権を行使するこ

とを求める民法544条1項と抵触することになるからである。

よって、共有物の変更・管理に関する規定と民法544条は理論的には両立しないから、民法544条を引用していない本判決は適切である。

IV 実務対応

1 払戻請求への対応

共同相続人の一部による投資信託受益権の解約払戻請求について、消極的な裁判例が続いていることから、販売会社としては、こうした裁判例を踏まえ、投資信託受益権が預金と異なることを説明し、相続人全員による同意を得るよう相続人らに求めるべきである。

ただし、投資信託といっても、預金に類似したものから、むしろ株式に近い商品まで、多種多様のものがある。預金に類似した投資信託については、これを可分債権とする見解も有力に主張されており、今後も同様の裁判が提起される可能性は否定できないところである。

2 価格変動リスク

預金については、裁判実務上、共同相続人の1人による払戻請求が認められており、金融機関においても、相続分相当額の払戻しに応じるケースが少なくない。ただし、預金の帰属について相続人間で紛争が生じている場合、金融機関は、二重払いのリスクを回避するため、金融機関に支払を命じる判決が確定するまで払戻しに応じない対応をすることもある。

投資信託についても、判決による支払命令を受けてから払戻しに応じるという対応が考えられるが、投資信託特有の問題として価格変動リスクの問題が指摘されている。すなわち、相続人の一部から投資信託の解約・払戻しを請求された後、当該投資信託が値下がりした場合、仮に裁判で一部払戻請求が認められると、結果的に販売会社がその値下がり分を負担することになるという問題である（預金の場合、金融機関は年6％の遅延損害金を覚悟すればよい）。このような値下がりリスクを販売会社が負担することについては、金融関係者が懸念を示しているところである（内海順太ほか「座談会・相続時における投資信託の取扱い（下）」銀行法務21・688号22頁）。

この点、次のような特約を定めることにより、値下がりリスクを回避できないか検討されている。

① 相続人全員による請求でなければ一部解約できないという特約（共同行使特約）を定める。
② 相続人の一部が解約・払戻しを請求した場合、相続人全員のために解約した者とみなし、請求者に払い戻すことができるとの特約を定める。
③ 金融機関が相続発生の事実を知った場合に、販売会社が一方的に投資信託を解約できるとする特約を定める（奥国範「一部の共同相続人による投資信託の解約等の請求に対する対応」銀行法務21・723号4頁）。

このような特約を定めることについては、その有効性が問題となるが、上記①については、一部解約を制約するかしないかは、その商品の組立の問題であること、定額郵便貯金について、相続人全員による同意書の提出を要件とする郵便貯金規則は有効とされていることから、特に不合理と認められる事情がなければ、かかる特約は有効であると解されよう。

これに対し、上記②については、他の共同相続人に帰属する権利を一方的に侵害する可能性があることから、有効と解することはできないとの指摘がある（松本・前掲）。また、上記③についても、相続の事実により販売会社が一方的に解約できるとすることは、相続人らの権利を不当に侵害するおそれがあり、有効といえるか疑問が残る。実際問題として、販売会社がどのタイミングで解約権を行使するかを判断するのは困難なように思われる。

投資信託商品に、上記①のような特約・約款を定められていれば、相続人に対し、預金と異なる取扱いをすることに理解を求めやすくなり、そういった意味でも上記①のような特約を定めることは意味がある（万本陽子「投資信託受益権を共同相続した相続人の一部による解約金の支払請求」金融法務事情1934号41頁）は、販売会社が「総合取引規定」において、受益者に相続が開始した場合の取扱方法を定めておくという提案をしている）。

投資信託受益権の可分性の問題について、確立した判例がない現状においては、こうした特約・約款を定める必要があることで、少しでも価格変動リスクを回避できるようにしておくことが望まれる。

3 ノックイン事由が生じた場合の償還価格が株価指数と連動して増減する仕組債につき、これを販売した証券会社に説明義務違反があったとして、不法行為に基づく損害賠償請求が認められた事例（過失相殺7割）

（東京高判平成23・10・19 金融法務事情1942号114頁）

UBS銀行法務部　**赤間 英一**

I　事案の概要

1　事案概略

本件は、証券会社Y（一審被告）から東証マザーズ指数と連動して償還価額が変動する仕組債を購入し、その元本に欠損が生じて損失を被った個人投資家X（一審原告）が、同仕組債は購入者に著しく不利な内容の商品であって、その売買契約が公序良俗・消費者契約法に違反する違法なものであり、Yにはその販売時に金融商品取引法又は金融商品の販売等に関する法律上の誠実公正義務違反、適合性原則違反、説明義務違反等の違法もあったとして、Yに対し、不法行為に基づく損害賠償を求めた事案である。

第一審判決は、償還価格の基礎となる東証マザーズ指数の変動幅が大きいことや、早期償還がされるか、元本毀損が生じるかいずれかに至る可能性が高いことについての説明が不十分であったことが説明義務違反に当たりYが損害賠償義務を負うとした上で、8割の過失相殺を行った。これに対し、X、Yの双方が控訴したものである。

2　前提の事実

（1）Xは、1963（昭和38年）年に中国上海で生まれ、1987年（昭和62年）に来日し都内の日本語学校に入学、その後平成3年に日本企業で働き始め、平成11年には、アジア雑貨の輸入・販売を目的とするA株式会社を設立するに至った。なお、平成10年には日本国籍を取得した。

（2）Xは、平成19年1月15日、Yに証券取引口座の開設を申し込み、平成19年2月1日にYと2回面談し、仕組債の説明、勧誘を受けた。その後、平成19年2月27日には「東証マザーズ指数連動円建社債（早期償還条項付き、ノックインタイプ、リスク2倍型、5年債、NC3か月）」（以下、「本件仕組債」という）の購入を申し込み、同月28日に、受渡価格2946万6000円をYに払い込んだ。

（3）なお、Xは比較的短期間に相当程度の事業収益を上げ一定の資産を形成していたものと推認でき、また、口座開設申込書には、金融資産が4億5000万円あり、年収は1000万円から3000万円未満である旨の記載がある。

（4）同口座開設申込書には、投資経験として、株式につき10年間、投資信託につき10年間、外国証券につき10年間の投資経験がある旨の記載がある。

（5）本件仕組債の条件等
①　発行体：メリルリンチ・エス・エイ
②　発行日：平成19年3月19日
③　償還日：平成24年3月20日
④　ノックイン事由：東証マザーズ指数（東京証券取引所マザーズ上場の全銘柄を対象とした時価総額加重平均指数。平成15年9月12日終了時点の時価総額を1000として算出）が予め定めた当初指数値（1164.07）の55％であるノックイン価格（640.24）未満となること
⑤　満期における償還価格：ノックイン事由が発生しなかった場合には額面の100％。そうでない場合には、額面額の100％×（1＋2×（最終指数値－当初指数値）÷当初指数値）の計算式で算出される金額
⑥　クーポン：当初3か月は年率10％、以降クーポン判定価格（当初指数値の80.0％）以上の場合は年率10％、同未満の場合は0.1％
⑦　早期償還：各利払日の東証マザーズ指

数終値が早期償還判定価格（当初指数値の105.00％）以上であるときは、当該各利払日に額面の100％の価格で早期償還される。購入者からの中途解約は不可

(6) 平成19年9月13日に本件仕組債のノックイン事由が発生。その後も東証マザーズ指数は概ね400円から500円までの範囲で推移している。

3 争点及びこれに対する当事者の主張の概要

(1) 公序良俗、誠実公正義務及び信義誠実義務違反

Xは、本件仕組債は説明を受けたとしてもその特性等を理解できないから、多くの購入者は本件仕組債を誤解して購入することになり、当初からそのことが予定され、したがって、本件仕組債は購入者の金融商品に関する知識の欠如等に乗じて販売を図っているといっても過言ではなく、その販売そのものが著しく社会的相当性に反しており、社会的に到底是認できず、その購入契約は民法90条に該当し違法であり、無効である旨主張。また、購入者が得ることができる利益は最大でも年率10％にとどまるところ、早期償還条項により、年率10％の利益が得られる期間も短期間に限定されているから、その利益と元本喪失による喪失の危険とが非対称であり、このような著しく不公平、不均衡な条項を含む本件仕組債は、消費者の権利を制限し、消費者の義務を加重するもので、民法の基本原則に反し、消費者の利益を一方的に害するから無効であり、Yは、本件仕組債が消費者契約法10条に違反する条項を含んだいわば欠陥のある金融商品であることを知りつつ販売したものであるから、こうしたYの行為は金融商品取引法上の義務（金融商品取引法36条）や民法1条2項の信義誠実の義務にも違反し違法なものである旨主張した。

これに対しYは、本件仕組債は金融工学に基づいて設計された金融商品であり、理論的にリスクとリターンは見合っていること、ローリスク・ハイリターンの商品が存在しないように、ハイリスク・ローリターンの商品も存在せず、Xの主張には理由がない、とする。本件仕組債の特徴は、通常の社債のリターンに魅力を感じない投資家に対して、「利率がマーケットの動向により変動するリスク」や「マーケット動向による元本毀損リスク」等の一定の条件を付することによって、投資家の期待に沿うような発行条件を設定することにあり、投資の世界でローリスク・ハイリターンの商品はあり得ないから、高利率（ハイリターン）を追求するのであれば、その見返りとして、ノックイン事由が発生した場合の元本償還において一定の高いリスクを負担することはやむを得ない、等主張した。

(2) 適合性原則違反

Xは、大要次のような理由でYの適合性原則違反（金融商品販売法3条2項、金融商品取引法40条1号）を主張した。即ち、本件仕組債はオプション取引の「プット」の「売り」を組み込んだ極めて複雑な商品であり、日本語に不自由しない日本で生まれ育った者で金融商品の取引について長期間の経験を有する者が十分な説明を受けたとしても、本件仕組債の内容、特徴、損失が生じる確実性の高さとその巨額さ、利益と損失の著しい不均衡性、非対称性等を真実理解できる者は極めて少数の者に限定されるところ、Xは中国出身の日本国籍取得者であり、複雑な金融商品について特別の専門的知識もないため、日本で生まれた者と比べて更にその理解が困難であった。また、Xは本件仕組債のような金融派生商品の購入ははじめてであり、東証マザーズ市場についてはそもそもその存在を知らず、同市場の指数について相場観を持ち得ない者であって、Xの財産状況についても、その経営する会社が休業中であること等、投資による多額の損失に耐えられる余裕資金はなかった。更に、Xの投資目的は、3年以内の早期に元本額が間違いなく返還された上、定期預金より多少有利な利益を得ることにあった。

これに対しYは、Xは、株式、投資信託、外国証券について10年の取引経験があり、これらのリスク取引に関して相応の知識を有していたこと、また、Yの担当者であるPから（仕組債の一種である）パワーデュアル債の案内を受けた際に、野村證券から類似の商品の説明を受けたことがあり、その際に為替の見通しを述べて取引を断っていること、また日経平均株価に関する指数取引を行った経験等を話していたことから、価格変動、

為替変動等による元本毀損リスクのある取引についての知識・経験は十分にあった旨主張。更に、Xは約4億5000万円の資産を有しており、また年1000万円超の収入があり、また、口座開設申込書において「投資目的」として、通常の市場よりも高い利回りを追求するがその分リスクも高いという「グロース型」を選択しており、本件仕組債はこの投資目的に沿った商品である旨主張した。

(3) 説明義務違反及び虚偽説明禁止違反

Xは、本件仕組債は、オプションを組み込んだ複雑な商品構成であり、損失の生じる危険性と損失額が巨額になる商品の特徴を有していたのであり、Yには他の投資商品以上に十分説明する義務があったにもかかわらず、Yはこれを怠り、更に虚偽の説明を行う等の説明義務違反(金融商品販売法3条1項、民法1条2項)があり、また本件仕組債購入契約は無効である旨を主張。一方、Yは、PがXとの面談において、本件仕組債は元本保証はないこと、価格変動リスク等があること、シナリオ分析を使って東証マザーズ指数と元本償還の関係を説明し、東証マザーズ指数が580を下回ると元本償還が零になることや、また10%のクーポンが得られる条件についても説明を行った旨主張した。

II 判決要旨

原判決変更・請求一部認容(確定)。

1 本件仕組債の性質・特徴について

「本件仕組債の特徴を要約すると、①東証マザーズ指数に大きな下落(当初指数値の45%以上)が生じない限り元本満額の償還を確保できるが、ひとたびそれが生じれば、本件発行体の支払い能力の有無とは無関係に、大きな欠損を生じるおそれがあり、欠損の割合は東証マザーズ指数値の下落率よりも大きくなる、②東証マザーズ指数が一定の範囲(当初指数値の80%以上105%未満)を維持する限り年率10%という相当高水準の利息を収受できるが、各利払日ごとの基準日に当初指数値の105%に達すれば早期償還が行われ、以降は利息を収受することができなくなるし、80%未満になった場合の受取利息は年率0.1%に急減する……というものである。したがって、社債という名称は付されていても、一般的な社債とは全く異質であることはもちろん、……株式や投資信託との類似性もない、新規性・独自性の顕著な金融商品であり、なおかつ、償還額や受取利息の決定方法やその条件も相当に複雑で、……元本欠損のリスクも相当に大きい、投資判断の難しい商品ということができる。」

「本件仕組債を購入する際には、こうした特徴を正確に理解できなければ投資対象としての適格性を判断することができず、一審被告及びPが一審原告に本件仕組債の購入を勧誘する際にも、そうした理解につながる十分な情報を提供し説明を尽くすことが不可欠の前提になるというべきである。……償還価格の元本割れが起こり得ること、それが東証マザーズ指数という株価の水準に依存しており、かつ、元本の欠損割合も株価の変動率よりも大きくなること、後にそうした事態が生じ購入者に損失が生じたとしても、それは購入者の相場観・投資判断に基づくものであり、自己責任に帰すべきものであることを強調し、注意喚起に遺漏なきを期すべきことは当然である。」

2 公序良俗違反、誠実公正義務違反及び信義誠実義務違反について

本件仕組債については、投資判断の難しい商品であるとの認定をしつつも、「ノックイン事由が生じない限り、額面の100%の償還が確保されており、ノックイン価格は相当低水準(45%の下落)に設定されていること、……短期間であれば年率10%という相当高率の利息が得られる可能性も存することからすれば、そうした金融商品に対する需要もないとはいえず、その性質、特徴やリスクを理解した上で自身の投資判断に基づいて購入するのであれば、多様な金融商品、投資手段が提供されることになって、そこに社会経済的意義も認め得るところである。」と判示し、結果として購入者に損失が生じたとしても「それは甘受すべき自己責任によるものということができるから、本件仕組債や本件取引それ自体について違法性や公序良俗違反を認めるのは相当ではな」いとした。更に本件仕組債が著しく不公平・不公正な条項を

含んでいることにつき、「金融商品、投資手段として一定の需要や社会経済的意義が認められないものではないことは既に判断したとおりであり、その条項が著しく不公平・不公正であるとも一概にはいえないから、本件仕組債や本件取引それ自体が消費者契約法に違反するものということはできない。」とした。

3 適合性の原則違反について

本件口座開設申込書の記載の金融資産額及び相当年数の投資経験から、「一審被告及びPが、その記載を前提にして、一審原告の資力や投資経験、その他の属性を判断したことには合理的な根拠がある。」とした上で、20年以上も日本で仕事をしていたことからすれば日本語能力も十分にあると推認されるとし、「本件仕組債の構造を理解することは容易ではないにしても、その説明や交付された資料の内容によっては、本件仕組債の性質、特徴やリスクを理解することがおよそ困難であるとまではいえないから、本件仕組債を一審原告に販売することが適合性の原則に反しているとはいえない。」と判示した。

4 説明義務違反及び断定的判断の提供について

本件仕組債は、一般投資家にとっては知識・経験の乏しい新規性・独自性のある金融商品である上、ノックイン価格が低水準に設定されていることに目を奪われて、ノックイン事由が生じる可能性を過小評価し、元本を確保しつつ高い利息を受領する期待を安易に抱くであろうことが容易に想定できるから、これを販売する金融取引業者等は、顧客が冷静かつ慎重な判断が可能となるよう、過不足のない情報提供を尽くすことが要求されるとしつつ、次のように判示した。即ち、「こうした観点からPが一審原告に対して交付した説明資料である提案書をみると、……リスクその他のリスクの説明はあるものの、その記載は概して具体性を欠いた単調・平板なものであり、本件取引から生じ得る具体的なリスクを意識・注意喚起させる上で不十分なものと評さざるを得ない。また、Pの説明内容は、……シナリオ分析の表を示すなど具体性のあるもので、上記説明資料の不足を一定限度補っているとはいえ、これらを口頭で説明したにとどまるので、ノックイン事由が生じた場合に下落率が2倍の割合で償還価格に反映される算式も具体的に説明しなかった。したがって、商品説明の過程で上記のような情報が提供されたとしても、顧客である一審原告にその重要性がどの程度意識され、注意喚起され、その記憶にとどめられ、高率の受取利息や低く設定されたノックイン価格という利点と比較対象されるなど、一審原告の投資判断において、実質的な判断材料・考慮要素とされ得たのか甚だ心許ないところである。」「上記説明内容を図表化するなどリスクの具体的な内容を分かりやすく整理した資料を用意することに大きな労力・困難を伴うとも考えられないことからすると、相当複雑でその理解も容易でなく、かつ、新規性・独自性もある本件仕組債の購入を勧誘するに当たり、そうした資料を準備・使用することもないまま、口頭の説明で事足りりとする対応は、本件仕組債の性質・特徴に即した説明を尽くしていないとのそしりを免れ難いものである。」

また、Pが当初、本件仕組債と同じ仕組みを有しつつも利率が低い等の特徴を持つ日経仕組債を紹介したところ、一審原告がこれに興味を示さなかったことで、本件仕組債を勧誘するに至った経緯を踏まえ、「その「金融工学」の設計思想に従えば、「東証マザーズ指数については、日経平均株価よりも価格変動リスクが大きいのでノックイン価格を日経仕組債よりも低く設定し、それでもリスクが見合わないので、クーポン判定価格を5％低く設定し、さらに、利率にも3％のプレミアムを付けた」と説明することになろう。……一審原告が日経仕組債に興味を示さなかったという経緯を踏まえるならば、上記のような日経仕組債との比較、異なる設定条件の意味、想定されるリスクとの対応関係は投資判断をする上で極めて重要な情報と考えられるが、Pがこうした点に説明を加えた形跡は全く存在しない。かえって、……利点のみを強調して、勧誘対象を日経仕組債から本件仕組債に切り換えたことがうかがわれ、現実に一審原告がこれに飛びついた可能性が高い。上述した日経仕組債との比較につき正確かつ具体的な説明が加えられていれば、一審原告が本件仕組

債を購入しなかった蓋然性は相当高いのであって、この点についての説明不足も看過できない。」と判示した。また、一審原告が、本件仕組債の利得が東証マザーズ指数の変動に依存し、値上がりが生じた場合には早期償還される点を理解していたこと、また株価の動向に一定の相場観を持っていたことまではうかがえるとしつつも、それを以て本件仕組債の特徴、リスクの具体的内容を正確に理解していたことを示すものではないとし、「一審原告は、Pによる説明が不十分であったため、本件仕組債の性質、特徴への理解を欠き、元本毀損リスクについて十分意識することのないままこれを購入したものと認めるのが相当である。そして、その結果、一審原告に予想外の元本毀損が生じて損失を被ったことになるから、一審原告は説明義務違反を理由とする不法行為責任、使用者責任を免れることはできないというべきである。」と判示した。

5 損害額

「一審原告の実質的な支出額が2875万8781円であることに争いがないところ、現在の東京マザーズ指数を前提とすれば償還金額が0となり、償還日まで（平成24年3月20日）に償還金額が生ずる見込み等についてなんらの主張立証もないことからすれば、一審原告には2875万8781円の損害が発生したと認めるのが相当である。」「他方、Pにおいて十分とはいえないが相当程度具体的な説明を行っており、……一審原告にそれらを検討する時間の余裕もあったことらからすれば、一審原告が説明内容に注意を払い、……内容・疑問点等をPに確認するなりして、本件仕組債の理解に努め、慎重に判断を加えていれば、本件契約を締結しなかった蓋然性も存する……のであって、一審原告が、企業に勤務した後、会社を経営していたことも考慮すると、本件契約を締結するに至った過程において、一審原告に相当大きな過失があったというべきである。」とし、「損害の70%につき過失相殺が認められるべきである」と判示した。

III 分析・検討

判旨に賛成する。

1 適合性の原則について（知識・経験、財産の状況、及び契約締結の目的）

（1）本判決は、Xの日本語能力にも考慮の上、本件仕組債の特徴、リスク等理解することがおよそ困難ではないこと等から、適合性に反しないとの判断を示した。即ち、口座開設申込書において、4億5千万円の金融資産があること、株式、投資信託及び外国証券について相当年数の投資経験があること、また投資目的については、（リスクを取りつつ高い利回りを追求する）グロース型であることが記載されていることを事実認定した上で（注1）、それらを踏まえ、Xの資力や投資経験、その他の属性を判断したことには合理的な根拠があるとし、Xが「本件仕組債の性質、特徴やリスクを理解することがおよそ困難であるとまでは」いえず、「本件仕組債を一審原告に販売することが適合性原則に反しているとはいえない」とした。

適合性原則については、現在、金融商品取引法（以下、「金商法」という）40条1項に具体的に定められており、同条では、金融商品取引業者は、「金融商品取引行為について、顧客の知識、経験、財産の状況及び金融商品取引契約を締結する目的に照らして不適当と認められる勧誘を行って投資者の保護に欠けることとなっており、又は欠けることとなるおそれがあること」がないようにその業務を行わなければならない、と定めている。同条については、ある特定の顧客に対してはいかに説明を尽くしても一定の金融商品の販売・勧誘を行ってはならない、という狭義の適合性原則を定めたものと解されている（注2）。しかし、金商法は、行政取締法規であることから、これに違反しても直ちに不法行為法上も違法となるものではないところ、最高裁平成17年7月14日判決（民集59巻6号1323頁）は、「顧客の意向と実情に明らかに反して、明らかに過大な危険を伴う取引を積極的に勧誘するなど、適合性の原則から著しく逸脱した証券取引の勧誘をしてこれを行わせたと

きは、当該行為は不法行為法上も違法となる」ものであると判示し、適合性原則の違反が民事上の不法行為となる場合を示すに至っている。また、同判決は、「顧客の適合性を判断するに当たっては、……具体的な商品特性を踏まえて、これとの相関関係において、顧客の投資経験、証券取引の知識、投資意向、財産状態等の諸要素を総合的に考慮する必要がある」とも述べている。

（2）この点、適合性原則が問題となった近時の判例をみると、投資経験が浅くかつ経済・金融知識が乏しいと判断される顧客（特に高齢者）に対し、投資目的にも合致しない投資商品を販売した場合には、適合性違反を認定する傾向が強いといえる。例えば、東京地裁平成22年9月30日判決（本誌1369号44頁）は、相続により多額の資産（4.5億円超）を保有するに至った当時70歳の専業主婦が仕組債を購入し、元本の約半分を毀損して損害賠償請求を起こした事案につき、顧客の投資信託の経験は認めつつも、経験年数は短く（約半年）、専門知識には欠けていること、また（安全重視という）投資意向にも反するとして適合性原則違反を認めた（注3）。また、大阪高裁平成20年6月30日判決（本誌1300号45頁）では、同じように相続によって多額（約3億円）の資産を保有するに至った高齢の元勤務歯科医師で投資経験のない者が、相続後2年以内に投資信託や日経平均ノックイン債を購入し、約4千万円の損失を被り損害賠償請求を起こした事案において、投資についての知識も持たず積極的な投資意向も持たない原告に対し、原告の投資経験に注意を払わず、原告の投資意向を確認しないまま、原告の意向と実情に反し、明らかに過大な危険を伴う商品のみの取引に、巨額なものに達する取引へと積極的に誘導したものであり、適合性原則から著しく逸脱した証券取引の勧誘に該当する、と判示した。

他方で、東京地裁平成23年1月28日判決（金融法務事情1925号111頁）では、輸入等の業務も行っている会社の経営者が仕組債を購入し、その1年後に元本償還がほぼ零となって損害賠償請求を提起したケースにおいて、これまで様々な投資経験（含、同様な仕組債への投資経験）を有していること、また購入時において（輸入業務を通じ）為替相場について相応の知識を有し、一定の理解力と判断力を有していたこと等認定し、適合性原則の違反を認定しなかった。また、同じく東京地裁平成23年1月28日判決（金融法務事情1925号117頁）では、仕組債購入に係る損害賠償請求訴訟において、安全性とのバランスにおいて収益性をより重視する投資意向であったこと、投資信託への複数の投資経験があったこと、また、長年にわたり自営の経験があり、相応の判断力があったと認められること等勘案し、仕組債の購入の勧誘が適合性の原則に著しく反しているとは認められないとした。なお補足ながら、これら2つの判決においては、顧客の会社経営を通じての経験が、投資経験と同様に適合性を判断するに当たって勘案、評価されている。顧客の理解度を総合的に適切に判断するにあっては、投資経験だけではなく、このような実社会での経験も重要な判断要素となり得るのであって、かかる裁判所の対応は、極めて妥当なものとして注目されてよいと考える。

（3）なお、適合性判断の他の要素である「財産の状況」については、（適合性違反を認定する判断要素とはしても）適合性を積極的に肯定する要素としては判断しない、というのが判例のこれまでの基本的な態度のように思われる。上記、東京地裁平成22年9月30日判決及び大阪高裁平成20年6月30日判決においては、原告はいずれも（相続によってではあるものの）多額の資産を有する投資家であり、その意味では投資損失の許容度は低くはないと思われるものの、両判決においては、かかる観点からの評価はなされてはいない（注4）。

（4）以上の適合性原則に係る判例の状況からすれば、本件においては、原告の投資目的が通常より高リターン・リスクを志向する「グロース型」であったこと、中国生まれではあるも日本での生活年数が20年以上に及びまた元会社の経営者であること、また長期の株式等の投資経験（10年超）もあることも踏まえれば、本判決が適合性違反を認定しなかったことについては、賛成できるものと考える。

2　説明義務

（1）本判決は、適合性原則違反はないとしつつ

も、特に日経仕組債との比較説明を加えていなかった点において、説明義務違反を認定している。

即ち、Pは、Xと2回の面談をして、仕組債の説明を行っており、またXはその際にリスク等が記載された確認書に署名押印をしている。更に、提案書に基づき、本件仕組債の概要の説明を行い、シナリオ分析を使って、東証マザーズ指数と原本償還の関係をマザーズ指数が20％下がれば、元本が40％毀損すること、また指数が580を下回ると元本償還が零になることについて説明を行っている。

実際のところ、これまでの金融機関の実務現場では、このレベルの説明で商品販売が行われて来たこともまれではなかったと思われるが、本判決においては、新規性、独自性もある本件仕組債の購入の勧誘にあっては、確認書での署名押印や提案書を使っての一通りの説明では不十分であって、リスクを過小評価し、高い利息等の利点のみに目が向いている原告に対しては、説明内容を図式化したり、また日経仕組債との比較において、より詳しく本件仕組債のリスク等の説明をすべきであったとしている。その意味では、本判決の求める説明義務の内容は、かなりの程度きめ細かなものであるといえ、確認書や説明書のような一通りの定型的な資料の他に、顧客の特質に応じた個別の説明資料も要求するレベルのものと考えられる。

(2) この点、他の判例においては、例えば、上記東京地裁平成22年9月30日判決は、商品概要書を示しながら一般的な内容の説明をし、チャートを示しながら株価動向につき説明をしているが、「それに要した時間は挨拶も含め約30分程度であり、……原告のような投資に関する知識がほとんどない顧客に対して説明する時間としてはあまりにも短いものであり、原告がその内容を理解できたとはおよそ考えにくい」と判示し、説明義務違反を認定した。

他方で、適合性原則違反がなかったとされた上記東京地裁平成23年1月28日判決においては、商品内容の説明自体は通常の商品内容説明書を使って行われたものであるが、顧客が複数商品の中から選択して購入を決めたこと、また（会社経営を通じて契約書の重要性を認識している顧客が）説明を受けた旨の書面への署名押印をしている事実等勘案し、説明義務違反も認めなかった。更に、上記東京地裁平成22年9月30日判決の控訴審である東京高裁平成23年11月9日判決においては、控訴人（証券会社）の使用人が、「重要事項お客様確認書」や「商品概要説明書」を使い、30分以上かけて元本割れリスク、ノックイン事由発生の可能性、また中途解約の制約等について説明を行っていることを認め、原告の説明義務違反の主張を退けている。

このように判例においては、個別事案ごとに顧客の経験・理解度等の特性に応じて具体的な説明義務の内容を判断しており、何らかの共通の判断基準を見出すことは難しく、したがって、金融機関には、（商品の特性との相関において）顧客の投資経験や理解度等に応じたきめ細かな説明対応を行うことが求められる場合もあるといえよう。その意味では、金融機関に求められる説明義務の範囲が、個別事案では大きく拡大することにもなるが、この点、上記東京地裁平成23年1月28日判決においては、原告側が、発行体の信用リスク現実化の可能性、また販売業者（金融機関）が収受する手数料や利益等に係わり説明義務違反を主張したが、裁判所はいずれもその主張を退けている。これは、金融機関の説明義務の範囲に一定の限定を画したものとも評価し得るものであり、注目に値すると思われる。

(3) ところで、本判決のように、適合性原則違反は否定しつつも、説明義務違反を認定する判例は少なからず存在する（注5）。適合性原則と説明義務との関係に係わり、適合性原則を、一定の顧客に対してはいかに説明を尽くしても一定の商品の販売・勧誘を行ってはならないとの狭義の意味で考えた場合、別言すれば、国家がパターナスティックに介入して市場での取引耐性（適合性）を欠く者を当該市場から排除するための理論、という意味で理解するならば、適合性原則は、理論的には説明義務違反に判断が先行する性質のもので、いわば入口に位置するものということができる（後藤巻則「説明義務・情報提供義務をめぐる判例と理論」判例タイムズ1178号42頁）。かかる考え方を前提とすれば、入口（適合性原則）の段階

で違反が認められれば、次の段階である説明義務についてはあえて判断を行う必要はなく（注6）、逆に、本判決のように、入口での問題がなかった場合には、当然に次の説明義務の段階での違反の有無が判断されることになろう。

しかしながら、裁判例としては、入口（適合性原則）と説明義務の双方で違反を認定されているケースが比較的多く存在している（注7）。入口での違反が認められれば、民事上の責任を問えることから、あえて説明義務違反を検討するまでもないといえそうだが、裁判所は上級審を意識して説明義務違反についても判断する必要があること、また、過失相殺において過失割合を決定する際に、業者側に説明義務違反が認められる場合には、その事実も考慮要素となるであろうこと（注8）、等事案の総合的判断という意味で説明義務違反を検討する意義はなお認められると思われる。

3　公序良俗・信義誠実義務違反

本判決は、不当な条項を含んだ本件仕組債を販売すること自体、信義誠実義務等に反するとの原告主張に対し、そのような金融商品に対する需要もないとはいえず、多様な金融商品、投資手段の提供という点で社会経済的意義も認められる等として、その主張を認めなかった。また、その結果として損失を被ったとしてもそれは甘受すべき自己責任によるものであるとし、本件仕組債それ自体について違法性や公序良俗違反を認めるのは相当ではないとの判断を行っている。

本判決以外に、本件のような仕組債の内容の不当性等を根拠に公序良俗・信義誠実義務違反が争われた裁判例はあまり多くはないが、本件同様、仕組債販売に係わり適合性原則違反が問題となった事案において福岡地裁平成23年11月8日判決（金融法務事情第1951号137頁）は、仕組債の構造が複雑であることで売買契約自体が直ちに公序良俗違反となるものではないこと、また、仕組債が一定の投資家の意向に合致する商品であって社会的有用性がないとはいえない等として、公序良俗違反との原告の主張を退けている。確かに、仕組債については、Xが主張するようにその得られる利益（年率10%のクーポン（しかも早期償還条項

付き））とそれに伴うリスク（特に元本毀損リスク）とは一見すると非対称であることが殆どであり、その意味では投資家に不公平であってよりリスクを負わすものといえなくもない。しかしながら、仮に投資に伴う利益とリスクが非対称であったとしても、そこに投資価値を見出す投資家は存在するであろうし（注9）、その意味では、本判決が指摘するように、このような性質を有する仕組債に対する一定の需要があるのも事実であって、その点に社会的意義を認め、それ故、結果的に投資損失を生じたとしてもそれは投資家が甘受すべき自己責任である点を指摘した本判決は、投資家に対しパターナリスティックな姿勢が強くなっているように思われる近年の裁判例（志谷匡史「投資者保護の現代的課題」商事法務1912号4頁）の中では（注10）、注目に値する判決であるとの評価も可能と考える。

4　過失相殺

本判決では、Yの担当者であるPが相当程度具体的な説明を行っている一方、Xには検討のための時間的余裕があったこと（実際、仕組債に関する2度の説明から本件仕組債購入まではほぼ1か月の期間があった）、よって質問等もできたこと、その他会社経営の経験も加味し、7割の過失相殺を行っている。

過失相殺については、金融機関の市場仲介者としての高度の注意義務を重視し、違法な行為を抑止するという観点からは問題があるとする意見（注11）や、金融機関と投資家間の知識や情報収集能力・分析能力に大きな格差があること等より極めて慎重であるべきであるとの見解（注12）も存在する。しかしながら、投資家の投資行為に関しては、金融機関の高度な注意義務は一定程度認められつつも、国境を越えた多種多様な投資家が存在する今日のダイナミックな金融資本市場を考えた場合には、基本的には投資家の自己責任原則が貫徹されるべきであり、その前提で考えれば、過失相殺を通じて投資家側の責任をある程度認定することは不合理なことではないと思われる。

これまでの判例においても、本件のように金融商品販売が問題となった事案では、顧客側の理解力や経歴、投資経験、また慎重な検討や家族への

相談が可能であったにもかかわらずそれを怠った点等踏まえ、過失相殺が行われることが少なくなく（注13）、実際上も、個別事案ごとに柔軟な具体的妥当性を導く上では有効な手法と位置付けられ得ると考える（注14）。

IV 実務への指針

金融証券市場は、金融技術の持続的発達、新興国の台頭等を背景とし、今後も益々多様な投資手法や投資家層の発展が予想され、本裁判で問題となった仕組債のような複雑な金融商品の種類や取引数は、今後も増えることはあっても減少することはないと思われる。その意味では、今後の金融証券市場は、投資経験の限られたいわゆるアマ投資家にとっては、よりリスクの伴う場になって行くことは明らかであり、投資家の自己責任原則を基礎とした適切な投資家保護の枠組みの確立・運営なくして、その健全な発展は期し得ないであろう。

かかる認識に立てば、金融機関における（狭義の）適合性原則の適切な運営は、極めて重要である。この点、平成23年デリバティブ取引等に導入された日本証券業協会の自主ルールに於いては、勧誘しようとするデリバティブ商品の「合理的根拠適合性」の確認が求められ、同商品が少なくとも一定の顧客にとっては投資対象としての合理性を有するもので、金融商品として公正なものであることが、勧誘の実施に先立ち確認される取扱いとなった。また、同自主ルールでは、デリバティブ商品に係わる「勧誘開始基準」の定立も義務付けられ、それによって、ある一定の顧客層には同商品の勧誘ができない取扱いとなっている。今後金融機関には、これらのルールに基づいたより一層適切な販売態勢の確立が求められている。

一方、説明義務の運営については、上記で考察したように、個別事例毎に具体的な対応が求められることから、勧誘対象となる「顧客の知識、経験、財産の状況及び金融商品取引契約を締結する目的に照らして当該顧客に理解されるために必要な方法及び程度による説明」（金融商品取引業等に関する内閣府令117条1項1号）を徹底する以外に有効な対応はないと思われる。ただし、これだけでは、実際の場面における説明義務の外延が明らかではなく、金融機関には多大な労力と必要以上のコストが発生する恐れもなくはない。この点、説明義務の範囲に一定の限定を画す判断を示した上記東京地裁平成23年1月28日判決の考え方や、（デリバティブ取引等の仕組みの重要な部分についての理解に支障を来さないようにする観点からは）例えば仕組債に実質的に組み込まれたオプションの内容等の仕組みの細部についてまで説明するべきではないとする見解（注15）は、今後の金融機関の取組みに一定の指針を与えるものとして注目される。

（注1）Xは、同口座開設申込書はPが勝手に記入したものであって事実と相違する旨主張したが、数字の筆跡やチェックの形等に照らしても、裁判所はXの主張は採用できないとした。
（注2）これに対し、広義の適合性とは、「利用者（顧客）の知識・経験、財産力、投資目的等に照らして適合した商品・サービスの販売・勧誘を行わなければならないとのルール」と解されている（松尾直彦『一問一答金融商品取引法（改訂版）』308頁）。
（注3）ただし、同事案の控訴審である東京高裁平成23年11月9日判決（本誌1383号34頁）では、顧客が富裕層に属する者と評価され、また問題となった仕組債の購入以後も元本リスクのある預金を行っていたこと等より、適合性違反は認定されなかった。
（注4）なお、前掲東京高裁平成23年11月9日判決は、適合性原則違反を否定した理由として、（元本割れリスクのある商品への投資経験の他に）顧客がいわゆる富裕層に属する者である点を明示的に挙げており、「財産の状況」を適合性を肯定する要素として判断した数少ない判例であると思われる。
（注5）例えば、大阪地裁平成22年3月26日判決（本誌1358号31頁）、東京地裁平成18年6月7日判決（本誌1287号47頁）等。
（注6）そのような裁判例として名古屋地裁平成22年9月8日判決（本誌1356号40頁）。
（注7）前掲大阪高裁平成20年6月30日判決及び東京地裁平成22年9月30日判決。また、大阪地裁平成22年8月26日判決（金融法務事情1907号101頁）、東京地裁平成23年2月28日判決（本誌1369号44頁）等。
（注8）神谷隆一「証券会社の担当者による投資信託等の勧誘行為につき、適合性原則違反、説明義務

違反の不法行為の成立が認められた事例」銀行法務21・700号48頁。
(注9) リスク選好の極めて高い投資家であれば、(仕組債のように) リスクが非常に高い一方で得られる利益が限られている投資であっても、投資に値するものと判断することは十分にあり得ると思われる。その場合、そのような投資家にとっては、当該投資は非対称のものではなくなっているのではなかろうか。
(注10) なお、金利スワップ取引に係わり、説明義務違反の重大性から信義則違反を導き、同金利スワップ契約の無効を認めた判例として、福岡高裁平成23年4月27日判決(判例時報2136号58頁) がある。同判決では、問題となった金利スワップ契約につき、原告に一方的に不利益をもたらすものであり、到底社会経済上の観点において客観的に正当ないし合理性を有するものとはいえない旨判示がなされている。
(注11) 松岡啓祐「株式の信用取引により損失を被った顧客が証券会社に対し、同社の従業員による過当取引および指導助言義務違反による債務不履行があるとして求めた損害賠償請求が認容された事例」本誌1355号13頁。
(注12) 後藤・前掲44頁。
(注13) 例えば、無効判決を出した前掲福岡高裁平成23年4月27日判決においても、4割の過失相殺が為されている。
(注14) かかる判例の立場を基本的に支持する見解として、志谷匡史「デリバティブ取引に係る投資勧誘の適法性」商事法務1971号12頁参照。
(注15) 松尾直彦「店頭デリバティブ取引等の投資勧誘の在り方—「悪玉論」への疑問」金融法務事情1939号70頁。

金融関係

4 銀行と顧客（事業者）との間のリスクヘッジを目的とする金利スワップ契約につき、締結に際して銀行側に重大な説明義務違反があるため、同契約が信義則に違反するものとして無効であり、かつ、銀行の不法行為を構成するとされた事例（福岡高判平成23・4・27本誌1369号25頁）

弁護士 　加藤 伸樹

I　事案の概要

1　請求の概要

本件は、株式会社Xが、Y銀行とのプレーン・バニラ・金利スワップ契約（以下、「本件金利スワップ契約」という）締結に際して、Y銀行の従業員に説明義務違反等があったとして、金融商品の販売等に関する法律4条（断定的判断の提供等の禁止）、民法415条（債務不履行）、民法709条（不法行為）ないし民法715条（使用者責任）に基づいて、本件金利スワップ契約によりY銀行に支払った金合計883万0355円の損害賠償等を求めた事案である。

2　事実関係

(1)　Xは、地方の中堅企業（パチンコ店等）である。X代表者Aは、X設立当初から資金繰りを含めて経営全般に実質的にも関与してきた。

(2)　Xは、平成15年に、パチンコ店新規出店のため、主取引銀行B銀行から10億円を変動金利で借り入れた。これを含め、Xの当時のB銀行からの借入れは、総額約15億円程度であった。

(3)　平成15年12月30日、Y銀行は、新規顧客であったXとの間で、次の消費貸借契約を締結して1億5000万円の金員を貸し付けた。

　返済方法　　5年間の均等分割返済
　利　息　　　基準金利（短期プライムレート）
　　　　　　　　＋0.75％
　担　保　　　X代表者の個人保証

(4)　Y銀行従業員C（取引開始から平成17年7月1日までXを担当）は、Xが変動金利での借入れを多く行っていると知り、Xに変動金利リスクヘッジのニーズがあると考え、金利スワップ取引をXに提案することにした。

(5)　平成16年1月19日、Cは、Yの大牟田支店副支店長とともに、Aに対し、「金利スワップ取引のご案内」と題する書面（以下、「本件提案書」という）に基づき、同取引の仕組み等を説明した。本件提案書には以下の記載があった。説明を聞いたAは、Cに対し、税理士も同席の上で、改めて説明するように要請した。

項　目	記　載　内　容
金利スワップ取引の説明	「金利スワップ取引とは、取引期間において同一通貨間の固定金利と変動金利を交換する取引のことです。金利のみを交換する取引であるため、元本の資金移動はありません。取引開始後に変動金利がどのように推移するかによって金利スワップ損益はプラスにもマイナスにもなります。」
平成16年1月16日付のインディケーション	想定元本　3億円 期　間　平成16年1月20日〜平成23年1月20日 貴社お受取金利　3か月TIBOR 　　　　　　　　（3か月毎後払） 貴社お支払金利　年2.365％ 　　　　　　　　（3か月毎後払）
「お取引例」	実質調達コスト＝短期プライムレート（お借入金利）＋年2.365％－3か月TIBOR（金利スワップに伴う金利の受払） 短期プライムレートと3か月TIBORの差を1.285％と仮定すると＝3.65％となる。
「損益シミュレーション」	3か月TIBORが0.000から3.500まで、0.25％刻みで変動した場合のスワップ損益の一覧表を掲載。 「お借入のスプレッド水準に変更がなく、また、お借入のベースとなる短期プライムレートと本スワップ取

「損益シミュレーション」	「引での受取金利（3か月TIBOR）の金利差がスワップ期間中は一定であるという仮定に基づきます。」「ここでは（短期プライムレート－3か月TIBOR）＝1.28500は一定と仮定しています。」
《メリット》	「本金利スワップ取引を約定することにより、貴社の将来の調達コストを実質的に確定させることができます。スワップ取引開始日以降は短期プライムレートが上昇しても貴社の調達コストは実質的に一定となり金利上昇リスクをヘッジすることができます。」
《デメリット》	「現時点で将来の調達コストを実質的に確定させるため、約定時点以降にスワップ金利が低下した場合、結果として割高になる可能性があります。スワップ取引開始日以降は短期プライムレートが低下しても貴社の調達コストは実質的に一定となり金利低下メリットを享受することができません。よって金利スワップを約定しなかった場合と比べて実質調達コストが結果として割高になる可能性があります。」
「必ずお読み下さい」	「本取引とお借入は独立した取引であり、一方の取引が他方の取引内容に影響を及ぼすものではありません。従って、本提案書におけるお借入のスプレッド水準はあくまで例示であり、お借入のスプレッド水準が、お借入期間中、同一水準であることを意味するものではありません。」、「本取引の適用金利等の条件は市場情勢により変化します。」、「本取引のご契約後の中途解約は原則できません。やむを得ない事情により弊行の承諾を得て中途解約をされる場合は、解約時の市場実勢を基準として弊行所定の方法により算出した金額を弊行にお支払頂く可能性があります。」

(6) 平成16年1月28日、Cはスポットスタートと先スタートの各「金利スワップ取引のご案内」と題する書面（本件提案書と同じ体裁）を持参し、A及び税理士に対し、金利スワップ取引について説明した。その提案書には、以下の記載があった。説明を受けたAは、Cに税理士や専務とも相談すると伝えた。

項 目	記 載 内 容
スポットスタート	貴社お受取金利　3か月TIBOR（3か月毎後払） 貴社お支払金利　年2.175％（3か月毎後払） 実質調達コスト　3.46％
先スタート	貴社お支払金利　年2.345％ 実質調達コスト　3.63％

(7) 同年2月23日、Aから「顧問税理士や専務の意見を再確認して、近日中に回答する」旨告げられたCは、その後、2、3日ごとに東京の銀行間取引市場でのスワップ金利が掲載されている新聞記事をA宛にFAX送信した。

(8) Aは、同年3月初め頃、当面、変動金利の上昇はないため狭義の変動金利リスクはなく先スタート型のほうがよいとして1年先スタートを選択した。

(9) 同月3日、Cは、1年先スタートの次の内容の金利スワップ取引の提案書（以下「本件具体提案書」という）を、Xに持参した。

項 目	記 載 内 容
平成16年3月2日付のインディケーション	想定元本　3億円 期　間　平成17年3月5日～平成23年3月5日 貴社お受取金利　3か月TIBOR（3か月毎後払） 貴社お支払金利　年2.320％（3か月毎後払）

(10) Cは、本件具体提案書を示し、金利スワップ取引の仕組みとその留意点を再度説明した上で、契約の具体的な利率は翌日連絡し、承諾すれば成約となる旨説明した。Aはこれを了解し、本件具体提案書の「★必ずお読みください」と記載されたページの下にある「当社は、本件取引（金利スワップ取引）の申込に際し貴行より説明を受け、その取引内容及びリスク等を理解していることを確認します。」旨の欄に押印した。

(11) 翌4日、Cは、スワップ利率が年2.445％となることを連絡した。Aはこれを了承し以下のとおりの本件金利スワップ契約が締結された。

項　　目	記　載　内　容
取引期間	平成17年3月8日から平成23年3月8日の6年間
Y受取金利 （X支払金利）	固定金利　年2.445% （支払日　平成17年6月8日から3か月ごとの各8日）
X受取金利 （X支払金利）	変動金利　指標金利（3か月TIBOR） ＋0％ （支払日　平成17年6月8日から3か月ごとの各8日）

⑿　Xは、本件金利スワップ契約に基づき、Y受取金利とX受取金利の利息の差額（以下、「本件差額金」という）合計883万0355円を下記のとおり支払った。

　　平成17年6月1日　　　　　177万6358円
　　同年9月8日　　　　　　　178万8328円
　　同年12月8日　　　　　　 176万1411円
　　平成18年3月9日　　　　　174万2055円
　　同年6月7日　　　　　　　176万2203円

⒀　Aは、Yにだまされたと思うようになり、平成17年12月頃、弁護士に相談し、平成18年7月20日、本訴を提起した。

⒁　本訴における争点は、本件金利スワップ契約締結に関するY銀行の説明義務違反、適合性原則違反、優越的地位の不当利用である。適合性原則違反及び優越的地位の不当利用については、第1審判決も本判決も、Xの主張を認めなかった。以下では、説明義務違反についてのみ検討を行う。

II　判決要旨

1　第1審判決（福岡地大牟田支判平成20・6・2金融・商事判例1369号38頁）

請求棄却。

第1審の福岡地裁大牟田支部は、以下のとおり、判示して、Xの請求を棄却した。

⑴　説明義務違反について

①　本件提案書の「内容は……固定金利と変動金利についての基本的理解があれば、さほど難解……とは言えず、Xの金融機関からの借入金の金利を提案書の「お借入金利」欄に代入すれば、実質的な調達コストについても十分に判断できるだけの情報は与えられていた……し、提案書に記載された適用金利はあくまで取引例であり、契約締結時における適用金利は市場情勢により変化することや、原則として、中途解約できない契約であることの説明もなされていた……から、金利スワップ取引のリスク等についての説明も含めて、Cに説明義務違反があったと」はいえない。

②　「Aは……（筆者注：Xの）経営全般に関与し、金融機関との折衝も行ってきた者であって、変動金利や固定金利についての基本的理解も有しており、本件契約当時、短期プライムレートが非常に低い状況にあり、当面金利が上昇することはないという見通し……から、先スタートの金利スワップ取引契約を選択したこと、本件契約締結にあたって、税理士も同席の上で説明を受けていること等に照らせば……想定元本の額や期間についても、最終的には、Xの自由な判断において決定したものというべきである。」

③　「金利の変動が、景気の動向、金利政策の変更等、様々な要因によって生じうることは、一般常識に属するものであって、金融商品販売業者において、将来の金利変動の見通しを説明することは、断定的判断を提供することになりかねず、許されない」

⑵　不適正かつ不公平な勧誘

①　「金利スワップ契約を締結する際、金融商品販売業者は、金利上昇に伴うリスクをヘッジするために、金利交換取引市場において、反対方向の金利スワップ取引契約を締結しているのが通常であり……金利スワップ取引においても…顧客が変動金利と固定金利の差額を支払わない場合には、損失を被るのであるから、顧客が金融商品販売業者に対して支払うべき金利差額相当分の金銭が純粋な利ざやとなるとは認められないし、どの程度販売コスト等を上乗せして適用金利を設定するか……は、原則として、金融商品販売業者の判断に委ねられる……3か月TIBORに0.3から0.5パーセント程度上乗せした金利が適切であるというXの主張は採用することができない。」

②　「Xは、本件契約当時、B銀行から、変動金利で14億から15億円（うち10億円については、平成15年から20年返済）程度借入れており、さらに、被告からも1億5000万円を借入れていた

……から、金利上昇リスクをヘッジすることを目的として、想定元本３億円、期間６年の金利スワップ取引の必要性がなかったということはできないし、Ａ社長が……金利スワップ取引の仕組み等を理解する能力に欠けるところはなかった……から、Ｃが適合性の原則を逸脱した勧誘をして、本件契約を締結させたというＸの主張は採用……できない。」

2　本判決

一部認容。

本判決は、金融取引に関する基礎的所見(1)を示した上で、Ｙ銀行の説明義務違反を認め(2)、説明義務違反の効果として契約無効及び不法行為の成立を挙げ、不法行為に関して４割の過失相殺を行って(3)、Ｘの請求を一部認容した。

(1)　金融取引に関する基礎的所見

①　金利スワップにおける交換される利息同士の等価関係の原則

金利スワップ取引では、交換時点での、一定期間の期日毎に支払われる固定金利の経済価値と、一定期間内に……想定される変動金利の経済価値は、理論上では等しいものとして交換されるのが原則である。

（筆者による図）
固定金利Ａ ＝ 変動金利Ｂ（利息同士の等価関係の原則）

②　金利スワップの理解

実際の金利スワップ契約は、甲が、銀行から元本額 a 円を固定金利Ａで借り入れ、同時に銀行に同額の金員 a 円を預け入れて変動金利Ｂを受領するものと結果的には単純化される。

理論的には……銀行へ預け入れた元本額 a 円の変動金利の利率は、銀行が……他者から借入をするときの金利であるから、TIBOR等の銀行間金利が用いられ……元本額 a 円の固定金利の利率は、形式上は、甲の経済的信用リスク（貸金契約の債務不履行リスク）に見合った銀行借入金利の利率となる……。しかし、上記元本は、前述した想定元本であるから、双方とも各元本については返済リスクを負うことはない。そのため、金利スワップ契約においては、利息の回収についての信用リスクと銀行が引き受けることになった変動金利リスクのみが存在する……。したがって、上記金利スワップ取引の固定金利の利率は、通常の銀行借入金利の利率を下回る利率とされる……。

（筆者による図）
固定金利Ａ ＝ 利息回収の信用リスク＋金利変動リスク＜通常の信用リスク＝銀行から借り入れる際の金利
変動金利Ｂ ＝ 銀行が借入れする金利 ≒ TIBOR

(2)　Ｙ銀行の説明義務違反

①　金利スワップ取引の締結に関する専門的知識を有する当事者の説明義務

イ　……契約当事者の一方にのみ専門的な情報ないし知識等が存する場合は、特殊ないし専門的内容の契約等（以下「専門的性質の契約等」という。）においては、他方当事者は専門知識を有する当事者側から、その契約内容についての適切な説明を受けない限り、同契約を締結すべきか否か自体についてさえ、合理的に判断することはできないのが通常である。特に、その契約の主たる内容が知識を有する当事者からの一方的な提案である場合は、その契約の内容が社会経済上の観点において客観的に正当で、合理的判断下においても同旨の契約がなされたであろうと認められるものでない限り、それによって成立した契約は、社会経済的に不公正であるばかりでなく、法的にも不公正である。

ロ　したがって、専門的性質の契約等においては、その知識を有する当事者には……他方当事者に対する契約に付随する義務として、個々の相手方当事者の事例に見合った当該契約の性質に副った相当な程度の法的な説明義務がある……。

②　本件への当てはめ

イ　本件金利スワップ契約も専門的性質の契約である……ので、Ｙ銀行は、金利スワップ契約を金融商品としてその専門的知識がない、ないしは乏しい、Ｘに対する提案（勧誘ないし売り込み）……については、それ相応の説明義務を果たす必要があった。しかし、本件銀行説明においては、前記認定の事実関係からすると、契約締結の是非の判断を左右する可能性のある、中途解約時における必要とされるかも知れない清算金につき、また、先スタート型とスポットスタート型の利害等につき、更には契約締結の目的である狭義の変動

金利リスクヘッジ機能の効果の判断に必須な、変動金利の基準金利がTIBORとされる場合の固定金利水準について、これがスワップ対象の金利同士の価値的均衡の観点からの妥当な範囲にあること等の説明がされなかったことからすると、同説明は、全体としては極めて不十分であった……。

ロ　また、本件金利スワップ契約の固定金利は、契約締結当時に金融界で予想されていた金利水準の上昇に相応しない高利率であったばかりでなく、Xの信用リスクに特段の事情も認められないのに、本件訴訟でXが例示した他の金利スワップ契約のそれよりもかなり高いもので、前記金利スワップ契約のスワップ対象の各金利同士の水準が価値的均衡を著しく欠くため、通常ではあり得ない極端な変動金利の上昇がない限り、変動金利リスクヘッジに対する実際上の効果が出ないものであった……。

ハ　したがって、本件金利スワップ契約は、Y銀行に一方的に有利で、Xに事実上一方的に不利益をもたらすものであって、到底、その契約内容が社会経済上の観点において客観的に正当ないし合理性を有するものとはいえない。

(3) 説明義務違反の効果

① 信義則違反による契約無効と不法行為の成立

Y銀行において、本件金利スワップ契約の締結に当たって、契約に付随するXに対する説明が必要にして十分行われたときは、Xにおいては、目的とした変動金利リスクヘッジの可能性の不合理な低さ等から、本件金利スワップ契約は締結しなかったことは明らかで、その説明義務違反は重大であるため、本件金利スワップ契約は契約締結に際しての信義則に違反するものとして無効であり、また、その説明義務違反は、Y銀行の不法行為を構成する……。

② 過失相殺

イ　X……は……金利スワップ契約の基本構造自体については理解し……Y銀行が設定した各金利水準等でのその個別の支払期における金利差で損益を示すシミュレーションを受けた……。

ロ　また、XはY銀行からの実際の借入金の金利を本件提案書の「お借入金利」欄に代入したシミュレーションを自らすれば、Y銀行から提案を受けた金利スワップ契約における個々の支払期毎に計算された具体的な損益（具体的な支払金額と受取金額の差額）を通して、少なくとも本件金利スワップ契約の全体の損益の概要を推測することができた……。Xの規模やY銀行から本件説明を受けた際には、わざわざ税理士に立会いをさせる等していたのであるから、そのシミュレーションを実行する能力があったし、その専門的用語の調査ないし理解も容易であった……のにX……は、それを懈怠した……。そして、本件金利スワップ契約における多額の本件差額金の支払が現実に必要となった直後の段階で、直ちに本件金利スワップ契約内容が極めて不合理なものであったと当然気がつかなければならないのに、本件差額金の支払を重ねてその損害を拡大させた……。その主たる原因は、本件金利スワップ取引の提案を、社会的信用力の絶大なメガバンクであるY銀行から変動金利リスクヘッジに有効な手段であるとして推奨されたため……その検証もせずに、Xにとっても当然有益なものと安易に信じたのであろうことは想像に難くないが、Xの社会経済的地位からすると、軽率な点があったことは否定できない（以下「X側の責任事情」という。）。

ハ　……本件銀行説明の程度やX側の責任事情を斟酌すると、Xの本件におけるY銀行に請求できる損害金額としては、本件差額金として支払った合計金額の約4割……とするのが相当である。

III 分析・検討

1 はじめに

本判決の判旨のうち、説明義務違反を認めた点に賛成。他方、説明義務違反の効果として、信義則違反を理由に契約を無効とした上で、不法行為の成立を認め、4割の過失相殺を行った点については、結論及び理由付けともに疑問がある。

2 判旨の分析―説明義務違反

(1) 説明義務の根拠

① 本判決は、㋐「契約当事者の一方にのみ専門的な情報ないし知識等が存する場合」における「専門的性質の契約等」について、「他方当事者は専門知識を有する当事者側から、その契約内容に

ついての適切な説明を受けない限り、同契約を締結すべきか否か自体についてさえ、合理的に判断することはできないのが通常である」、(イ)「特に、その契約の主たる内容が知識を有する当事者からの一方的な提案である場合は」、(ウ)「その契約の内容が社会経済上の観点において客観的に正当で、合理的判断下においても同旨の契約がなされたであろうと認められるものでない限り、それによって成立した契約は、社会経済的に不公正であるばかりでなく、法的にも不公正である」とし、(エ)「したがって、専門的性質の契約等においては、その知識を有する当事者には……他方当事者に対する契約に付随する義務として、個々の相手方当事者の事例に見合った当該契約の性質に副った相当な程度の法的な説明義務がある」とした。

② 学説では、説明義務の根拠として、Ⓐ業者と顧客との間の知識や情報収集能力における格差（情報の非対称）、Ⓑ業者と顧客の間の情報分析能力における格差（情報分析能力の格差）（後藤巻則「金融取引と説明義務」判例タイムズ1178号40頁）、Ⓒ市場における交渉力の違い（交渉力の格差。潮見佳男「説明義務・情報提供義務と自己決定」判例タイムズ1178号9頁）、Ⓓ高度に複雑化し、専門分化が進んだ現代社会における専門家に対する社会的信頼（専門家への信頼。横山美夏「説明義務と専門性」判例タイムズ1178号18頁）が挙げられている。

③ (ア)のうち、情報が当事者の一方にのみ在する場合という点は、上記Ⓐの情報の非対称に言及したものといえる。また、知識が当事者の一方にのみ存する場合とする点及び専門知識を有する者から説明を受けなければ契約締結の当否すら合理的に判断できないとする点は情報を分析するための専門知識をいうものと解されるから、上記Ⓑの情報分析能力の格差に言及したものといえる。

④ (イ)は、(ア)の場合であって、「特に」知識を有する側からの一方的な提案であるときについて述べている。一方的な提案であるとする点は、上記Ⓒの交渉力の格差への言及であると考えられる（なお、本判決は別の個所で、XがY銀行の提案をそのまま受け容れざるを得なかったと認定し「本件金利スワップ契約が講学上の附合契約ないしその側面を持つ」としている）。また、知識を有する側（専門家）からの提案という点は、自ら提案を行う専門家は相手方（非専門家）の信頼に応えるべきという上記Ⓓの専門家への信頼に言及していると考えることができる。

⑤ (ウ)は、契約の内容が「客観的に正当で、合理的判断下においても同旨の契約がなされたであろうと認められるもの」でない限り、それによって成立した契約は、社会経済的にも法的にも不公正であるとする。これは、専門家の提案について、非専門家からの交渉の余地がなく、専門家への信頼に基づいて契約が締結された場合に、契約の内容が「客観的に正当で、合理的判断下においても同旨の契約がなされたであろうと認められるもの」でなければ、それは説明の不十分さを疑わせるという趣旨と考えられる。つまり、契約内容の不当さから説明義務違反を推認するという考えが示されているといえる。

⑥ (エ)は、「専門的性質の契約等」について、知識を有する側に「個々の相手方当事者の事例に見合った当該契約の性質に副った相当な程度の法的な説明義務がある」とする。「個々の相手方当事者の事例に見合った当該契約の性質に副った相当な程度」の説明義務とは、いわゆる広義の適合性原則をいうものと考えられる（金融商品の販売等に関する法律（以下、「金販法」という）3条2項）。

(2) 本件における説明義務違反

① 本判決は、契約締結の判断を左右する可能性のある、(A)中途解約時における必要とされるかもしれない清算金、(B)先スタート型とスポットスタート型の利害等、(C)変動金利の基準金利がTIBORとされる場合の固定金利水準について、説明が不十分であるとした。

② (C)について、本判決は、銀行取得価値と顧客取得価値の経済的価値が著しく異なるときは、金利スワップ契約はそのヘッジとしての機能を十分に果たせないとする。この点、本判決は、他の手段を用いないことにより節約できるコストや受取予定の変動金利に基づく利息金といった経済的な価値に加えて、「ヘッジを必要とした個別的事情も含む諸事情」というXの主観的な価値（動機や目的など）を顧客取得価値に含めており、顧客取得価値とはXが得られる経済的及び主観的な価

値の総和ということができる。つまり、本判決は、交換される金利が等価であることを絶対視しているわけではなく、固定金利の利率が他と比較して高くても、説明義務が適切に果たされた上でなお顧客が締結に同意したのであれば、契約を有効とし、不法行為の成立を否定する可能性を残していると考えられる。

③　また、本判決は、(A)について、「具体的算定方法ないし概算額について全く推測もできず、顧客が清算金の存在による事実上の解約制限に基づくリスクを評価して契約締結の可否を決定することの判断材料」が与えられなかったとし、(B)については、スポットスタートと先スタートの利害得失が分からなければ、どちらを選択すべきかの判断が客観的にはできなかったとした。(A)及び(B)は、Xが銀行取得価値と顧客取得価値が価値的に均衡していることを確認した上で本件金利スワップ契約締結を決定するために、最低限必要な知識ないし情報であるといえるところ、(A)及び(B)を説明する目的は、(C)についてXに理解させる点にあると考えるべきである（(A)につき、平成22年1月20日改正後の金融庁の主要行等向けの総合的な監督指針（http://www.fsA.go.jp/common/law/guide/city/index.html。以下、「主要行監督指針」という）は、「Ⅲ-3-3-1-2　主な着眼点」「(2)契約時点等における説明」①・イ・Bに「当該デリバティブ取引を中途解約すると解約清算金が発生する場合にはその旨及び解約清算金の内容（金融指標等の水準等に関する最悪のシナリオを想定した解約清算金の試算額及び当該試算額を超える額となる可能性がある場合にはその旨を含む。）について、顧客が理解できるように説明しているか。」という項目を置いており、本判決の考え方に近い内容となっている）。したがって、(A)及び(B)について情報を提供するだけでは足りず、銀行取得価値と顧客取得価値とが価値的に均衡しているかどうかを判断するために必要な程度の説明を行うべきであろう（前記(B)につき、青木浩子「ヘッジ目的の金利スワップ契約に関する銀行の説明義務」金融法務事情1944号72頁は、Xは契約が1年間は金利が上がらないと判断して先スタート型を希望し、先スタート型の場合の固定金利を「知ってなお契約を締結したのであるから、この上に何を説明せよというのだろうか。」（同79頁）とする。しかし、Xが情報を分析して、変動金利リスクヘッジ目的との関係でどちらが有利かを判断するためには、スポットスタートより先スタートの方が固定金利が高い理由やスポットスタートと先スタートのどちらが有利なのかを検討する際の考慮要素について説明を受ける必要があると思われる）。

④　また、本判決は、本件金利スワップ契約の固定金利が、当時予想されていた金利水準の上昇に相応しない高利率であったこと、他の金利スワップ契約の利率よりもかなり高いこと（Xと同様の訴えをY銀行に対して訴えた会社が、Y銀行以外の金融機関と締結した金利スワップ契約【想定元本2億円、変動金利TIBOR】の固定金利は1.51％のようである（福岡高判平成23・4・27判例タイムズ1364号158頁））から、「スワップ対象の各金利同士の水準が価値的均衡を著しく欠くため、通常ではあり得ない極端な変動金利の上昇がない限り、変動金利リスクヘッジに対する実際上の効果が出ない」、「本件金利スワップ契約は、Y銀行に一方的に有利で、Xに事実上一方的に不利益をもたらすもの」であり、「社会経済上の観点において客観的に正当ないし合理性を有するものとは言えない」とした。変動金利を固定化できるという意味でリスクヘッジの効果はあるから（青木・前掲80頁の注21を参照）、本判決の「リスクヘッジの効果が出ない」との表現は強すぎると思われるが、この箇所の趣旨は、本件金利スワップ契約の内容が客観的に正当でなく、合理的判断の下では契約されなかった旨をいうものであり、説明義務違反を推認させる旨を述べたものと考えられる。

(3)　本判決が求める説明義務の範囲―第1審判決との比較

①　第一審判決は、「Xの借入金の金利を提案書の「お借入金利欄」に代入すれば実質的調達コストについて十分判断できるだけの情報は与えられていた」、「原則として中途解約できない契約であることの説明もなされていた」として、説明義務違反を否定している。

②　「情報が与えられていた」として説明義務を否定した点は、情報の非対称の是正に着目した考え方と整理できる。その背景には、金利スワップ契約を締結するにあたって、取引の仕組みを理解し、コストと利益の金額さえ理解できれば合理的

な判断ができるという考え方があると思われる。

③　金販法3条1項1号イ～ハ（なお、ハは平成18年改正により挿入された規定であり、本件当時は存在しなかった）も、説明義務の対象となる重要事項として、元本欠損が生ずる恐れがある旨、その直接の原因となる指標及び当該金融商品の販売に係る取引の仕組みのうちの重要な部分（本件でいえば、元本欠損(イ)が変動金利の推移(ロ)により起こるおそれがある旨及び取引の仕組み（ハ。なお、金販法3条5項5号）の説明）を求めており、第一審と同様の考え方を前提としていると思われる。

④　これに対し、本判決は、情報分析能力の格差の是正をより重視したものということができる。情報提供の範囲は、情報分析に必要な程度まで要求されることになり、中途解約が原則としてできないというだけではなく、中途解約の場合の清算金の計算方法まで情報提供することが求められる。また、分析のために必要な知識（スワップ取引における等価性等）の説明も求められる。

⑤　この背景には、金利スワップを締結するにあたってXがリスクヘッジを目的としている以上、その目的に適合するかどうかを判断できる程度まで理解できなければ合理的な判断はできないという考え方があると思われる。

⑥　このように、本判決は、(1)で述べた観点、とりわけ、B情報分析能力の格差の是正という観点から、金販法3条の定める以上の説明義務をY銀行に課したものと評価できる。

⑦　平成25年3月7日、最高裁は、本判決に対する上告に対して、本判決中Y敗訴部分を破棄し、Xの控訴を棄却する判決を出した（最判平成25・3・7（平成23年(受)1493）最高裁HP）。これにより、結論として、Xの請求は棄却された。

最高裁は、本判決を破棄する理由として「本件取引は、将来の金利変動の予測が当たるか否かのみによって結果の有利不利が左右されるものであって、その基本的な構造ないし原理自体は単純で、少なくとも企業経営者であれば、その理解は一般に困難なものではなく、当該企業に対して契約締結のリスクを負わせることに何ら問題のないものである。Yは、Xに対し、本件取引の基本的な仕組みや、契約上設定された変動金利及び固定金利について説明するとともに、変動金利が一定の利率を上回らなければ、融資における金利の支払よりも多額の金利を支払うリスクがある旨を説明したのであり、基本的に説明義務を尽くしたものということができる。……本件提案書には、本件契約がYの承諾なしに中途解約をすることができないものであることに加え、Yの承諾を得て中途解約をする場合には被上告人が清算金の支払義務を負う可能性があることが明示されていたのであるから、Yに、それ以上に、清算金の具体的な算定方法について説明すべき義務があったとはいい難い。また、Yは、Xに対し、先スタート型とスポットスタート型の2種類の金利スワップ取引について、その内容を説明し、Xは、自ら、当面変動金利の上昇はないと考えて、1年先スタート型の金利スワップ取引を選択したのであるから、Yに、それ以上に、先スタート型とスポットスタート型の利害得失について説明すべき義務があったともいえない。さらに、本件取引は上記のような単純な仕組みのものであって、本件契約における固定金利の水準が妥当な範囲にあるか否かというような事柄は、Xの自己責任に属すべきものであり、YがXに対してこれを説明すべき義務があったものとはいえない。」と判示した。

最高裁の判断は、本件取引自体の理解は企業経営者にとって困難でないことを前提に、Yは取引の仕組み自体をXに説明すれば足りるというものであり、第1審判決と同様に情報の非対称の是正で足りるとする考え方であるといえる。

(4)　**本判決における説明義務の程度**

①　ではなぜ本判決は、情報分析能力の格差是正を重視したのか。その理由は、本件におけるXの目的と勧誘の態様に求められると思われる。

②　投機目的で金利スワップ契約を締結する場合、取引の仕組み、具体的には、どのような場合に利益を得るか又は損をするかが理解できれば、契約締結の可否を判断できる（投機目的の金利スワップについて説明義務違反を認めた裁判例として、東京地裁平成21年3月31判決（判例時報2060号102頁）。同裁判例の評釈として、松尾直彦「金利スワップ取引の説明義務違反を認めた裁判例」金融法務事情1868号6頁。この裁判例は、説明内容が適切さを欠くとしたもので、取引の仕組み自体が適切に説明されず、情報の非対称が解消されなかった事案で

あるといえる)。これに対し、リスクヘッジ目的の場合、取引の仕組みだけでなく、取引がどのようにリスクをヘッジすることになるのかを理解しなければ、契約締結の可否を合理的に判断できない(この点につき、主要行監督指針「Ⅲ-3-3-1-2 主な着眼点」「(2)契約時点等における説明」①・イ・Cは、「提供するデリバティブ取引がヘッジ目的の場合、以下を確認するとともに、その確認結果について、具体的に分かりやすい形で、適切かつ十分な説明をすることとしているか。」という項目を置き、その具体例として「顧客の事業の状況(仕入、販売、財務取引環境など)や市場における競争関係(仕入先、販売先との価格決定方法)を踏まえても、継続的な業務運営を行う上で有効なヘッジ手段として機能することを確認しているか」という項目を置いており、ヘッジ機能を確認し顧客に説明することを求めている)。

③ 本件でいえば、スポットスタートと先スタートの違いについては、取引のスタート時期が違うだけであるが、これがリスクヘッジとの関係でどちらが有利なのかを顧客が判断できる程度まで情報分析に関する知識を説明しなければならないということになる。つまり、同じ仕組みの取引であっても、投機目的の場合であれば本件第一審のような考え方で説明義務が捉えられるのに対し、リスクヘッジ目的の場合には、目的との関係で説明義務の程度が異なるということになる。

④ 加えて本件は、メガバンクの1つであるYがリスクヘッジを売りにして金利スワップを提案しており、確実にリスクヘッジの効果があるとXが誤解する可能性があるといえる。この点も本判決が、Yに高い説明義務を課した理由の1つと考えられる。

(5) 断定的判断の提供との関係

① 金融商品の販売にあたって、不確実な事項につき断定的判断を示すことは許されない(金販法4条)。そこで、本判決の求める説明義務の履行と断定的判断の提供はどのように区別されるのかを検討する必要がある。

② この点につき、第一審判決は、「金利上昇の具体的要因やその要因が差し迫っていることなどを説明する義務がある」とのXの主張に対して、「金利の変動が……様々な要因によって生じうることは、一般常識に属する…将来の金利変動の見通しを説明することは、断定的判断を提供することになりかね」ないとして、Xの主張を斥けた。

③ しかし、上記Xの主張は金利上昇に関する考慮要素の説明(情報分析能力の格差の是正)及び要因が差し迫っている場合の関連事情に関する情報提供(情報の非対称の是正)を求めるものとみれば、必ずしも不確実な事項についての断定的判断の提供に当たるわけではない。

④ 本判決が求める説明義務も、取引の仕組みに関する情報提供のほか、これらの情報を分析して自らのリスクヘッジ目的に沿うかどうかを判断するための知識等を提供することを求めるにとどまっており、将来の不確実な事項を判断するのは、説明を受けた顧客である。顧客は、説明を受けた情報及び知識等を用いて、将来の判断を行い、取引を行うかどうかを決定することになる。

⑤ したがって、本判決の求める説明義務の履行は、断定的判断の提供には当たらないと考えられる。

(6) まとめ

以上のとおり、本判決は、専門的知識を有する銀行が、専門的知識のない顧客(事業者)に対して、リスクヘッジ目的という特定の目的で金融商品を提案した場合について、商品の仕組みやリスクに関する情報提供だけでなく、顧客が情報を分析してリスクヘッジ効果の有無を判断できる程度まで、知識や情報を提供することを求めたものである。効果の有無を判断できなければ、契約締結の可否を合理的に判断することができず、この点は顧客が事業者であると否とで変わらないから、本判決の考え方は正当なものと考える。

最高裁は、本件取引につき「将来の金利変動の予測が当たるか否かのみによって結果の有利不利が左右される」単純なものであるとし、「本件契約における固定金利の水準が妥当な範囲にあるか否かというような事柄は、Xの自己責任に属すべきものであり、YがXに対してこれを説明すべき義務があったものとはいえない」とするが、本件金利スワップ契約がXにとってリスクヘッジ効果を持つかどうか、言い換えれば、固定金利の水準がリスクヘッジ効果を持つために妥当な範囲にあるかどうかを判断するのはYのような専門家でなけ

れば困難であること、専門家であるYがXに対しリスクヘッジ効果を推奨して商品を販売したことからすると、取引の仕組みさえ伝えれば後はXの自己責任だと割り切ることのできる問題ではないと考える。かえって、本判決が認定した、本件金利スワップ契約における固定金利が契約締結当時に金融界で予想されていた金利水準の上昇に相応しない高利率であり、かつ、他の金利スワップ契約の固定金利よりもかなり高いという事情は、Xがリスクヘッジ目的に適うかという観点から情報を分析する能力に欠けていたため本件金利スワップ契約締結の可否を判断できなかったことを示すものであると考えられる。したがって、これらの点を見過ごした上記最高裁判決には疑問がある。

3 判旨の分析—契約無効と過失相殺

(1) 本判決は、説明義務違反がなければ、目的とした変動金利リスクヘッジの可能性の不合理な低さ等から、Xが本件金利スワップ契約を締結しなかったことは明らかとして、説明義務違反が重大であるとし、信義則違反を理由に本件金利スワップ契約を無効とした。

(2) 続けて、本判決は、説明義務違反が不法行為を構成するとし、X側の事情を考慮して4割の過失相殺を行った。

(3) しかし、本件金利スワップ契約を無効とするのであれば、支払った金額は全て返還されるべきである。したがって、本判決がXの不法行為に基づく請求について過失相殺を行いXがY銀行に支払った全額について請求を認めなかったことは、契約無効と整合していない。

(4) そもそも、本件では、Xの請求する訴訟物は債務不履行ないし不法行為にも基づく損害賠償請求権であるから、契約の無効に触れなくても判断が可能であった(なお、本判決が契約無効に触れたことには、前掲・福岡高判平成23・4・27判例タイムズ1364号158頁の影響があると思われる。この事案では、本件と異なり、原告会社に未払いの差額金があったため、Y銀行が反訴を提起した点について、福岡高裁は金利スワップ契約が無効であることを理由に反訴を棄却した。この事案と本件は、福岡高裁の同じ部が担当し、同日付で判決を出しており、判決文の構成や表現も共通する部分が多い)。

(5) また、過失相殺に関して挙げられた、X側の責任事情にも問題がある。まず、税理士の立会いがあったから、シミュレーションを実行する能力があり、専門的用語の調査ないし理解も容易であったのにこれを懈怠したとする点は、もしそうであれば、Y銀行が「個々の相手方当事者の事例に見合った」説明をしていたことになるのではないか。税理士を立ち合わせても、なお理解ができないという場合でないのに説明義務違反を認めたことになり、問題があると思われる。

(6) また、本件差額金の支払が現実に必要となった段階で本件金利スワップ契約内容が不合理だと気付くべきであるのに、本件差額金の支払を重ねてその損害を拡大させたとする点は、債務不履行を促す判示となっており賛成できない。

4 本判決の意義・射程

(1) 本判決は、専門家であるY銀行が、非専門家ではあるが事業者であるXに対して、リスクヘッジ目的で金利スワップ契約を提案したという事情のもとで、Y銀行に対し、情報の非対称性の是正にとどまらず、情報分析能力の格差を是正できるような説明義務を課した点に意義がある。

(2) では、いかなる場合に本判決の趣旨が及ぶか。本件の事情を一般化すると、専門家が、非専門家である顧客に対し、当該顧客の抱える問題について解決策を提案する場合ということができる。このような事情が当てはまる取引(金融取引に限らない)には、説明義務について、本判決の考え方と同様に、商品やサービスの仕組みだけでなく、解決策との関係でどのような効果が出るのかについて顧客が判断するのに十分な知識等を与えなければならないとの考え方が妥当するとされる可能性がある。例えば、本件のように金融機関等が金融デリバティブ商品を用いて顧客の抱える問題の解決を提案する場合や、システム会社が顧客に対してシステム導入による業務改革を提案する場合が考えられる。

IV 実務対応

上記のとおり、本判決の考え方の射程は金融取引に限られない。理解に専門的知識が必要となる

仕組みを用いて問題の解決策を提案する事業の場合、仕組みを説明するだけでなく、解決策に効果があるかどうかを顧客が判断できる程度まで、情報及び知識を提供すべきという説明義務が課される可能性がある。解決策の提案を、商品やサービスの宣伝文句として用いる場合、解決策の効果に関する説明を、より充実させることが望ましいと思われる。

5 信用金庫の会員が、常務会理事が決定した融資が金庫に対する善管注意義務違反に当たるとして求めた会員代表訴訟が認容された事例（宮崎地判平成23・3・4判例時報2115号118頁）

弁護士　加藤　洋美

I　事案の概要

1　はじめに

本件は、宮崎県に本店を置くA信用金庫の会員Xら（注1）が、A信用金庫のB社に対する融資、C_1社及びC_2社に対する融資に際して、A信用金庫の常務会理事ら6名に、A信用金庫に対する善管注意義務及び忠実義務違反があるとして、信用金庫法39条の4（会社法847条3項）に基づき連帯して金2億1040万3586円及びその遅延損害金をA信用金庫に賠償することを求めた会員代表訴訟である。

2　B社に対する融資

(1)　第一融資について

Fは、宮崎市内にあるT生命ビルの土地及び建物を購入して賃料収入を得ることを計画し、A信用金庫から融資を受けるため、平成13年7月24日に、Fの妻であるEを代表者とするB社を宮崎市内に設立した。

Fらは、同年8月3日に、A信用金庫a支店を訪れ、融資関係書類として、T生命ビルの土地及び建物の不動産鑑定士作成の不動産鑑定評価書（鑑定評価額は合計5億8000万円（土地3億0100万円、建物2億7900万円））、返済原資となる賃料収入に関する「建設投資シュミレーション」等を提出した。

A信用金庫の融資責任権限規程には、実質同一債務者、利害関係人等名寄せを含む表債3億円超の先については、常務会における審査会（以下、「常務会審査会」という）で審査協議の上これを決裁することとされていた（常務会は常務理事以上で構成される会議体であり、以下、常務会を構成する理事を「常務会理事」という）。

同年8月13日の常務会審査会で融資を可とする決議がなされ、各常務会理事により、事前協議申請書及び融資稟議書に承認の印が押印され、同月15日、A信用金庫はB社に対し、3億5000万円の融資を実行した（以下、「第一融資」という）。

同日、T生命ビルの土地及び建物につき、A信用金庫のために債権額3億5000万円の抵当権設定登記がされた。

なお、第一融資については、E、F及びGが連帯保証した。

(2)　第二融資について

平成14年12月頃、B社からA信用金庫に対し、T生命ビル補修工事及び空調設備工事費用合計2200万円の融資申込があり、各常務会理事は事前協議申請書及び融資稟議書に承認の印を押印し、同月30日、A信用金庫はB社に対し、2200万円の融資を実行した（以下、「第二融資」という）。第二融資は、E及びFが連帯保証した。

なお、第二融資の元利金は、平成19年3月30日をもって完済されている。

(3)　第三融資について

平成15年3月17日、B社からA信用金庫に対し、同月14日付けでB社は公売に出ているT生命ビル隣地（以下、「本件隣地」という）の買入申込書を提出しており、本件隣地上に店舗を建築すれば、Dゴルフ宮崎店が入居することになっていて、賃料収入が確実であるとして、本件隣地購入資金及び建物建築資金につき、融資申込がされた。a支店は融資に向けて取り組むこととし、B社から提出された不動産鑑定士作成の評価書において、本件隣地の評価額は1億7172万円となっ

ていたが、公売価格は7400万円であったことから、担保価格を7400万円と判断した。ただし、担保設定価格は1億2000万円として、建物が完成した後に追加担保を設定することにした。なお、a支店はDゴルフに対して入居予定等の確認を取ることはせず、これを裏付ける資料等を徴求することもしなかった。

　同月24日の常務会審査会で融資を可とする決議がなされ、その後、各常務会理事により、事前協議申請書及び融資稟議書に承認の印が押印され、同月25日、A信用金庫はB社に対し、1億2000万円の融資を実行した（以下、「第三融資」という）。

　本件隣地には、同月14日公売を原因として、同月25日にB社への所有権移転登記がされ、同日、A信用金庫のために債権額1億2000万円の抵当権設定登記がされた。

　なお、第三融資についても、E、F及びGが連帯保証した。

(4)　第三融資後の状況

　B社は、本件隣地上に建物を建築することなく、第三融資につき、土地購入資金以外の資金を他に流用した。

　これまで、A信用金庫のB社名義の口座に振り込まれていたT生命ビルの家賃収入の振込口座も変更され、A信用金庫において管理することができなくなり、平成17年頃には、B社のA信用金庫に対する返済は滞るようになった。

　その後、B社は経営破綻し、A信用金庫はT生命ビルの土地及び建物並びに本件隣地につき不動産競売を申し立て、平成18年11月21日に同不動産は差し押さえられ、一括売却に付された。平成20年3月6日、これら不動産は合計2億7000万円で売却された。

　連帯保証人GからA信用金庫に対し、合計1000万円の返済があった。

　A信用金庫は、上記売却代金及び連帯保証人Gからの返済金をまず第一融資の貸付残金に充当し、残りを第三融資の貸付残金に充当した結果、A信用金庫の会計処理上、第一融資は完済された扱いとなり、第三融資は1億0429万8170円の貸付残高が残った扱いとなった。

3　C₁社及びC₂社に対する融資

(1)　C₁社に対する融資

　C₁社は、宮崎県に事務所を置く木材製品の製造販売等を目的とする会社であり、C₁社設立後、複数のグループ会社が設立され、C₁グループを形成していた。C₁社は他のグループ会社とともに県北の地場産業を担い、地元では高い知名度を誇っていたが、住宅需要等の落込み等を理由に、徐々に売上げが減少し、遅くとも、平成7年頃には財務状況は不良化した状態にあった。同年3月末当時、A信用金庫のC₁社に対する総与信額は4億3788万5000円に上っていたところ、当時の不動産による保全度は13.19％で、既往融資は大幅に担保不足となっていた。また、平成7年3月27日時点で、C₁社は、メイン銀行であるH銀行に対する約12億円の借入金等多額の債務を負担している状況であった。

　A信用金庫は、平成7年3月末、C₁社に対する8口の現在債権3億2580万円を、3億円の証書貸付と2580万円の手形貸付に一本化したが、C₁社は約定どおり返済できず、条件変更稟議が繰り返された。

　A信用金庫は、資産査定において、平成11年3月31日をもって、C₁社に対する債務者区分を要注意先から破綻懸念先に変更した。

　A信用金庫はC₁社に対し、平成7年の債務一本化の後も、手形貸付の方法で支払手形決済のため、①融資（平成12年2月24日付け600万円）、②融資（平成12年3月8日付け150万円）、③融資（平成12年3月30日付け3300万円及び同日付け3000万円）、④融資（平成12年4月25日付け810万円）、⑤融資（平成12年5月30日付け1200万円）、及び⑥融資（平成12年6月29日付け870万円）を実行した。いずれも融資引当金は、請負工事代金とされた。

　なお、C₁グループへの融資は、表債3億円超の先であり、常務会審査案件とされていたが、融資責任権限規程によれば、「継続的取引先で返済期間1年以内の経常運転資金貸出と貸出条件変更及び割引手形について表債額が過去の付与表債額以内である場合については、回議の上決裁するものとする」とされていたことから、回議の方法で

常務会理事の決裁がされた。

(2) C₂社に対する融資

C₂社は木造住宅の建築・販売等を目的とするC₁グループの会社であったところ、C₂社も、C₁社同様、財務状況は不良化の一途をたどるようになり、平成6年頃には、既に赤字体質が定着している状況にあって、A信用金庫の従前の貸付金についても、返済の引当金がない状況の中、返済が長期化している状態であった。A信用金庫は、平成6年4月末に現在債権を証書貸付2億2040万円に一本化した上、利息の低減措置をとるも、当該約定も十分に果たされないまま、条件変更稟議が繰り返された。

A信用金庫は、資産査定において、C₂社の取引先区分を、平成10年3月31日に、要注意先としていたところ、平成12年3月31日をもって、要注意先から破綻懸念先に変更した。

上記債務一本化の後も、A信用金庫はC₂社に対し、手形貸付の方法で決済のために、⑦融資（平成9年6月25日付け1300万円）⑧融資（平成10年12月28日付け1000万円）及び⑨融資（平成12年9月28日付け1000万円）を実行した。いずれも融資引当金は、請負工事代金とされた。

(3) ①ないし⑨融資後の状況

C₁社は、平成12年7月10日に一回目の手形の不渡りを出した後、同月21日に手形の不渡りによる銀行取引停止処分を受け、同日に破産宣告を受けるに至り、C₂社も、平成13年3月22日、破産宣告を受けて倒産した。

C₁社及びC₂社からA信用金庫に対し、①ないし⑨融資の合計額1億3230万円の内、合計3530万7432円の弁済があり、その差額である9699万2568円が損害となった。

II 判決要旨

一部認容、一部棄却（控訴、注2）。

1 融資の可否の判断に関する理事の善管注意義務ないし忠実義務について

「A信用金庫においては、融資申込者から借入申込みがあると、営業店ないし審査部において、必要な審査及び検討を行い、一案件5000万円を超えるものなど一定の案件については、審査部長以上の上位者との事前協議を経ることとされており、また、同一債務者に対する表債が3億円を超える融資案件については、常務会理事で構成される常務会審査会での協議の上これを決裁する必要があるとされていたものであるところ、このような融資の可否を判断する過程において、信用金庫の理事として融資を行うべきか否かを判断するに当たっては、融資額、返済方法、担保等といった当該融資の基本的な条件や内容等が当該信用金庫における貸出事務処理規程等に適合したものであることを確認した上で、貸付金の使途、融資先の業績及び資産、融資先とのそれまでの取引状況、将来の見込み等に加え、景気の動向等の経営の外部条件をも踏まえ、当該融資によって信用金庫が得る利益と回収の確実性など負担するリスク等を総合的に判断して行うものであって、そこには、専門的な評価・判断を伴う経営判断事項として一定の裁量が認められるというべきである。しかしながら、このような裁量の存在を前提としても、当該判断が、当時の具体的状況下における信用金庫の理事の判断として著しく不合理なものであるときは、当該判断を行った常務会理事は、善管注意義務及び忠実義務に違反するものとして、その結果、信用金庫に生じた損害を賠償する責任を負うと解すべきである。」

「そして、前記認定のようなA信用金庫における融資手続に鑑みれば、常務会理事は、融資の可否を判断するに当たって、原則的には、営業店及び審査部による情報の収集・分析が、それぞれの基準に従って誠実に行われたものと信頼してその判断をすることが許されるものというべきであるが、判断の基礎となる資料及び情報収集の内容やこれに基づく営業店及び審査部の判断が適切にされたことについて疑問を生じさせる事情が存在するときには、漫然とこのような営業店及び審査部の判断に依拠することが許されないのは当然であって、安易にこれを信頼して、判断の前提となった事実の認識に看過し難い誤りを来したような場合については、理事としての信用金庫に対する善管注意義務及び忠実義務に違反するものとして、損害を賠償する責任を免れないというべきである。」

2 第一融資についての被告らの注意義務違反の有無

「物的担保による保全状況をみるに、 ａ支店及び審査部は、第一融資の物的担保として、購入予定のＴ生命ビルの土地及び建物を徴求し、その担保価格を５億7999万6000円、実質担保価格を３億5000万円と評価していたものである。」

「Ａ信用金庫の当時の融資担保徴求事務取扱要領第24条には、『不動産鑑定士による鑑定評価額についてはその評価額を処分可能見込額とし、担保設定可能額はその142パーセントまでとする』旨規定されていたものであるところ、Ｂ社から、Ｔ生命ビルの土地及び建物の評価額が合計５億8000万円（土地３億0100万円、建物２億7900万円）とする不動産鑑定士による鑑定評価書が提出されているものであることからすると、同鑑定評価額に依拠したａ支店及び審査部の判断は、当時の融資担保徴求事務取扱要領に適合したものであったということができる。これに加えて、ａ支店においてＴ生命ビルの現地調査を行った上、地元不動産業者に鑑定評価額の妥当性に関して一応の確認を取っていることや、ａ支店がＦからＴ生命ビルを通常より安価で入手できる旨の説明を受けていたことなどに照らせば、……決裁を行った常務会理事において、上記担保価格が著しく不合理なもので、当然に疑念を差し挟むべきものであったとは認め難い。」

「その事業計画及び返済原資の点をみるに、……購入予定のＴ生命ビルは賃貸ビルとして既に稼働しており、Ｂ社が一から事業展開を始めなければならないものではないことに加え、同ビルは市内中心部に位置して立地条件が非常によく、また、同ビルの賃料収入は当時月額437万8000円（入居率は52.9パーセント）あって、月々の返済予定額199万4000円と比しても、返済原資として十分な賃料収入があると考えられるものであった上、今後の入居率の向上が見込まれるなど、安定した賃料収入が期待できるものであったことなどからすると、決裁を行った常務会理事において、Ｂ社の事業計画や返済原資、その回収可能性等について疑問を抱くべき事情があったとは認め難い。」

「人的保証の点をみるに、Ｅ、Ｆ及びＧの三名を連帯保証人に予定していたところ、Ｆについては、弁護士という安定した職業に就き、当時年額3725万5000円という高額な所得を有していたこと、また、Ｇについても、当時年額960万円という相応の所得を有していたことに加え、その返済原資の内容や物的担保による保全状況等も勘案すれば、連帯保証人として上記３名で足りるとしたその判断内容が、殊更に合理性を欠くものであったとは認め難い。」

「以上に照らせば、第一融資につき、その返済原資の内容や物的担保による保全状況等に照らして回収に懸念がないとの結論に至った常務会理事の判断は、当時の具体的状況下においては、信用金庫の理事の判断として著しく不合理なものであるとは認められず、また、その判断の前提となった事実の認識に看過し難い誤りがあるとも認められないというべきである。」

「したがって、第一融資当時、決裁を行った常務会理事であるＹ$_1$、Ｙ$_2$、Ｙ$_3$、Ｙ$_4$及びＹ$_5$について、善管注意義務違反及び忠実義務違反があったとは認められない。」

3 第三融資についての被告らの注意義務違反の有無

「第三融資の保全状況をみるに、ａ支店ないし審査部は、本件隣地については、公売価格を基準にその担保価格を7400万円と評価していたことから、これにより、融資金１億2000万円のうち、概ね7400万円分の保全については図られていたものとみることができる。そして、ａ支店及び審査部は、その余の金額を保全するために、建物が建築された後、同建物に抵当権の追加設定を予定していたものである。……本稟議決裁時においては、いまだ建物が建築されていないことからその適正な担保価値を把握することは困難な状況にあったこと……のほか、……Ｂ社が提出した見積書どおりの建物が実際に建築されることが確実であるとの裏付資料は何ら徴求されていないこと、融資金額１億2000万円の中には、建築費用だけでなく諸費用も含まれていたこと……、建物の担保価値は、経年劣化により低減すると考えられることなどを併せ考えれば、たとえ建築後の建物に追加担保を設定することを前提にしたとしても、

本稟議決裁時において、物的担保によって、融資額1億2000万円を確実に回収できるような保全が図られていたとは認めることができない。」

「第三融資の人的保証として連帯保証人三名が付いているものの、同人らはいずれも第一融資ないし第二融資の保証人となっている者であり、本稟議決裁時において、B社に対する総与信額が合計4億7204万7000円と多額であったことなどに照らせば、その年収額を考慮しても、その返済能力には限界があるものと考えられる。」

「以上のとおり、本稟議決裁時において、たとえ建築後の建物に追加担保を設定することを前提としたとしても、1億2000万円の融資全額を確実に回収できるような保全が図られていたものとは認められない状況にあった上、その返済期間が20年と長期にわたり、また、月々の返済額も約70万円と相応に高額な金額であったことからすると、その事業計画及び返済原資の確実性は、融資の回収可能性を左右する極めて重要な要素であって、慎重な検討が求められるものであったというべきである。そして、第三融資の事業計画は、既に賃借人のいる賃貸ビルを購入する第一融資のときとは異なり、本件隣地を公売で買い受けた上、同土地上に建物を建築し、これをDゴルフに月額100万円の賃料で賃貸して、その賃料にて返済を行うというものであったことからすると、建物が建築される確実性及びその後にDゴルフが入居する確実性のほか、建物の着工時期や完成時期、Dゴルフの入居時期やその賃料額といった点は、第三融資の事業計画及び返済原資の確実性を判断するに当たって、必ず検討すべき重要事項であったと考えられるものである。」

「a支店においては、FによるDゴルフ本社役員との間で話ができている旨の説明を軽信し、Dゴルフの入居等を裏付ける資料を何ら徴求していないばかりか、Dゴルフ側に対しても、入居予定や予定賃料額等の確認を一切取っていない。また、B社から、建築費用の見積書の提出は受けているものの、請負契約の仮契約書等、現実に同建物の着工が行われる予定であることを裏付ける資料についても何ら徴求していない。」

「以上に照らすと、a支店ないし審査部の調査は、事業計画及び返済原資についての本格的な調査を欠き、内容的にも極めて不十分なものであり、これによって、第三融資の回収に懸念がないとの見込みを持つことは、調査・検討不足とのそしりを免れ得ないものであった」

「常務会審査会における審査部の説明において、建物の着工時期や完成時期、Dゴルフの入居時期等に関する言及があったことを認めるに足りる証拠はなく、また、事前協議申請書及び稟議書にも、これらの点に関する記載や、建物の建築の確実性及びその後のDゴルフ入居の確実性を裏付ける資料の添付がされていないことなどからすると、各常務会理事は、a支店及び審査部の事業計画及び返済原資に関する調査・検討に不十分な部分があり、それ故、融資の回収可能性に重大な疑念が生じる点が存在することを認識し、又は、認識し得たものと認められるのであって、a支店ないし審査部の判断に安易に依拠することは許されないものであった」

「以上に照らせば、第三融資の決裁を行った常務会理事は、確実な保全が図られているわけではない状況下において、事業計画及び返済原資に関する合理的な情報収集・分析、検討を行っておらず、融資の回収可能性に重大な疑念が生じる点が存在することを認識し、又は、認識し得たにもかかわらず、漫然と第三融資を可とする決裁を行ったものであるから、その判断の前提となった事実の認識に看過し難い誤りがあり、その意思決定の内容が信用金庫の理事として著しく不合理なものであったといわざるを得ない（なお、第三融資は、一つの事業計画に基づく一つの融資申込みであるから、土地購入資金とその余の資金に分けて、土地購入資金7400万円分の融資判断についてのみ合理的であったということはできない。）。」

「よって、第三融資を可とした経営判断は、常務会理事に認められた裁量の範囲を逸脱するものであるというべきであるから、第三融資の決裁を行った常務会理事であるY1、Y2、Y3、Y4及びY5については、善管注意義務違反及び忠実義務違反が認められるというべきである。」

4 本件①ないし⑨融資についての被告らの注意義務違反の有無

(1) 「C1社の財務状況をみるに、……既に平

成7年ころには同社の財務状況は不良化しており、既往融資についても大幅に担保不足となった状況にあり、同年3月に、A信用金庫から、従前の債務を一本化するなどの支援策を受けたものの、その後も、経営の改善は一向に進まない状況にあったものと認められる。加えて、A信用金庫の資産査定においても、平成11年3月31日をもって、C_1社の債務者区分は要注意先から破綻懸念先に変更されており、A信用金庫自身、同時点において、C_1社は今後経営破綻に陥る可能性が大きいとの認識を有するに至っている。そして、本件①融資の稟議決裁がされた平成12年2月24日時点においても、その財務状況は不良化したままであり、本件全証拠によっても、当時、今後の業況が好転する具体的な要素があったことを窺わせる事情も認められないこと……からすると、遅くとも、本件①融資の稟議決裁がされた平成12年2月24日の段階において、既にC_1社は、到底健全な融資先とはいえず、経営破綻に陥る可能性が高い状況にあったものと認められる。」

「上記状況下において行われた本件①ないし⑥融資は、当該融資に際して何らの保全も図られていない上、その引当金たる工事代金等についても、上記財務状況下において、同引当金が当該融資の返済に充てられる確証があったとは認め難いことなどに照らせば、上記各融資の稟議決裁時点において、その回収が不能となる具体的なおそれがあったものと認められる。」

(2)「C_2社の財務状況をみると、……同社も受注の減少等から資金繰りが悪化し、平成6年当時で既に累積赤字が約1億8223万円あるなど赤字体質が定着していた上、引当金のない既往融資の返済が長期化して不良債権化しており、既往融資の保全もほとんど図られていない状況にあったものと認められる。そのような中、A信用金庫は平成6年4月に既往融資を一本化する支援策を講じたものの、その後も経営の改善は一向に進まない状況にあったものである。そして、本件⑦融資の稟議決裁がされた平成9年6月25日時点においても、従前と同様の厳しい財務状況にあり、本件全証拠によっても、当時、今後の業況が好転する具体的な要素があったことを窺わせる事情も認められないことからすると、遅くとも、本件⑦融資の稟議決裁がされた平成9年6月25日の段階においては、C_2社についても、到底健全な融資先といえず、経営破綻に陥る可能性が高い状況にあったものと認められる。」

「上記状況下において行われた本件⑦ないし⑨融資は、当該融資に際して何らの保全も図られていない上、その引当金たる請負代金等についても、裏付資料の徴求等が十分であったとは認め難く、また、上記財務状況下において、同引当金が当該融資の返済に充てられる確証があったとは認め難いこと……に加えて、本件⑧融資の時点で、本件⑦融資が約定どおり返済されずに返済期限を延ばすための条件変更稟議が繰り返されていたこと、本件⑨融資の時点で、本件⑦及び⑧融資が約定どおりに返済されずに返済期限を延ばすための条件変更稟議が繰り返されていたことなどの事情も併せ考えれば、上記各融資の稟議決裁時点において、その回収が不能となる具体的なおそれがあったものと認められる。」

「本件①ないし⑨融資の全ての決裁行った常務会理事であるY_1、Y_2及びY_3は、上記各融資以前から常務会理事の立場にあって、C_1グループの各決裁を担当していたものであり、従前来の同グループの財務状況や取引経緯の詳細についても把握していたと認められることのほか、本件①ないし⑨融資の各稟議書の記載内容や添付資料の内容等に照らせば、同人らは、本件①ないし⑨融資の各決裁当時、C_1社ないしC_2社が経営危機状況にあって、上記各融資を行った場合、当該融資金の回収が不能となる具体的なおそれがあることを認識し、又は、認識し得たものと認められる。また、Y_5は、本件⑨融資の際に、初めてC_1グループの融資決裁を行ったものと認められるものであるが、当時、既にC_1社が破産宣告を受けていたことや、C_2社の債務者区分も既に破綻懸念先に変更されていたことのほか、本件⑨融資の稟議書の記載内容及びその添付資料の内容等に照らせば、Y_5は、本件⑨融資当時、C_2社が経営危機状況にあって、本件⑨融資を行った場合、当該融資金の回収が不能となる具体的なおそれがあることを認識し、又は、認識し得たものと認めるのが相当である。」

(3)「これに対し、被告らは、運転資金の融資

を行ってその後の様子をみるなどの融資方法は、顧客の経営が改善して再建ができることもあるわけであるから、金融機関において一般的に行われていたものであるし、メインバンクのＨ銀行がＣ１グループに対する融資を継続している中で、サブであるＡ信用金庫が融資を打ち切って地元企業を倒産させることはできない旨主張する。」

「確かに、経営危機状況にある顧客に対する融資が一切許されないということはできないが、経営危機状況にある顧客に対して、確実な保全もないままに運転資金を融資して支援する場合には、当該融資の回収が不能となってＡ信用金庫に損失が発生することも予想しなければならないのであるから、融資を決裁する常務会理事としては、金融・経済情勢、融資先の財務・経営状況、融資先とＡ信用金庫との間の関係等を踏まえた上で、支援をしない場合に見込まれる損失、すなわち、当該融資を拒否した場合に融資先が破綻する可能性、破綻したことにより回収不能になることが見込まれる既存の貸付金の額及び社会的な悪影響等を的確に把握するとともに、融資をして企業の延命を図り事業を継続させることで、全体として貸付金をどの程度回収できるかなどを適切に分析検討した上、支援しない場合に被る不利益より支援した場合に得られる利益の方が大きいと判断することに合理性が認められる場合に限って、その支援を行うことが許されるものというべきである。」

「これを本件についてみるに、本件全証拠によっても、本件①ないし⑨融資に際し、営業店、審査部ないし常務会理事において、融資しないことによってＡ信用金庫が被るおそれのある損失と、各融資を実行することによってＡ信用金庫が被るおそれのある損失との具体的な比較検討・分析やこれに関する情報収集を行ったことを認めるに足りる証拠は何ら見当たらないのであって、各融資を可とする常務会理事の判断が、必要とされる上記衡量判断を経た上での合理的な判断であったと認めることはできない。」

「本件①ないし⑨融資を決めた常務会理事の判断は、追加融資を打ち切る場合の損失と追加融資を行う場合のリスクの衡量判断に必要かつ相当な情報収集・分析、検討を怠り、回収不能となる具体的おそれのある融資を漫然と続けていたものであるというべきであって、その判断の前提となった事実の認識に看過し難い誤りがあり、その意思決定の内容が信用金庫の理事として著しく不合理なものであったと言わざるを得ない。」

「よって、本件①ないし⑨融資を可とした経営判断は、常務会理事に認められた裁量の範囲を逸脱するものであるというべきであるから、本件①ないし⑨融資を行ったＹ₁、Ｙ₂及びＹ₃並びに本件⑨融資の決裁を行ったＹ₅には、善管注意義務違反及び忠実義務違反が認められるというべきである。」

Ⅲ　分析・検討

判旨に賛成である。

1　経営判断の原則

本判決は、信用金庫理事の融資判断には、専門的な評価・判断を伴う経営判断事項として、一定の裁量が認められるが、このような裁量の存在を前提としても、当該判断が、当時の具体的状況下における信用金庫理事の判断として著しく不合理なものであるときは、当該判断を行った常務会理事は、善管注意義務及び忠実義務に違反する旨判示し、各融資を決めた常務会理事の判断につき、当時の具体的状況下における信用金庫の理事の判断として著しく不合理なものであるといえるか否か、その判断の前提となった事実の認識に看過し難い誤りがあったといえるか否か検討している。

金融機関の融資に関する取締役（協同組織金融機関では理事）の判断にも経営判断の原則の適用があるところ、経営判断に関する取締役の善管注意義務・忠実義務違反の有無につき争われた多くの裁判例で「判断の過程・内容が取締役として著しく不合理なものであったか否か」という判断基準が採用されており（東京地判平成5・9・16判例時報1469号25頁、東京地判平成8・2・8資料版商事法務144号111頁等）、審査の対象については、①経営判断の前提となる事実認識の過程（情報収集とその分析・検討）における不注意な誤りに起因する不合理さの有無、②事実認識に基づく意思決定の推論過程及び内容の著しい不合理さの存否であるとされている（東京地方裁判所商事研究会

編『類型別会社訴訟〔第二版〕Ⅰ』242頁)。当該基準は、ほぼ確立されたものとなっており、本判決も同様の基準に従って判断されている。

近時、学説において、上記判断基準と同様に経営判断の過程と内容とを区別した上で、前者については後者よりも厳格な審査基準をとるべきであるとの考えが示されている(神崎克郎「経営判断の原則」森本滋他編『企業の健全性確保と取締役の責任』216頁、江頭憲治郎他編『会社法大系 機関・計算(3)』234頁、落合誠一「第三章 株式会社のガバナンス(5)」法学教室317号30頁等)。その理由として、企業経営については広範な裁量権が認められること、経営判断には企業経営者としての総合的・専門的な判断能力を必要とすることに鑑み、経営判断の内容に関しては、事後的な裁判所の判断尺度で取締役のとった決断の当否を厳格に判定すべきでないのに対し、経営判断の過程(情報収集、それに基づく慎重な検討、熟慮がなされたか否か)については、取締役の広範な裁量権及び総合的・専門的な判断能力と直接係わるものでなく、裁判官もよく判断できる事柄であると主張する(神崎・前掲216頁)。

これに対しては、時間的・金銭的制約がある中で、判断の前提となるいかなる情報を収集・分析及び検討するかは、それ自体が企業経営者としての総合的・専門的な判断能力に関連するものである、また、経営判断の手続の適切さを強調すると、後で責任を問われないよう記録の作成・保管、専門家への助言を求めるなどの形式面を整えることに注意を向けてしまうのではないか等の指摘がある(齋藤毅「関連会社の救済・整理と取締役の善管注意義務・忠実義務」佐々木茂美編『民事実務研究Ⅰ』257頁、三浦治「取締役の経営判断に対する不履行評価」高窪利一先生還暦記念『現代企業法の理論と実務』109頁、吉原和志「取締役の経営判断と株主代表訴訟」小林秀之他編『株主代表訴訟大系』96頁)。

しかしながら、経営判断が必要とされる行為につき、いかなる情報を収集・分析及び検討すべきかについては、ある程度類型化できるものであり、最終的な意思決定と比べると、総合的・専門的な判断能力との関連性も低く(齋藤・前掲258頁)、裁判所の判断にもなじみやすいものと考える。更に、企業経営者としては、重要な意思決定をする際には、事後のことも考え、でき得る限りの形式面を整えておくことも必要である。経営判断に関する善管注意義務・忠実義務違反については、判断過程において厳格な審査をし、判断内容の審査はできる限り抑制的であるべきと考える。

もっとも、学説においては、そもそも意思決定の過程と内容とを区別することは可能か、また区別するのが適切かとの疑問が呈されている他(近藤光男「経営判断の原則」浜田道司=岩原紳作編『会社法の争点』156頁)、経営判断の過程と内容について、取締役の裁量の幅の程度が異なるということが、その合理性の判断に有意な差異が生ずるか否かは、なお検討の余地がある等の指摘もなされており(判例時報2091号92頁〔最判平成22・7・15コメント〕)、現時点では、当該論点につき、いまだ議論が尽くされているとはいえない状況である。

2 金融機関取締役の注意義務

従前から、金融機関取締役に融資の際に求められる注意義務について、多くの下級審裁判例で、金融機関の公共性等(具体的には、信用の維持、預金者の保護及び金融の円滑)から、一般の事業会社の取締役よりも要求される注意義務の水準は高く、経営判断における裁量の幅が狭い旨判示されており(大阪地判平成14・3・13判例時報1792号137頁、東京地判平成14・7・18本誌1155号27頁、札幌高判平成18・3・2判例タイムズ1257号239頁等)、学説においても同様の見解が示されていた(岩原紳作「金融機関取締役の注意義務」小塚庄一郎他編・落合誠一先生還暦記念『商事法への提言』212頁)。近時、最高裁平成21年11月9日決定(判例時報2069号156頁)は、「銀行業が広く預金者から資金を集め、これを原資として企業等に融資することを本質とする免許事業であること、銀行の取締役は金融取引の専門家であり、その知識経験を活用して融資業務を行うことが期待されていること、万一銀行経営が破たんし、あるいは危機にひんした場合には預金者及び融資先を始めとして社会一般に広範かつ深刻な混乱を生じさせること等を考慮すれば、融資業務に際して要求される銀行の取締役の注意義務の程度は一般の株式会社

取締役の場合に比べ高い水準のものであると解され、所論がいう経営判断の原則が適用される余地はそれだけ限定的なものにとどまるといわざるを得ない。」と判示し、融資業務に関しては、①銀行業務の公共性、②専門家責任の観点から、銀行取締役は一般事業会社の取締役よりも高い水準の注意義務を負い、その反面、裁量が限定されることを明らかにした。金融機関の公共性のみを理由として、金融機関取締役は業務執行全般につき、一般事業会社の取締役より高度な注意義務を負っているとまでいうべきではないと考えるが、融資業務に関しては、金融機関は業として融資を行っており、取締役や理事には、専門家としての知識経験を有することが期待されることから、一般事業会社の取締役より、善管注意義務・忠実義務違反の有無につき、厳しく判断されるべきである（判例時報1997号144頁〔最判平成20・1・28コメント〕、木村哲彦「金融機関による融資についての取締役の責任と経営判断原則」判例タイムズ1323号16頁）。

なお、本件は、信用金庫理事の善管注意義務・忠実義務違反が問題となった事案であるところ、金融機関相互において、取締役や理事の注意義務の水準に差異はないものと考える。東京地裁平成18年7月6日判決（判例時報1949号154頁）は、信用組合理事の融資判断における善管注意義務違反が争われた事例であるところ、被告らから、信用組合は銀行よりリスクの高い事業者が取引先となるため、リスク判断は銀行よりも緩やかにならざるを得ず、銀行の取締役より理事の裁量の幅は広くなるとの主張がなされたが、裁判所は当該主張を認めず、金融業務の健全な運営の観点からは、信用組合理事の裁量の幅が、銀行の取締役と比較して、より広範であると解すべき理由はないと判断した。学説においても、金融機関として経営の健全性を維持すべき必要性に鑑みれば、当該金融機関は貸倒れリスクの高い顧客との取引が多いか否か、営利法人か否か、あるいは事業規模が大きいか否か等によって、取締役や理事の裁量の幅や注意義務の水準に差異が生じないとの考えが示されている（小林俊明「信用組合理事の融資判断における善管注意義務」ジュリスト1391号154頁、岩原紳作「信用組合理事の融資における善管注意義務」ジュリスト1220号134頁）。いずれの金融機関においても、経営の健全性維持は必要とされる上、融資を業として行う金融機関の取締役や理事には、融資業務に関し、当然、一般事業会社の取締役よりも専門的知識を有することが求められており、金融機関相互において、取締役や理事の注意義務の水準や裁量の幅に差異はないものと考える。

3 信頼の原則

本判決は、A信用金庫の融資手続に鑑み、常務会理事は、融資の可否を判断するにあたって、原則的には、営業店及び審査部による情報の収集・分析を信頼して、判断をすることが許されるが、判断の基礎となる資料及び情報収集の内容やこれに基づく営業店及び審査部の判断が適切にされたことについて疑問を生じさせる事情が存在するときには、漫然とこのような営業店及び審査部の判断に依拠することは許されず、安易にこれを信頼して、判断の前提となった事実の認識に看過し難い誤りを来したような場合は、善管注意義務及び忠実義務に違反する旨判示している。

金融機関の融資に関する信頼の原則の適用については、東京地裁平成14年4月25日判決（判例時報1793号140頁）、東京地裁平成14年10月31日判決（判例時報1810号110頁）、札幌地裁平成16年3月26日判決（判例タイムズ1158号196頁）等で判示されている。また、学説においても、積極的に支持するものがある（神崎克郎「銀行の取締役が融資決定をする際の善管注意義務」前掲77頁、神吉正三『融資判断における銀行取締役の責任』207頁）。金融機関においては、融資業務に関し、支店や本店審査部による情報収集・分析及び検討が組織的に行われており、取締役や理事において、これらを信用し、特段の事情のない限り、再調査する必要がないとの考えは妥当なものといえる。

もっとも、本判決の上記判示に対しては、経営判断原則における事実認識について、信頼の原則という別の原則に分離して審査するという判断枠組みを示しているが、これまで蓄積されてきた経営判断原則の定式化が①事実の認識と②意思決定の過程・内容の2つを含めて行われてきており、分離して議論する必要性は認められないとの指摘

がなされている（神吉正三「信用金庫の会員が貸倒となった融資について、当該融資を決裁した理事らの善管注意義務違反に基づく信用金庫に対する責任を追及した会員代表訴訟において請求が一部認容された事例」龍谷法学44巻3号287頁）。

4 各融資についての検討

(1) 第一融資及び第三融資について

本判決は、第一融資及び第三融資について、物的担保による保全状況、事業計画及び返済原資並びに人的保証状況につき検討し、第一融資については常務会理事らの責任を否定したのに対し、第三融資についてはこれを肯定した。当該判断については、結論において妥当なものと考える。

なお、判示をみてみると、第一融資については、判断内容が著しく不合理でなかったことを前提として、その判断の前提となった事実の認識に看過し難い誤りも認められないとしているのに対し、第三融資は判断過程が不合理であり、その判断の前提となった事実の認識に看過し難い誤りがあり、判断内容も著しく不合理なものであったとしている。当該判示からは、第一融資については判断内容を重視し、第三融資については判断過程を重視したかのようにも読めるが、本判決においては、第三融資についても、まずは、保全状況並びに事業計画及び返済原資の確実性につき検討しているのであり、裁判所においては、第三融資についても、判断の前提として、融資決定自体が不合理であったとの認識があったのではないかと思われる。しかしながら、できる限り、判断内容に対する審査は抑制的であるべきとの配慮から、判断内容の不合理性を理由にして、常務会理事らに善管注意義務及び忠実義務違反を認めることを避け、判断の前提となった事実の認識に看過し難い誤りがあったことを理由にしたのではないかと思われる。

(2) ①ないし⑨融資について

①ないし⑨融資について、本判決は、まず、判旨4(3)で経営危機状況にある顧客に対する融資につき一般論を述べ、判断過程における、情報収集・分析及び検討不足を理由に、常務会理事らの善管注意義務及び忠実義務違反を認めている。経営危機状況にある会社への融資については、最高裁平成20年1月28日判決（本誌1291号32頁）、最高裁平成20年1月28日判決（本誌1291号38頁）、前掲・最高裁平成21年11月9日決定、最高裁平成21年11月27日判決（本誌1335号20頁）等があり、当該状況下で融資をするためには、客観性を持った再建・整理計画、融資に見合う確実な担保や延命させることにより短期的には損失計上しても中長期的には銀行にとって利益となること等が必要であると判示されていた。本件①ないし⑨融資については、その判断過程において、情報収集・分析、検討を明らかに怠っており、常務会理事らの責任を認めた本判決は妥当なものといえる。

また、①ないし⑨融資は、請負代金を引当金として実行しているが、担保権の設定等の措置はとられなかった。経営危機状況にある会社に対する追加融資の場合、金融機関においては、引当債権につき確実に融資の返済に充てられるような措置（通常、請負代金債権は、譲渡及び質入が禁止されているため、代理受領又は振込指定等が考えられる（松本崇他『新銀行実務総合講座2法人貸出』402頁））を当然とるべきであったにもかかわらず、何らの措置もとらず、漫然と①ないし⑨融資を決定した常務会理事の判断は、その判断内容においても著しく不合理なものであったというべきである。

IV 実務対応

本件におけるA信用金庫の融資決裁はあまりに杜撰なものであるが、本判決では一般論も述べられており、金融機関の融資に関し、理事の善管注意義務・忠実義務違反を認めた裁判例の1つとして、今後の同種事例の参考になるものといえる。

金融機関経営者の融資に関する善管注意義務・忠実義務違反が争われた事例は、既に多数の事例が集積されており、金融機関関係者は、日々、最新の情報を収集、分析及び検討することが求められている。

また、金融機関経営者の融資判断について、信頼の原則が適用される前提として、融資に関する適切な情報収集、分析及び検討を行う組織ないしはシステムが構築されている必要があり（神吉・前掲「融資判断における銀行取締役の責任」207頁、

木村・前掲27頁)、金融機関取締役においては、当該システムの構築、また、構築されたシステムが適正に運営されているか等、日々、確認する必要もあるといえる。

(注1) 原告の1名につき、A信用金庫の平成20年8月26日開催の臨時総代会において除名決議がなされたため、当該原告は除名決議の無効確認ないし取消しを求める訴えを提起し、宮崎地裁平成21年9月11日判決(本誌1349号53頁)は、上記決議を取り消す旨の判決を下した。これに対し、A信用金庫は控訴したが棄却され(福岡高宮崎支判平成22・1・29本誌1349号49頁)、更に、上告及び上告受理申立をしたが、いずれも棄却ないしは受理しない旨の決定がなされ、上記宮崎地裁判決が確定している。
(注2) 本判決に対し、被告らが控訴し、原告らも附帯控訴したところ、控訴審(福岡高宮崎支判平成23・8・31LLI登載)は、被告らの控訴を棄却したが、原告らの附帯控訴を一部認容し、本件第三融資にかかる損害額を増額した(もっとも、本判決と控訴審判決とでは判断内容に変更はない)。その後、Xらは上告したが、平成24年1月31日付けで棄却されている。

▶▶▶ II 商事法関係 ◀◀◀

6 新株予約権の行使条件に反した権利行使による株式発行の効力（最判平成23・4・24本誌1392号16頁）

弁護士　渡辺　久

I 事案の概要

1 当事者

Yは、信用保証業務等を目的として昭和56年に設立された株式会社であり、発行する株式の全部について、譲渡により取得するためには取締役会の承認を受けなければならない旨の定款の定めを設けている。Zらは、いずれもYの取締役であった者である。XはYの監査役である。

2 本件新株予約権の発行

(1) 発行に係る株主総会の決議

平成15年6月24日に開催されたYの株主総会において、平成17年法律第87号による改正前の旧商法280条ノ20、280条ノ21及び280条ノ27の規定により、以下のとおり本件新株予約権を発行する旨の「本件総会決議」がされた。なお、行使条件については、以下の定め以外は、取締役会の決議に基づき、Yと割当てを受ける取締役との間で締結する新株予約権の割当てに係る契約で定めるところによるとされていた。これが本判決にいう「本件委任」であり、第一審判決及び控訴審判決における本件授権である。

① 新株予約権の目的である株式の種類及び数　普通株式6万株
② 発行する新株予約権の総数　6万個
③ 新株予約権の割当てを受ける者
平成15年6月25日及び新株予約権の発行日の各時点においてYの取締役である者
④ 新株予約権の発行価額　無償
⑤ 新株予約権の発行日　平成15年8月25日
⑥ 新株予約権の行使に際して払込をすべき額　新株予約権1個当たり750円
⑦ 新株予約権の行使期間
平成16年6月19日から平成25年6月24日まで
⑧ 新株予約権の行使条件
新株予約権の行使時にYの取締役であること。その他の行使条件は、取締役会の決議に基づき、Yと割当てを受ける取締役との間で締結する新株予約権の割当てに係る契約で定めるところによる。

(2) 発行に係る取締役会の決議

平成15年8月11日に開催されたYの取締役会において、Z_1に対し4万個、Z_2に対し1万個、Z_3に対し1万個の本件新株予約権を割り当てる旨の決議がされた。

(3) 発行に係る割当契約の締結

YとZらとは、前記取締役会決議に基づき、前同月、本件新株予約権の行使条件として、Yの株式店頭売買有価証券として日本証券業協会に登録された後又は日本国内の証券取引所に上場された後6か月が経過するまで本件新株予約権を行使することができないとの条件、すなわち、「上場条件」を定めるなどして、新株予約権の割当に係る各契約を締結し、YはZらに対し、本件新株予約権を発行した。

3 本件新株予約権の行使

(1) 行使条件に係る状況の変化

Yは、平成17年10月頃からZ_1が収受したリ

ベート等をめぐって税務調査を受けるようになり、税務当局から重加算税を賦課する可能性があることを指摘され、株式を公開することが困難な状況となった。

(2) 発行に係る個別契約の変更

そこで、平成18年6月19日に開催されたYの取締役会において、本件新株予約権の行使条件としての上場条件を撤廃するなどの「本件変更決議」がされ、同日、YとZらは、前記割当契約の内容を本件変更決議に沿って変更する旨の各契約を締結した。

(3) 本件新株の発行

Zらは、平成18年6月から同年8月までの間に、本件新株予約権を行使し、Yはこれに応じて、Zらに対し、合計2万6000株の普通株式を発行した。なお、Yの株式は、店頭売買有価証券として日本証券業協会に登録されたことはなく、また、日本国内の証券取引所に上場されたこともない。

以上の事実関係のもと、Xが、本件新株予約権の行使による新株発行は無効であると主張し、主位的に会社法821条1項2号に基づいて上記株式の発行を無効とすることを求め、予備的に上記株式の発行は当然に無効であるとしてその確認を求めた。

Ⅱ 判決要旨

上告棄却。

1 新株予約権の行使条件についての取締役会の変更決議の効力

(1) 旧商法280条ノ21第1項は、株主以外の者に対し特に有利な条件をもって新株予約権を発行する場合には、同項所定の事項につき株主総会の特別決議を要する旨を定めるが、同項に基づく特別決議によって新株予約権の行使条件の定めを取締役会に委任することは許容されると解されるところ、株主総会は、当該会社の経営状態や社会経済状況等の株主総会当時の諸事情を踏まえて新株予約権の発行を決議するものであるから、行使条件の定めについての委任も、別途明示の委任がない限り、株主総会当時の諸事情の下における適切な行使条件を定めることを委任する趣旨のものであり、一旦定められた行使条件を新株予約権の発行後に適宜実質的に変更することまで委任する趣旨のものであるとは解されない。また、上記委任に基づき定められた行使条件を付して新株予約権が発行された後に、取締役会の決議によって行使条件を変更し、これに沿って新株予約権を割り当てる契約の内容を変更することは、その変更が新株予約権の内容の実質的な変更に至らない行使条件の細目的な変更にとどまるものでない限り、新たに新株予約権を発行したものというに等しく、それは新株予約権を発行するにはその都度株主総会を要するものとした旧商法280ノ21第1項の趣旨にも反するというべきである。そうであれば、取締役会が旧商法280条ノ21第1項に基づく株主総会決議による委任を受けて新株予約権の行使条件を定めた場合に、新株予約権の発行後に上記行使条件を変更することができる旨の明示の委任がされているのであれば格別、そのような委任がないときは、当該新株予約権の発行後に上記行使条件を取締役会決議によって変更することは原則として許されず、これを変更する取締役会決議は、上記株主総会決議による委任に基づき定められた新株予約権の行使条件の細目的な変更をするにとどまるものであるときを除き、無効と解するのが相当である。

(2) これを本件についてみると、前記事実関係によれば、本件総会決議による本件委任を受けた取締役会決議に基づき、上場条件をその行使条件と定めて本件新株予約権が発行されたものとみるべきところ、本件総会決議において、取締役会決議により一旦定められた行使条件を変更することができる旨の明示的な委任がされたことはうかがわれない。そして、上場条件の撤廃が行使条件の細目的な変更に当たるとみる余地はないから、本件変更決議のうち上場条件を撤廃する部分は無効というべきである。

2 本件新株発行の効力について

(1) 会社法上、公開会社（同法2条5号所定の公開会社をいう。以下同じ）については、募集株式の発行は資金調達の一環として取締役会による業務執行に準ずるものとして位置付けられ、発行可

能株式総数の範囲内で、原則として取締役会において募集事項を決定して募集株式が発行される（同法201条1項、199条）のに対し、公開会社でない株式会社（以下「非公開会社」という）については、募集事項の決定は取締役会の権限とはされず、株主割当て以外の方法により募集株式を発行するためには、取締役（取締役会設置会社にあっては取締役会）に委任した場合を除き、株主総会の特別決議によって募集事項を決定することを要し（同法199条）、また、株式発行無効の訴えの提訴期間も、公開会社の場合は6箇月であるのに対し、非公開会社の場合には1年とされている（同法828条1項2号）。これらの点に鑑みれば、非公開会社については、その性質上、会社の支配権に関わる持株比率の維持に係る既存株主の利益の保護を重視し、その意思に反する株式の発行は株式発行無効の訴えにより救済するというのが会社法の趣旨と解されるのであり、非公開会社において、株主総会の特別決議を経ないまま株主割当ての方法以外の方法による募集株式の発行がされた場合、その発行手続に重大な法令違反があり、この瑕疵は上記株式発行の無効原因になると解するのが相当である。

そして、非公開会社が株主割当て以外の方法により発行した新株予約権に株主総会によって行使条件が付された場合に、この行使条件が当該新株予約権を発行した趣旨に照らして当該新株予約権の重要な内容を構成しているときは、上記発行条件に反した新株予約権の行使による株式の発行は、これにより既存株主の持株比率がその意思に反して影響を受けることになる点において、株主総会の特別決議を経ないまま株主割当て以外の方法による募集株式の発行がされた場合と異なるところはないから、上記の新株予約権の行使による株式の発行には、無効原因があると解するのが相当である。

(2) これを本件についてみると、本件総会決議の意味するところは、本件総会決議の趣旨に沿うものである限り、取締役会決議に基づき定められる行使条件をもって、本件総会決議に基づくものとして本件新株予約権の内容を具体的に確定させることになると解されるところ、上場条件は、本件総会決議により委任を受けた取締役会の決議に基づき本件総会決議の趣旨に沿って定められた行使条件であるから、株主総会によって付された行使条件であるとみることができる。また、本件新株予約権が経営陣の意欲や士気の高揚を目的として発行されたことからすると、上場条件はその目的を実現するための動機付けとなるものとして、本件新株予約権の重要な内容を構成していることも明らかである。したがって、上場条件に反する本件新株予約権の行使による本件株式発行には、無効原因がある。

III 分析・検討

判旨の結論に賛成である。

1 新株予約権の行使条件についての取締役会による変更決議の有効性について

(1) 新株予約権の行使条件の決定方法

新株予約権の行使条件の決定は、旧商法においては、原則として取締役会の決議によるが（旧商法280条ノ20第2項6号）、株主以外の者に対し特に有利な条件をもって新株予約権を発行する場合には、行使条件について株主総会の特別決議を要する（同条ノ21第1項）。

本件は、取締役に対するストックオプション付与の事案であり、株主以外の者に対し特に有利な条件をもって新株予約権を発行する場合に該当するものとして、株主総会の特別決議を経ている。

次に、特別決議を要する行使条件の全部又は一部を取締役会に委任することは可能かという点については、旧商法においては規定がないため問題となるが、ⅰ）行使条件は新株予約権の行使を制約するものであるから、その決定を取締役会に委任しても濫用の恐れは少ない、ⅱ）第一審判旨が指摘するように、取締役会の決定は無制約ではなく、新株予約権付与の目的や株主総会の委任決議の趣旨から一定の制約が課される、ⅲ）株主総会はストックオプションのようなインセンティブ報酬の具体的内容を決定するには適当な機関ではないなどの理由から、大半の学説は取締役会への委任を認めていると思われる（吉本健一「新株予約権の行使条件の変更と当該権利行使に基づく新株発行の無効」本誌1327号4頁）。第一審判決、控訴審判

決及び本判決も、特別決議を要する行使条件について取締役会に委任することができることを前提にしていると解される。

(2) 決定された行使条件の変更について

第一審判決、控訴審判決及び本判決とも、結論としては、取締役会決議による変更を無効と判断した。しかし、結論に至る論理構成には以下のとおり異同がある。

① 各判決の異同及び問題点等

イ 新株予約権の行使条件の決定に関する株主総会から取締役会への委任には、分析的にみると、a）行使条件を決定することに関する委任（以下、「決定の委任」という）と、b）一旦決定した行使条件を爾後変更することの委任（以下、「変更の委任」という）の2種類あると考えられる（久保田安彦「行使条件違反の新株予約権の行使による株式発行の効力（上）」商事法務1975号19頁、「同（下）」商事法務1976号27頁）。

行使条件の決定と、一旦決定された行使条件を爾後に変更することは、異なる行為であるから、委任の内容も、決定と変更とを区別する必要があるためである。

この点、第一審判決は、「一旦決定した行使条件の変更についても、委任された趣旨の範囲においてのみ許される」と判示しており、決定の委任と変更の委任を明確に区別することなく、決定の委任があれば、変更の委任も当然に認められると解していると思われる。

これに対し、控訴審は、「本件授権は、本件総会決議において決議された普通株式6万株を目的とする新株予約権を発行するについてのものであり、新株予約権を発行した後において行使条件を新たに設定し、又は変更する権限を取締役会に授与したと認めるに足りる証拠はない」、本判決も、「新株予約権の発行後に行使条件を変更することができる旨の明示の委任がされているのであれば格別、そのような委任がないときは、……取締役会決議によって変更することは原則として許されず、……本件総会決議において、取締役会決議により一旦定められた行使条件を変更することができる旨の明示的な委任がされたことはうかがわれない」と判示し、それぞれ決定の委任と変更の委任を明確に区別した上で、本件においては、株主総会は、取締役会に対し、変更の委任を授与していないと認定した。

第一審判決の論理からすると、明示の委任がない場合でも、行使期間の終期までは、委任の趣旨の範囲内であれば、行使条件を何度でも変更できることになりそうである。

しかし、本件において行使期間が9年となっているように、新株予約権の行使期間は通常長期間にわたる場合が多いと考えられるところ、行使期間の終期における経済情勢等の環境は、取締役会に決定の委任をした当初から大きく変化し、行使期間の終期における株主総会の意向もその当時から大きく変化している可能性があることから、委任の趣旨の範囲内であれば行使期間の終期までは行使条件を何度でも変更できるとすると、その変更内容が当初の株主総会の意向と大きく乖離してしまい、株主に想定外の不利益をもたらす危険性が生じると思われる。

この点において、第一審判決の論理は、妥当でないと思われる。

ロ 株主総会による明示の変更の委任がない場合において、取締役会決議により変更が許される範囲について、第一審判決は「委任された趣旨の範囲」と判示するのに対し、控訴審判決は「株主等の利害に直接関係しない手続的事項」とし、本判決は「細目的な変更」と判示するが、これらの関係が問題となる。

本判決は、決定の委任については、「行使条件の定めについての委任も、別途明示の委任がない限り、株主総会当時の諸事情の下における適切な行使条件を定めることを委任する趣旨のもの」であると判示して、格別明示を要求していないが、変更の委任については、「明示の委任がされているのであれば格別、そのような委任がないときは、当該新株予約権の発行後に上記行使条件を取締役会決議によって変更することは原則として許されない」として、明示を要求する。

本判決は、その理由として、「委任に基づき定められた行使条件を付して新株予約権が発行された後に、取締役会決議のみによってその内容を変更し、これに沿って新株予約権を割り当てる契約を変更することは、その変更が新株予約権の内容の実質的な変更に至らない行使条件の細目的な変

更にとどまるものでない限り、新たに新株予約権を発行したというに等しく、新株予約権の発行に株主総会決議を要するとした旧商法280条ノ21第1項の趣旨に反する」ことを挙げる。

本判決の以上の考え方によれば、本判決における「細目的な変更」とは、いったん発行された新株予約権の内容と実質的に同一といえる範囲内の変更と同義ということになる。

これに対し、控訴審は、取締役会決議による行使条件の変更を認めない理由として、「新株予約権の発行により取締役会に委ねられた行使条件を定める権限は消滅した」ことを挙げ、変更が許される範囲を、「新株予約権の発行後の法改正等により株主等の利害に直接関係しない手続的事項に変更が生じた場合」に限定する。

控訴審判決の以上の考え方によれば、取締役会決議による行使条件の変更は手続的事項に限られ、一旦発行された新株予約権の内容と実質的に同一といえる範囲内の変更であっても、手続的事項以外の事項については、認められないことになろう。

そうすると、本判決の「細目的変更」は、控訴審判決の「株主等の利害に直接関係しない手続的事項」に比べ、変更の許される範囲が手続的事項に限られない分、範囲は広いと考えられる。

また、仮に、株主総会の委任に基づいて取締役会が決定した行使条件が株主総会の委任の趣旨の上限をはるかに下回る内容であった場合、これをその後、株主総会の委任の趣旨の上限に近い内容に変更しようとする場合、その変更の範囲は、当初の株主総会の委任の趣旨の範囲内にあるといえるから、第一審判決の論理では取締役会決議で変更できるが、本判決の論理では、その変更の範囲が、いったん発行された新株予約権の内容と実質的に同一といえる範囲内にない限り、取締役会決議で変更できないこととなる。

そうすると、本判決の「細目的変更」は、第一審判決の「委任の趣旨の範囲」に比べ、範囲が狭いということになろう。

以上からすると、株主総会による明示の変更の委任がない場合において取締役決議のみによって変更が許される行使条件の範囲については、第一審における「委任の趣旨の範囲内」を、控訴審判決が「株主等の利害に直接関係しない手続的事項」に限定し、本判決が、これに実質的な観点を加えて、「細目的な変更」まで若干広げたのではないかと考えられる。

なお、第一審判決の論理からすると、非公開会社においては、上場条件を付さない新株予約権の行使条件の設定は、株主総会の明示の委任がない限り、株主総会の委任の趣旨に反するものとして取締役会で決定することは許されないことになると思われるが、本判決と控訴審判決においては、この点は明確でないと思われる。

ハ　本判決の趣旨からすると、変更の委任に明示があった場合、取締役会はどの範囲まで行使条件を変更することができるのか。

本判決が、「株主総会は、当該会社の経営状態や社会経済状況等の株主総会当時の諸事情を踏まえて新株予約権の発行を決議するものであるから、行使条件の定めについての委任も、別途明示の委任がない限り、株主総会当時の諸事情の下における適切な行使条件を定めることを委任する趣旨のものであり」と述べていることからすると、変更についてのみ明示の委任がある場合においても、取締役会が変更できる範囲は、決定の委任をした当時の株主総会の委任の趣旨の範囲内に限られると解すべきであろう。

そのように解しても、変更について明示の委任を与えている以上、株主に想定外の不利益をもたらす危険性は少ないと思われるし、逆にそのように解さないと、取締役会によって、株主が当初想定していた範囲を超えて（新株予約権者に有利で株主にとって不利になるように）行使条件が変更され、株主に不測の損害が発生する可能性があるからである。

変更の委任の明示に加え、変更可能な範囲に明示があった場合は、行使条件決定の際の委任の趣旨を超える範囲まで変更を許容する場合（例えば白紙委任）を含め、明示された範囲まで変更が認められると解すべきであろう。

(3) **会社法の規定と本判決との関係**

①　会社法236条は、新株予約権を発行するときは、同条1項に掲げる事項を新株予約権の内容としなければならない旨を規定し、募集の際に、新株予約権の内容を含めた募集事項につき、公開

会社については取締役会（会社法240条1項）、非公開会社について株主総会の決議によらなければならないとした（同法238条1項・2項）。

新株予約権の行使条件は、会社法236条1項には規定されていないが、一般に権利についてその行使の条件を定めることは可能であるから、新株予約権にその行使の条件を付すことも当然可能であり、新株予約権にその行使の条件を付されたときは、その条件は新株予約権の内容となるとされている（相澤哲編著「立法担当者による新・会社法の解説」別冊商事法務295号64頁）。

会社法は、非公開会社においては、株主総会の決議によって、新株予約権の募集事項の決定を取締役に委任することができるとされているが（会社法239条1項）、同条項後段は、「この場合においては、次に掲げる事項を定めなければならない」と規定し、定めなければならない事項として、「募集新株予約権の内容」（1号）を掲げている。新株予約権の内容には行使条件も含まれるから、以上の規定によれば、行使条件の内容は、授権を受けた取締役会では決定できず、取締役会に授権した株主総会自らが決定しなければならないように読める。

この点に関し、寺田裁判官が本判決の補足意見において、「取締役会に委任できる一部の事項の中には新株予約権の内容は含まれないという扱いに改められた（会社法238条～240条・243条・309条2項6号）」、「旧商法当時は、新株予約権にどのような行使条件を付すかについては株主総会が取締役会に決定を委任することができるとする見解が広くとられていたが、会社法の下では、新株予約権の行使条件のうち少なくともその実質的内容に当たるものは取締役会に委任することができないものとされたと解され、旧商法下でのように取締役会によって行使条件が決められる余地はなくなった」、「一旦決められた条件を取締役会が変更することなどおよそ許される余地などない」などと述べている。

そうすると、株主総会による明示の委任がある場合や、明示の委任がない場合でも細目的な変更にとどまる場合であれば、新株予約権の行使条件についても、取締役会決議によって変更できるとの本判決の判示は、寺田裁判官の補足意見と相反するものとも考えられる。

寺田裁判官の解釈は、会社法の規定文言に素直である。しかし、会社法239条1項は、取締役会に委任できない事項として、「新株予約権の内容」を挙げるが、新株予約権の内容を規定した236条1項には行使条件は含まれていないから、会社法239条1項に規定される取締役会に委任できない事項としての新株予約権の内容に行使条件は含まれていないという解釈も成り立ち得るため、規定文言を決定的な理由とすることはできず、そうであれば、会社法239条の解釈に際しては、行使条件の決定及び変更を禁じるべき実質的な理由があるか否かにかかっているとの見解もある（久保田・前掲（下）16頁）。この見解によれば、新株予約権の内容のうち行使条件については、会社法239条1項の規定に規律されず、その決定を取締役会に委任することも可能と解する余地も残される。

② 本件における取締役会の行使条件の変更決議について、本判決は、会社法が適用されることを前提としていると解する見解が多いように思われる（吉本・前掲4頁、久保田・前掲（下）23頁、「最高裁判例速報1」本誌1392号12頁）。

しかしながら、本件は、株主総会決議により決定の委任を受けた取締役会決議においていったん決定された新株予約権の行使条件を、爾後に取締役会決議によって変更することの有効性が問題となった事案であるところ、取締役会の当該変更決議の効力は、結局、株主総会決議における取締役に対する授権の範囲内か否かで判断されるのであり（荒谷裕子「行使条件に違反する新株予約権行使に基づく新株発行の効力」ジュリスト1417号162頁）、当該株主総会が旧商法に基づく以上、本判決の判示もまた旧商法を前提としていると解すべきではなかろうか。

このように考えた場合、本判決の判示は、会社法における新株予約権の行使条件の取締役会への委任の可否という問題には及ばず（この点、久保田准教授は、久保田・前掲（下）23頁において、「最高裁判決（法廷意見）は会社法上の解釈は明らかにしていないとする読み方も十分に成立する」とする）、寺田裁判官の補足意見とは、単に理由付けが異なるだけで、相反するものではないこととなる。

以上を考慮すれば、今後、非公開会社が、会社法に基づいて発行するストックオプションに行使条件を付与する際に、当該行使条件の全部もしくは一部の決定を取締役会に委任する場合は、寺田裁判官の補足意見を考慮し、取締役会に決定を委任する行使条件のうち、少なくとも新株予約権の実質的な内容に該当する事項については、取締役会に決定を任せず、株主総会自らが決定するとの運用にせざるを得ないのではないかと思われる。

2　本件新株発行の効力

(1)　違法な新株発行の無効原因についての従来の判例の判断基準

判例・通説は、旧商法下においては、①新株発行が業務執行に準ずる行為であるという性質論、②新株取得者及び会社債権者の保護、②会社と取引関係に立つ第三者を含む広い範囲の法律関係の安定確保などを理由として、新株発行の無効原因を限定的に解してきた。

ⅰ）新株発行に関する有効な取締役会決議を欠いた事例（最判昭和36・3・31民集15巻3号645頁）、ⅱ）有利発行に関する株主総会決議を欠く事例（最判昭和46・7・16本誌277号6頁）、ⅲ）著しく不公正な方法による新株発行（最判平成6・7・14本誌956号3頁）などは無効原因とならないとされ、無効原因に当たるとされたのは、ⅳ）新株発行に関する公示義務に違反して新株が発行された事例（最判平成9・1・28民集51巻1号71頁等）、及びⅴ）新株発行差止命令に違反して新株が発行された事例（最判平成5・12・16民集47巻10号5423頁）などにとどまる。

(2)　各判決の異同及び問題点

①　第一審判決は、本件新株発行には無効原因があるとする理由として、ⅰ）新株予約権の行使については、新株発行のような公告又は通知に関する規定がなく、行使条件に反して行使された場合、株主に損害が発生し、株主にこれを未然に阻止することはできないこと、ⅱ）事後的な財産的な補償では、株主に対する救済とはならないことを挙げる。

しかしながら、ⅰ）に関しては、新株予約権の行使による新株発行の際には、単なる新株発行の場合と異なり、公告又は通知を義務付ける規定が ないから、新株予約権の行使による新株発行の際に公告又は通知を欠くことと通常の新株発行の際に公告又は通知を欠く場合とを全く同視することはできないし、ⅱ）に関しては、公開会社においては、本件のような有利発行の場合でも、株主に対する救済は事後的な財産的補償で足りる場合もあろう。例えば、上場企業の大半の株主は、自らの持株比率よりも財産的価値に重きをおいていることは明白であり、このような株主に対しては、事後的な補償で十分であると思われる（吉本・前掲6頁）。

また、第一審判決は、本件新株発行無効新株発行無効の訴えの提訴期間は、公開会社にあっては新株発行の効力発生日から6か月以内、公開会社でない株式会社にあっては同1年以内とされているから、取引の安全を過度に害することにはならないとする。

しかしながら、これに対しては、従来の判例は提訴期間の制限を前提としつつも、新株発行無効事由を制限的に解してきたのであるから、本判決の理由付けが一概に当てはまるか疑問であるとの指摘がある（尾関幸美「違法な新株予約権の行使による新株発行」会社法判例百選「第二版」64頁）。また、上場会社のように株式に市場価格がある会社の場合には、提訴期間にかかわらず、発行された新株に関する取引の安全を考慮する必要があろう（吉本・前掲6頁）。

以上のように、第一審判決には、本件新株発行を無効原因とする理由づけが不十分であると同時に、その射程に公開会社を含むという点に大きな問題がある。

控訴審判決は、公告又は通知を欠くことを全面に打ち出し、差止めの事由のない場合でない限り新株発行の無効原因となるとした上で、本件は著しく不公正な方法によるものであると認定し無効であるとした。

しかし、これらの点については、前述のⅰ）に対する批判がそのまま当てはまることに加え、ⅱ）従来の判例が、著しく不公正な新株発行も無効事由に当たらないと解してきたのにもかかわらず、本件のみなぜ無効になるのかについての理由が不十分である、ⅲ）第一審判決と同様、その射程に公開会社を含むという問題がある。

② 本判決は、第一審判決及び控訴審判決と異なり、新株発行が無効となる理由として公告又は通知を欠くことを挙げていない。

それは、この理由付けによれば、公開会社をも取り込んでしまうことになり、あまりにも射程が広がり過ぎることを問題視したことによるとの指摘がある（久保田・前掲（下）20頁）。

本判決は、ⅰ）非公開会社については、会社の支配権に関わる持株比率の維持に係る既存株主の利益の保護を重視し、その意思に反する株式発行は株式発行無効の訴えによって救済するのが会社法の趣旨と解されること、ⅱ）そのため、非公開会社で株主総会の特別決議を経ないまま株主割当ての方法以外の方法による募集株式の発行がされた場合、その発行手続に重大な法令違反があり、この瑕疵は上記株式発行の無効原因になること、ⅲ）非公開会社の株主総会によって付された行使条件が新株予約権の重要な内容を構成しているときは、当該行使条件に反した新株予約権の行使による株式の発行は、これにより既存株主の持株比率がその意思に反して影響を受けることになる点において、株主総会の特別決議を経ないまま株主割当て以外の方法による募集株式の発行がされた場合と異なるところはないことを理由として本件新株発行を無効と判断した（株式譲渡制限会社において株主総会特別決議を欠くことが新株発行無効事由に当たるとされた事例として、横浜地判平成21・10・16判例時報2092号148頁がある）。

③ 本判決は、非公開会社における行使条件違反による新株発行について判示したものであるが、同時に、非公開会社で株主総会の特別決議を経ないまま株主割当ての方法以外の方法による募集株式の発行がされた場合についても判示している。

したがって、非公開会社において株主総会の特別決議を経ないまま株主割当ての方法以外の方法による募集株式の発行がされた場合、本件と同様に無効とされる可能性が高い。

また、本判決は、公開会社については何ら触れていない。

したがって、公開会社における新株発行の無効原因については、基本的に旧商法下における従来の判例の判断基準が維持されるのではないかと思われる。

しかしながら、公開会社においても、会社の支配権に関わる持株比率の維持に係る既存株主の利益の保護を重視する必要があり、更に、非上場会社における特定の１人（社）に対する第三者割当増資のように取引の安全をさほど考慮する必要がない場合も想定される。

本判決は、非公開会社に限ってではあるが、会社の支配権に関わる持株比率の維持に係る既存株主の利益の保護を重視し、その意思に反する株式発行は株式発行無効の訴えによって救済するのが会社法の趣旨であると判示しているが、この判断基準が公開会社における類似の事例にも拡大して適用され、新株発行が無効となる余地があるのかどうかが今後注目されるところである。

7 グルグル回し取引によって不良在庫を抱えて経営が破綻した子会社に対する親会社の不正融資等について親会社の取締役の忠実義務及び善管注意義務違反の成否（福岡地判平成23・1・26本誌1367号41頁、福岡高判平成24・4・13本誌1399号24頁）

弁護士　松尾　剛行

I　事案の概要

1　事案のポイント

循環取引（架空循環取引、資金循環取引、環状取引等ともいう）による不正は、近時ますます増加しており、最近の企業不正の特徴の1つをなしているといってもよいだろう。また、親会社取締役の子会社に対する監視・監督義務の問題は、会社法改正における論点として、近時解釈論だけではなく立法論としても議論が盛んなところでもある。

本件は、株式会社福岡魚市場（以下、「Z社」という）の百％子会社である株式会社フクショク（以下、「F社」という）が行った「グルグル回し取引」と呼ばれる一種の循環取引に関し、株主代表訴訟においてZ社取締役であるY₁～Y₃（以下、「Yら」という）のZ社に対する損害賠償責任が第一審及び控訴審においていずれも認められたという事案である。YらZ社の取締役は、F社における循環取引の存在自体を具体的に認識はしていなかったものの、その「不正の兆候」を知りながら調査をしなかった等の調査義務懈怠による忠実義務違反・善管注意義務違反及びそれを前提としたF社への救済融資についての責任が認められた。

本件では損害論（匿名コメント「判批」資料版商事法務327号51頁及び吉田正之「判批」金融・商事判例1378号7頁参照）の問題や、遅延損害金の利率（この点については、取締役の会社に対する損害賠償責任の消滅時効期間を10年とした最判平成20・1・28判例時報1997号143頁の射程等の論点があるところ、手塚裕之他「判批」商事法務1970号23頁等が参考になる）の問題があるが、紙幅の関係もあることから、会社役員の責任という観点から、役員が「子会社の不正行為」、「循環取引」及び「救済融資に関する経営判断」に関していかなる注意義務を負うのかという点のみを検討する。

なお、控訴審判決は、第一審判決の判決の前提事実、争点及びこれに関する当事者の主張、そして理由をそのまま引用した上で、いくつかの点について判断を付加している。そこで、控訴審及び第一審判決が同様に解していると理解される部分については、双方を「本判決」と総称して説明するものの、控訴審判決の行った付加的判断と第一審判決の判断の間のニュアンスが異なるとも思われる点については、「第一審判決」及び「控訴審判決」という表現を特に用いて説明することとする。

2　ダム取引とグルグル回し取引

F社においては、「ダム取引」と、「グルグル回し取引」が行われていた。

ダム取引は、F社が水産物を安定的に供給するためにZ社の信用を利用する、経済的合理性のある正当な取引であると解するべきである（山口利昭「判例解説　福岡魚市場社株主代表訴訟の概要（ポイント）と実務への影響」会社法務Ａ２Ｚ2011年10月号42頁。なお、遠藤元一『循環取引の実務対応』42頁もダム取引を「一定の範囲で経済合理性が認められる」とする。もっとも、後述のとおり、控訴審判決は少なくともF社において行われたダム取引を違法・不正な取引と解している）。水産加工品は年末に需要が集中することから、販売先との取引を円滑に進めるためには、加工品を年末に大量供給することが必要であるものの、漁期に一括して買わないと後で買うことが困難になる。F社は信用力が低いので、信用がある比較的大きな企業（和田宗久「子会社の不正取引と親会社取締役の調査義務

—福岡地判平成23・1・26判例集未登載(福岡魚市場社事件)」MJS税経システム研究所monthly report 95号15頁に規模等の言及がある)であるZ社にF社の代わりに鮮魚、半加工品を一括購入してもらい、それをZ社の冷凍庫で、F社用在庫として保管してもらい、販売時期にあわせてF社がZ社からF社用在庫を買い入れ、加工品を販売先に販売する、これがダム取引である。F社は、冷凍庫使用の対価として冷凍庫使用料や代替購入による金利手数料をZ社に支払う必要があるが、銀行借入れの場合よりも有利であった。F社は、このようなダム取引を、Z社以外の取引先とも行っていた。

図1 ダム取引の構図

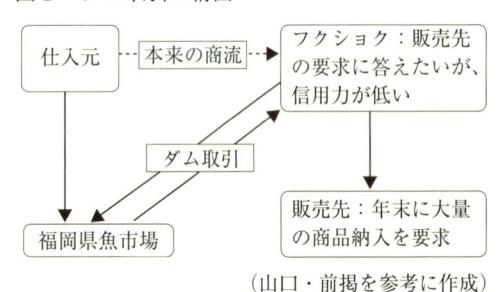

(山口・前掲を参考に作成)

ところで、ダム取引には、不正取引に発展するリスクがあった。すなわち、在庫がたまって長期間売れない場合には、油焼け等の品質劣化が発生し当該在庫が事実上無価値になる。F社とZ社の間のダム取引契約では、保管期間までに在庫商品をF社が買い取らない場合には、F社がZ社に対し(実需がなくとも)買取義務を履行することになっていた。F社が買取義務を履行することは、価値が下がった在庫を正規の価格で買い取るということであり、F社の経営上マイナスである。そこで、「2周目」のダム取引を行うことで不良在庫問題を表面化させず、商品買取義務の履行をせずにしようという不正取引への誘惑が存在する。F社の責任者であった営業部長A(取締役兼務)は、F社取締役会の承認なく、このような2周目、3周目…n周目のダム取引を、Z社を含む複数社との間で行うことにより、不良在庫を隠ぺいしていた。この取引は「グルグル回し取引」と呼ばれていた。このような取引はもはや正常なダム取引とはいえず、価値のないものを複数社間で回しあい、最後にはF社が破綻して関与した周囲の会社にも重大な損失を与える、不正取引に他ならない。取引を繰り返す度に商品は劣化して含み損が増す反面、手数料・冷蔵料も増加する。また、グルグル回し取引において在庫を別の会社に移転する際には、当初買取価格に、元の取引の手数料・冷蔵料を上乗せした金額で買い取っていた。そこで、小売1パック48円の「さわやか風味ダコの単価」が、取引が繰り返されるうちについには6万12円となるなど、単価が異常に高額なものが発生するようになっていた。

図2 グルグル回し取引

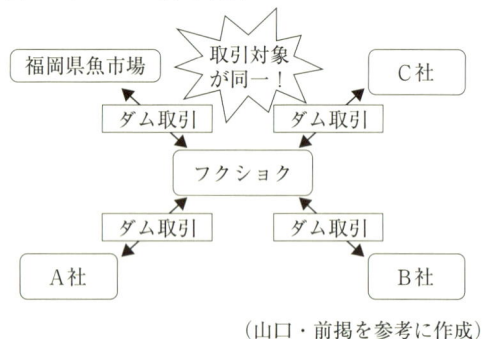

(山口・前掲を参考に作成)

3 本事案の経緯

以下、本事案の経緯を裁判所の認定事実のうち本稿に関係する部分を中心にまとめる。

(1) Yら

Yらは、以下のように、Z社の取締役であるとともに、F社の役員も務めていた。

表1 被告一覧

	Y1	Y2	Y3
Z社	元代表取締役	元専務取締役	元常務取締役
F社	非常勤取締役	非常勤取締役→取締役会長(非常勤)	非常勤監査役

(2) 平成11年の「調査」

平成9年、10年頃からダム取引が始まり、平成11年以前から既にグルグル回し取引が行われていた。F社の常務取締役であったCは、平成11年1月、平成10年度の商品棚卸表の在庫評価額を調べた際、太刀魚、鯛などの在庫評価額が異常に高いことを発見し、F社の当時の代表取締役であるDに報告し、不良在庫調査が開始された。

F社におけるダム取引担当者のAに対する聞き取り調査の結果、調査委員会は、不良在庫総額約3,400万円であるという旨をZ社取締役会に報告した。その当時からZ社の取締役だった被告Y₁は、この報告を受けて、他にまだ疑わしい在庫がないか確認したところ、約3,400万円以外にはない旨の返答を受けた。ところが、実際は、かかる約3,400万円以外にも大量のグルグル回し取引があり、その後もグルグル回し取引の量及び在庫は増え続けた。平成11年度に7億円強だった在庫金額は、平成14年度には約18億円と、3倍近くにまで増加した。

(3) 在庫の増加と本委員会

このような在庫の増加はF社取締役会においても問題視されており、平成12年、平成14年等において銀行借入枠を増額するために取締役会の承認を得た際、在庫の問題が議論されていた。

平成14年頃には、F社のみならず、(F社と「ダム取引」を行った) Z社の在庫の増加も問題となり、平成14年11月18日、監査を行った公認会計士から、F社ほか子会社を含む在庫管理に関する指導がなされた。

被告Y₂は、平成15年12月頃、F社のEから、F社の在庫が多く、何かおかしい面があるということを聞いた。被告Y₂は、平成16年3月上旬、被告Y₁に対し、F社の在庫に問題がある旨を話し、Y₁は、この問題を調査するための調査委員会(以下、「本委員会」という)を立ち上げた。

本委員会は、平成16年3月31日付けで、F社の在庫、売掛金含み損が13億7829万9000円であるとの在庫・売掛金含み損調査報告書(以下、「本報告書」という)を作成した。F社は、同年4月30日、平成21年度までに債務超過を解消することを目標とするF社の再建計画書を提出するとともに、資金援助の申入を行った。Y₁は、この再建計画書をみた上で、これについてもう一度慎重に検討するよう求めたところ、F社は、同年6月17日頃、Z社に対し、特別損失額を14億8000万円とするF社の再建計画の修正案を提出した。このような申入に応じて、Yらを構成員とするZ社取締役会は、同年6月17日頃、20億円の貸付枠を承認する旨の決議を行い、同月29日から同年12月29日までに計19億1000万円の新規貸付を行った(以下、「本件貸付」と総称する)。

(4) 融資後のF社の破たん

平成16年12月29日頃、本報告書におけるF社の含み損の額は過小評価されており、F社の現実の含み損の額が、本報告書記載額の約2倍である22億6242万円であったとの報告がされ、翌年2月17日にF社から当該金額を前提とした再建計画書を徴収し、同月24日、Z社取締役会で、本件貸付金残額の15億5000万円の債権を翌年度に放棄する旨の決議を行った(以下、「本件債権放棄」という)。

F社は、福岡県魚市場に対し、平成17年3月10日から同月31日までに、合計3億6,000万円を返済したが、福岡県魚市場は、F社に対し、同年4月4日から同年5月30日までに、新たに合計3億3000万円を貸し付けた(以下、「本件新規貸付け」という)。

その後F社は破たんし、18億8000万円が実質的に回収不能になったことから、平成17年7月7日、Z社の株主Xは、Z社に対して提訴請求を行い、Z社が訴えを提起しなかったことから、本件訴訟が提起された。

4 争点

Xの主要な主張は以下のとおりであり、Yらに忠実義務・善管注意義務違反が認められるか否かが主な争点となった。

(1) 子会社に対する不正調査の懈怠等

Yらは、Z社の取締役であったところ、F社の不正取引の相手にZ社も含まれていたのであるから、Z社の関与につき、Yらに責任がある。また、Yらは、F社の取締役・監査役でもあったから、適時適切な調査を行いF社の経営不振の原因がグルグル回し取引にあることを解明し、これを中止させる義務があったにもかかわらず、F社が破綻するに至るまで放置した。

(2) 子会社の債務に対する子会社への貸付等

Yらは、F社に対し金銭の貸付けをするにあたり、その返済能力等についてずさんな調査をしたのみで、しかも連帯保証人や担保を求めることもせずに、平成16年6月から同年12月までの間に7回にわたり、合計19億1000万円を貸し付けた。

(3) 子会社への債権放棄・新規融資

　Ｙらは、平成17年２月24日開催のＺ社の取締役会において、安易にも、Ｚ社が有する貸付金残額の15億5000万円の債権を同年度中に放棄する決議を行った。

　また、Ｚ社は、その後、回収の見込みの有無やその時期を検討することなく、かつ、担保や保証もとらず、新たに同年４月及び５月に合計３億3000万円をＦ社に貸し付け、これは結局回収不能となった。

Ⅱ　判決要旨

　請求認容。

1　不正調査懈怠の主張について

　Ｙらは、いずれも、Ｚ社の複数の関連会社の役員、各種審議会等の会長、委員、監事等の多くの役職を兼務していて多忙であったから、多数存在するＦ社及びＺ社の個々の取引内容の詳細をチェックすることは不可能に近く、その取引の異常性が一見して明らかとまではいえないこと等に照らすと、ＹらがＺ社とＦ社との間のグルグル回し取引に関与していたものと推認することはできず、Ｚ社がＦ社とのグルグル回し取引に関与したこと自体についてのＹらの責任は認められない。

　しかしながら、ＹらはＺ社及びＦ社において従前から問題とされてきた在庫の増加の懸案が改善されないことを認識していたのであり、遅くとも公認会計士から在庫管理についての指摘を受けた平成14年11月18日の時点で、詳細な調査を命ずるなどの義務があったにもかかわらず、何ら具体的な対策を取ることなく、Ｆ社ひいてはＺ社の損害を拡大させるに至ったのであるから、Ｙらは上記の調査義務を行った点に、忠実義務違反及び善管注意義務違反が認められる。

2　不正貸付について

　Ｆ社の不良在庫問題については、平成15年12月に本委員会が設立され、本報告書が提出されている。しかし、本委員会の調査内容は、契約書や帳簿等の確認及び検品などの手当てをしておらず、Ａから聴き取った内容を安易に信用するなど、不良在庫問題の原因及びＦ社の損害を解明するには、なお不十分なものであったといわざるを得ない。そして、本委員会は、本報告書の再検討を求められるや、同報告書が提出されてからわずか約２か月後にはＦ社の特別損失額を約１億円も上方修正する修正案を提出したことからすれば、Ｙらは、本委員会による調査結果の信用性にも一定の疑問を抱くべきであったといえる。にもかかわらず、Ｙらが構成するＺ社の取締役会は、本報告書の信用性について、具体的な調査方法を確認するなどといった検証を何らすることなく、その調査結果を前提として本件貸付を行ったのであるから、この点についても忠実義務及び善管注意義務違反があったというべきである。

（控訴審判決の付加的判断）

　Ｙらはこれを合理的な経営判断と主張するが、子会社であるＦ社の不良在庫問題の実態を解明しないまま、親会社であるＺ社の取締役として安易にＦ社の再建を口実に、むしろその真実の経営状況を外部に隠蔽したままにしておくために、業績に回復の具体的目処もなく、経済的に行き詰まって破綻間近となっていたことが明らかなＦ社に対して、貸金の回収は当初から望めなかったのに救済融資をしている。また、フクショクの再建にはその経営困難に陥った原因解明が必要不可欠であったのにそれをなしていない。そこで、本件貸付に経営判断としての合理性はない。

3　本件債権放棄・本件新規貸付について

　Ｆ社に対する15億5000万円の本件債権放棄は、Ｆ社が22億6000万円余の特別損失を抱えていることが判明したことを受けて行われたものであるが、Ｆ社を倒産させるよりもＺ社のＦ社に対する債権を放棄することによりＦ社の再建を図る方が適切であるとしたＹらの判断が、経営者として特に不合理、不適切とは言い難いし、その後の３億3000万円の貸付も、Ｆ社に対する支援策として既に設定されていた融資枠を更に減額した上で行われたものであるから、本件債権放棄及び本件新規貸付について、Ｙらに忠実義務違反及び善管注意義務違反があったと認めることはできない。

Ⅲ 分析・検討

1 循環取引とは

本件の「グルグル回し取引」は典型的な循環取引とやや異なっているが、広義の循環取引と解されるから、循環取引について簡単に述べる。循環取引は、環状取引、架空循環取引等とも呼ばれており、法律用語よりも、むしろ取引慣行上用いられるようになった用語である。一般的な定義としては、「連続する売買契約等において、最初の売主等と最後の買主等が同一となる取引形態をいう」といわれる（松村一成「判例展望民事法41 環状取引をめぐる裁判例と問題点」判例タイムズ1297号54頁）。

循環取引は、介入取引、スルー取引、帳合取引等といわれる商社的取引から派生して生じることが多いといわれる。介入取引に関しては、論稿が多々あるが（松村・前掲論文の脚注に主なものが掲載されている）、簡単にいうと以下のような構造である。

図3 通常：甲→乙（直線的売買）

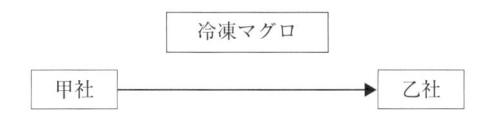

```
        冷凍マグロ
甲社 ──────────→ 乙社
```

例えば、甲社が乙社に冷凍マグロを売る場合、取引口座がない、与信の問題がある等の理由で、直接甲社から乙社に対して販売できないことがある。その場合、丙社に間に入ってもらい、その代わりに手数料を丙社に払うということが行われる。これが、介入取引である。水産業界においては、通常かつ頻繁に行われており、また、商品の保管や物流の便宜を図るために行われるという側面もあると指摘されている（鳥羽至英「循環取引による加ト吉粉飾決算事件（上）」月刊監査役580号34頁）。

この場合、品物が丙社を通ることもあるが、単純に倉庫において名義変更手続がされているだけで、丙社の担当者が品物を確認しないこともままある。特にこのような介入取引が日常的かつ大量に繰り返される場合に、丙社として、手数料にのみ関心がいき、品物への関心が薄くなる傾向にある。このような心理が、循環取引の不正に巻き込まれる「隙」、「脆弱性」といえる。

例えば、下記図5におけるA社が最終的な買い手（エンドユーザー）の目途がないまま、とりあえず期末の売上げのためB社に「押し込む」場合でも、介入取引の形であれば、B社としてあまり心理的抵抗なく取引がなされる。これが、最終的に買手が付けば通常の介入取引と同様の結果にはなるが、買手がないまま、やむなくA社が買い取ると、同じものがA社からB社等を経由して、最終的にA社へと還流する「循環取引」になる（遠藤元一「循環取引の発見と法務の対応～不正行為の兆候にどう対処すべきか」BLJ2011年7月号64頁参照）。

図4 介入取引

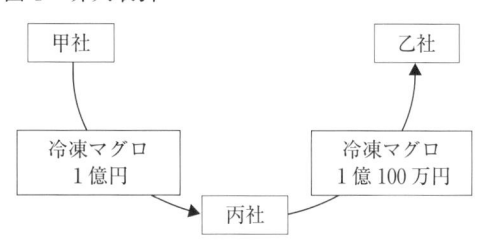

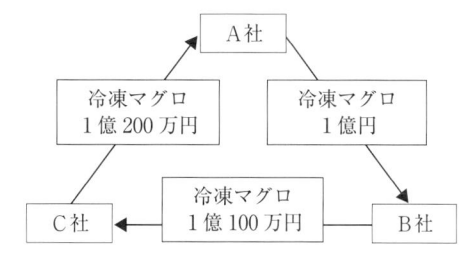

```
甲社                    乙社
  ↓                     ↑
冷凍マグロ         冷凍マグロ
1億円             1億100万円
  ↘     丙社     ↗
```

図5 循環取引

```
              A社
            ↗    ↖
    冷凍マグロ    冷凍マグロ
    1億200万円    1億円
      ↑           ↓
     C社 ←──── B社
        冷凍マグロ
        1億100万円
```

このような循環取引においては、循環の中で、手数料（上記図5であれば、B社の100万円とC社の100万円）分だけ価格が膨れあがり、それを最終的には循環取引の首謀者（A社）が負担することになる。全取引に占める循環取引の割合が低ければ、A社にとって循環取引の負担よりも、売上げかさ上げのメリットや金融の利益が上回るが、循環取引が増えてくると、この負担に耐え切れなくなり、最後は破綻する、ないしは、社内で発覚して支払がストップされる。A社が破綻すると、循環取引に介入したB社やC社の間で売買代金請求／不当利得返還請求等の紛争が顕在化し、二次三次の破たんも発生する。その意味で、循環取引

は取引自体が違法とまではいえないものの（ただし、後述する控訴審判決の判示参照）、会計上、正常な取引として認識することはできないとされており（例えば、日本公認会計士協会会長通牒平成23年第3号「循環取引等不適切な会計処理への監査上の対応等について」参照）、また、会社に対して大きなリスクを生じさせることから不当であって行うべきでない取引といえる。

循環取引の場合には、注文書や物品受領書、その他の必要書類はきれいにそろっており、通常現金による決済があるので債権債務が滞留化せず、残高確認にも債務者は応じる等の特徴がある。そのため、循環取引の発見は非常に難しい。結局、監査役監査、内部監査、会計監査等の監査手法を駆使しても、循環取引のリスクは、有効に防止する決め手はないとも評されている（中村直人『判例に見る内部統制の水準』135頁）。

本判決が指摘するように、指摘しているとおり「グルグル回し」取引は、一般的な循環取引における円環の理念型（A→B→C→A）とは異なっている。しかし、正常取引の外観を装いながら、単なる書類上だけで金銭のやり取りがなされ、結局損失が積み重なり、これを最後は首謀者であるF社が被る必要があり、F社が破たんすることによって関与する取引相手が被害を被るといった点において、循環取引と同様の性質を持つ、危険で不正な取引である（遠藤・前掲42頁参照）。そこで、以下では、グルグル回し取引を広義の循環取引に含め、基本的に同様の議論があてはまるものとして検討していく。

2 本判決のダム取引ないしグルグル回し取引に対する評価

控訴審判決は、「ダム取引ないしグルグル回し取引は、営業上の必要ないし短期間の資金繰りの必要等からのやむを得ない経営上の事情等があるときに、後にそれに対する適正な回復処理が行われることを前提に、例外的な場合に限って行われたものでない限り、会社経営上において**違法、不当なものであることは明らかである**」と判示した。

本判決のダム取引、グルグル回し取引に対する見方については、第一審判決が違法・不当とまで明示的に判示していないことを重視する見解がある（手塚他・前掲25頁）。確かに、第一審判決は違法不当という「明言」はしていない。しかし、第一審判決はグルグル回し取引が、F社には含み損を、相手方には手数料等の利益をもたらす取引であって、これを繰り返すことにより、F社に「損害をもたらす」取引であると指摘しており、これは本件におけるグルグル回し取引を少なくとも不当と解したと理解すべきである。もし、違法でも不当でもない取引であれば、後述の調査義務をなぜ認めたのかを説明し難いところである（もちろん、理論的には、「違法な取引」「不当な取引」「（違法でも不当でもないが）損害をもたらす取引」という3類型を区別することは可能かもしれない。しかし、このような三分論は一般的ではなく、「会社に損害をもたらすが不当ですらない」という類型を立てること自体にどれだけの意味があるか疑問である）。

もっとも、グルグル回し取引が不当ないし不正であることは上述のとおりであるが、控訴審判決がこれを（開示書類の虚偽記載等と関連付けず取引だけを単独でみた場合にも）**違法**とまで解した理由が問題となる。この点は控訴審判決の判決文自体に明示されていないが、グルグル回し取引は実際は商品担保借入れの実質を持っているのに、帳簿上は売上げや利益が計上されることから、財務状況が帳簿上正確に反映されず必然的に粉飾決算を生む等不当性が著しく、もはや違法の領域に達しているといった議論であろうか。この点、グルグル回し取引を「適法とされる余地がほとんどない」（遠藤・前掲227頁）という論者もいるが、少なくとも、控訴審判決までは、循環取引は不正・不当な取引と解されていても、それ自体（per se）が「違法」とまでは一般的に解されていなかったのではないかと解される。後述の循環取引の防止の困難性と内部統制構築義務（要するに、もし、循環取引そのものが違法行為であれば、違法行為防止のための内部統制を構築することは経営判断の余地のない最低限の取締役の義務となる（遠藤・前掲217頁参照）ところ、循環取引の防止は困難であり、循環取引を単独で違法とまでいうことは、取締役に不可能を強いる事につながらないか等という議論）の観点も含め総合的に考えると、循環取引そのものを「違法」とまでいい切ることには違和感が残るところ

である。

更に、ダム取引については、上記のとおり、一般的には経済合理性のある正当な取引と解すべきである。ここで、控訴審判決は「このような態様でのダム取引は、資金繰りの関係からダム取引を繰り返さざるを得なくなるものであって、その発展形であるグルグル回し取引への移行は当然であった」と判示している。一般論は兎も角、本件のダム取引においては、その規模等からグルグル回し取引の前駆形態として、グルグル回し取引同様に不当なものだという事例判断を述べたと解するべきだろう。

3 取締役の監視義務の一般論

一般論としては、取締役には、信頼の権利（信頼の抗弁）が認められている。ある程度の規模の会社においては、会社の事業活動が広範囲にわたり、取締役の担当業務も専門化されていることから、取締役が、自己の担当以外の分野において、代表取締役や当該担当取締役の個別具体的な職務執行の状況について監視を及ぼすことは事実上不可能であるところ、代表取締役らは内部統制システムを構築する義務を負い、各取締役は、そのような内部統制体制に基づき、個々の取締役の違法な職務執行を監督監視すべき職責を担っている。その反面、通常予定される不正行為を防止できる程度の内部統制体制が構築されている会社においては、個々の取締役の職務執行が違法であることを疑わせる特段の事情（いわゆる「異常な兆候（Red Flag）」を含む）が存在しない限り、他の取締役が、代表取締役や担当取締役の職務執行が適法であると信頼することには正当性が認められることから、仮に、個々の取締役が違法な職務執行を行い会社が損害を被った場合であっても、他の取締役について、監視義務を内容とする善管注意義務違反を問われることはない（ヤクルト事件第1審判決・東京地判平成16・12・16判例タイムズ1174号150頁参照）。

特段の事情としては、同様の手法による不正行為が過去にあった事実（日本システム技術事件・最判平成21・7・9本誌1330号55頁参照）や、不正行為を伺わせる事実の報告（「確度」については中村・前掲112頁参照）等が挙げられる。

4 子会社に関する親会社取締役の責任に関する判例・学説

このような一般論はあくまでも、同一会社内の問題であり、法人格の異なる「子会社」の監視については異なる議論が必要である。親会社と子会社は別個の法人格があり、子会社の業務執行を決定するのは子会社の取締役（会）であって、親会社ではないことが問題である。なお、純粋持株会社についての議論は割愛する。

(1) 判 例

子会社の業務と親会社取締役の責任に関する最重要裁判例は、野村証券事件（東京地判平成13・1・25判例時報1760号144頁）であり、「親会社の取締役は、特段の事情のない限り、子会社の取締役の業務執行の結果子会社に損害が生じ、さらに親会社に損害を与えた場合であっても、直ちに親会社に対し任務懈怠の責任を負うものではない。」と判示した。ここでいう「特段の事情」については、「親会社と子会社の特殊な資本関係に鑑み、親会社の取締役が子会社に指図をするなど、実質的に子会社の意思決定を支配したと評価しうる場合であって、かつ、親会社の取締役の右指図が親会社に対する善管注意義務や法令に違反するような場合」とされている。このように裁判例は、子会社の管理に関する親会社取締役の義務を極めて限定的に解していると評されている（久保田安彦「判批」月刊監査役599号87頁）。

(2) 学 説

学説及び実務家においても、少なくとも、親会社の取締役が子会社に違法・不当な指図をする行為が親会社に対する善管注意義務違反になり得るという限りでは、広く支持されていると思われる。問題は、一般的な親会社取締役の子会社経営の監視義務である。

これに否定的な見解が「有力説」といわれ（久保田・前掲87頁）、野村証券事件判決のような不当な指図等の場合を除き親会社取締役には子会社で生じた不祥事に関する監督責任を問われるいわれはないとする（中村・前掲73頁他、久保田・前掲89頁脚注3記載の論文を参照）。

他方、肯定的な見解は、例えば、グループ内部統制の決議を取締役会で行うということは、取締

役全員がグループ内部統制整備に責任を負い、内部統制の不備の結果子会社に不祥事があれば、善管注意義務を問われかねないとする（長谷川俊明「今最も深刻な会計不正　循環取引は見抜けるか」ビジネス法務2009年10月号40頁）。ただ、肯定的な見解にもニュアンスの違いがある。例えば、子会社に対する支配管理という目的達成に不可欠な行為として、適切な指揮を行うことが親会社取締役に義務付けられているという見解がある（前田重行『持ち株会社法の研究』127頁）。また、親会社取締役に企業集団の内部統制システムを構築することが要請されているものの、子会社で不正が行われると思料される外観（異常な兆候）を発見する以前の、いわゆる「平時」にはいかなる内部統制システムを構築すべきかは広く経営判断に委ねられているとして、当該義務の範囲及び内容を限定する見解もある（山口・前掲46頁）。更に、大規模公開会社における取締役は合理的な内部統制システムが会社内部に構築されつつ、担当業務を委譲した業務担当取締役、従業員等の遂行する業務執行が適正になされていたと信頼した場合（信頼の権利）に限り、会社に生じた損害に対し監視・監督義務違反の責任が問われないとする「信頼の権利」の議論を、親子会社についても適用し、グループ内部に子会社の経営を監視するための合理的な内部統制システムが構築されつつ、子会社の代表取締役や取締役の業務執行が適正になされていたと信頼した場合に限り、親会社の取締役は、子会社に生じた損害に対し監視・監督義務違反の責任を問われないと解すべきとする見解もある（小菅成一「孫会社に生じた損害に対する親会社取締役の責任」東海法学31号132頁。なお、手塚他・前掲17頁、遠藤・前掲222頁以下も同旨と思われる。小林秀之他『新版　株主代表訴訟体系』126頁以下も参照のこと）。加えて、親会社取締役の任務として、子会社株式という「親会社資産」の価値が毀損しないよう子会社を監視監督すべき義務があるという見解もある（船津浩司『「グループ経営」の義務と責任』230頁以下、なお、久保田・前掲87頁も同旨と思われる）。

(3) 私　見

確かに、子会社における不正が親会社に重大な悪影響を及ぼし、場合によっては親会社が倒産の危機に瀕するという例もある以上、このような悪影響を防止し、親会社株主の利益を守る必要性は否定できず、親会社取締役に一定程度子会社の内部統制構築義務や子会社監視義務を認めること自体は妥当である。もっとも、親会社取締役に親会社におけるものと同一ないし同程度の子会社内部統制構築義務や子会社監視義務を認めると、子会社の独立を害する恐れがある。第一義的には子会社社内を熟知した者として子会社の取締役がその責任を負うべきである。そこで、親会社取締役の義務の程度は親会社内におけるものより低くなる。

具体的には、子会社において何らかの内部統制が構築されており、その内容が一見して不合理とはいえない限り、平時の親会社取締役としては、子会社取締役の「経営判断」を信頼し、このような内部統制に基づく信頼の権利を得られると解してよいのではないか。反面、不正の兆候等がみられる「有事」においては、かかる不正の兆候等が子会社取締役による子会社管理が不適切であることをうかがわせる以上、親会社取締役に対し、法律上の権限及び事実上の権限を利用して内部調査・第三委員会調査等を行い／行わせ、不正の全貌を明らかにするとともに、その損失を最小限に抑える義務を認めることができる。このように、平時と有事を分けて考えることが、子会社の独立性を維持しながらも、反面、親会社の損害を可及的に回避するという意味で妥当ではなかろうか。

5　本判決と親会社取締役の責任―異常な兆候が発見された事案

本判決は、不良在庫問題をYらが認識しているという前提の下、公認会計士から在庫管理の徹底を指導された平成14年11月18日の段階で具体的かつ詳細な調査を行う又はそれを命じる義務があったとした。

金融商品取引法193条の3は公認会計士や監査法人が監査の過程で不正を発見した場合にこれを会社に通告する義務を規定する。法律科目を含む試験に合格し実務を行っている公認会計士が「法令に違反する事実」ないし「その他の財務計算に関する書類の適正性の確保に影響を及ぼすおそれがある事実」があるとして通知したのだから、通常「異常な兆候」に該当する。ライブドア株主損

害賠償請求訴訟の第一審判決において、監査役の監査見逃し責任が認められたのも、会計士からの粉飾の疑惑を監査役が知った時点であった（東京地判平成21・7・9判例タイムズ1338号156頁）。

本判決の判旨は明確ではないが、野村証券事件判決のようなスタンスに立つのではなく、少なくとも有事において親会社取締役は子会社取締役の業務執行に対する監視義務を負うと考えた上で、信頼の原則を解除するに足る「特段の事情」の一つである「異常な兆候」をYらが認識したといえる平成14年11月18日以降の「有事」において不良在庫問題を解明する調査義務を認められたといってよいだろう（山口・前掲46頁参照。逆にいうと、本判決は、異常の兆候のない「平時」において親会社取締役は子会社取締役の業務執行に対する具体的監視義務を負わないと解していると読める）。

なお、本件のYらが子会社の役員を兼任していたことから、その点を重視して本判決の射程を限定的に捉える見解もある（遠藤・前掲222頁参照）が、兼任でないからといって親会社役員の責任が認められなくなる訳ではなく、同様に異常な徴候への対応義務があることには留意が必要であろう（久保田・前掲88号88頁参照。兼任の有無は法律論というよりは、異常な徴候の認識のし易さという事実上の問題と位置付けるべきであろう）。

6 不正調査の方法

「異常な兆候」を認識した親会社取締役は、不正調査が義務付けられる。当該調査の深度や内容は、当該兆候の内容に応じて異なるものの、本判決は①調査すべき時期に調査をしなかったこと、②調査の内容が不十分であったことの2点を善管注意義務違反としている。

(1) 平成11年に行われた「調査」

実は、争点との関係ではあまり明確に論じられていないが、平成11年の段階で、既に「異常な兆候」が認められ、これに対応して調査が行われた。もっとも、グルグル回し取引の首謀者であるAからのヒアリングを鵜呑みにしたため、実態を解明できなかった。客観証拠に基づき供述の「裏付け」をとることや、後述する「別件調査」を行うこと等がなされておらず、この点は調査として不十分であったというしかない。

(2) 平成14年11月18日時点で行うべき調査

本判決は、平成14年11月18日時点で行うべき調査として、具体的には、請求書や買付販売与信稟議書等の記載の検討をすべきだったと指摘する。

確かに、直接グルグル回し取引等の循環取引を明らかにすることは困難である。しかし、その「傍証」ないしは「不正がないとすると説明できない事実」は、そこまで調査深度がなくとも発見できることも多い。本件では、小売1パック48円のさわやか風味ダコの単価が6万12円となっているなど、単価が異常に高額なものが発生していた。請求書や買付販売与信稟議書等の原資料にあたればこのような異常な事実は明らかになったと思われ、このような事実を取引担当者に突きつける等することで、結果的にグルグル回し取引の実態解明につなげられた可能性が高い。

(3) 平成16年に行った調査の深度・方法の不適切性

平成16年2月頃、F社の不良在庫問題の発覚を受け、Y1は、不良在庫問題の調査のため、本委員会の設置を決め、委員長にY2、委員にY3を就任させた。その結果、13億8000万円との本報告書が提出された。ところが、Y1は調査不十分として再調査を命じ、その結果、含み損の額が14億8000万円と、約2か月程で約1億円もの金額が修正された。

本判決によると、本委員会は、Aへのヒアリング内容を安易に信用するのみで、契約書や帳簿等の確認検品をしていなかったとのことである。更に、すぐに金額が大幅に修正されたにもかかわらず、具体的な調査方法を確認せずに救済融資を行ったところも問題視されている。関与者であるAの供述に依拠したことや、約2か月で本報告書の金額が1億円も大きく変更されている理由を解明することもなく金額の修正を了承したことは確かに問題である。

本判決の判断は、調査委員会を設置して調査をさせるだけで取締役の義務を全うできるのではなく、調査深度・調査方法が適切であるか、調査結果を疑わせる事実がないかを慎重に吟味し、この判断に手落ちがあると、善管注意義務を問われ得るという点を明確にしたものであり、実務的に極

めて重要と思われる。

(4) 子会社と調査

自社内ではなく子会社であれば、調査の困難性は増す。しかし、本判決は、

・親会社の取締役自ら調査する
・親会社の取締役会を通じた調査命令
・子会社の取締役を通じた調査

等が監視義務の内容であるとしており（遠藤・前掲228頁参照）、F社がZ社の百％子会社であることや、YらがF社の役員も兼任していることを考慮しなければならないにせよ、「有事」には、子会社であって同一法人ではないからといって調査の手を緩めてはならないことを示したといえよう。

7 救済融資に関する経営判断

救済融資に関する経営判断については、齋藤毅「関連会社の救済・整理と取締役の善管注意義務・忠実義務」（佐々木茂美編『民事実務研究Ⅰ』246頁以下所収）等、参考になる文献が多いところ（なお、森田果「わが国に経営判断原則は存在していたのか」商事法務1858号4頁、松本伸也「経営判断の司法審査方式に関する一考察―行政裁量の司法審査方式との関連において―上中下」本誌1369～1371号等も参考になる）、本判決は、当初行われた本件貸付についてのみ責任を認め、その後の債務放棄・追加融資について責任を否定した点に特徴がある。

本判決の判断については、匿名コメント「判批」本誌1367号41頁以下が、「病理現象」と「生理現象」の2つを区分し、それぞれにおいて裁判所の取締役の責任に対する対応が異なるという議論を紹介していることが興味深い。すなわち、企業体の病理現象が問題となる側面ではコンプライアンスの問題として裁判所は取締役の責任を厳しく認めがちだが、企業体の生理現象が問題となる側面では、経営判断の原則により取締役の責任を緩和するという議論である。本件債務放棄や本件新規貸付については、本判決のいうとおり、取引の全貌が明らかになった段階で、子会社を破綻させるか、親会社の信用の維持や税務上のメリットを考えて救済するかを判断したというものだから、「生理現象」という指摘が当てはまりやすい。また、特に控訴審判決は、当初行われた本件貸付を不正取引によって悪化した真実の経営状況を外部に隠蔽するために行われたものと見ていると解されることから、「病理現象」という指摘は当てはまりやすいだろう。

これに対し、手塚他・前掲20頁以下は、控訴審判決に対し、代理人の立場から、経営判断の合理性や経営判断過程に問題がなかったと論じている。しかし、少なくとも、本件貸付という経営判断に「真実の経営状況を外部に隠蔽し」ようという目的があったという控訴審判決の事実認定を前提としてしまうと、その主張の説得力には疑問がある。経営判断が取締役自身の保身等を目的としてはいけないという点は、特にM&Aの文脈で議論されている他、融資等について経営判断の合理性を否定した事例もあるところであり（事案が特殊であり、また、金融機関の事案だが、「取締役としての任務を放棄し自己保身を図ることを正当化するための弁解にすぎない」等として融資行為について取締役を経営判断原則により保護しなかった和歌山地判平成15・9・9等参照）、控訴審判決の事実認定を前提とする限り、その経営判断に関する判断もまた正当と解されるだろう。

更に、手塚他・前掲21頁は、後になって損失額が経営判断の前提を超える額であると発覚した場合でも、いずれにせよ子会社救済のために融資をしていたのだから、経営判断過程に仮に瑕疵があっても経営判断に影響を及ぼさないという議論を行っている。確かに、本件債務放棄や本件新規貸付が行われたように、Z社がいずれにせよF社救済のために融資をしていたであろうという限りでは、手塚他の指摘するとおりであろう。しかし、同じ「救済融資」といっても、真実の損失額及びその原因を理解した上で行う救済融資行為と、そうでない場合では、必然的にその金額を含む内容やその有効性・合理性に多大な相違を生むものであり、単に「救済融資」をいずれにせよしていたというその点だけをもって、経営判断過程に仮に瑕疵があっても経営判断に影響を及ぼさないという議論には疑問が残るところである。

Ⅳ 実務対応

1 循環取引を示唆する「異常な兆候」への対応

(1) 環取引の発見の困難性と有事対応の重要性

前述のとおり循環取引は内部からの発見が困難といわれる。その具体的な理由としては、

- 循環取引の全体像を把握するための仕組みが多くの会社の内部監査に組み込まれていない
- 徴憑類の整合性はとれており、資金決済も行われる
- 無形資産や市場価格の変動が激しい資産が組み込まれることがある

等といわれる（株式会社KPMGFASフォレンジック部門「企業不正の調査実務」58頁）。

本件においても、被告Y_3は、F社の非常勤監査役として勤務し、預金、借入金については、銀行から出された残高証明と整合するか否か、売掛金については、相手方から提出された残高確認と整合するか否か、在庫については、冷蔵業者から出された在庫証明を帳簿と照らし合わせて、その数値が決算書に正しく反映されているか等、第三者が発行する証明書と、会社の経理担当者等が作成する元帳の数字が合っているかどうか確認をしていた。しかし、上記の循環取引の困難性が本件でもあてはまり、結果的に発見に失敗したものといえる。

もっとも、このような循環取引の発見の困難性は、循環取引について何の対応をしなくてもよいということを意味しない。循環取引は、最悪の場合には、会社の倒産や刑事責任等（刑事責任については、遠藤・前掲232頁以下参照）という重大な結果を生じさせ得るものである。現時点ではそれが法的義務ではなくとも、循環取引防止の仕組みを内部統制システムに組み込むことが望ましい（なお、上記のとおり、循環取引を違法と解すると、循環取引防止制度を内部統制システムに組み込むことが法的に義務付けられているとも解されるが、このような理解を押し進めると、循環取引が生じた場合に取締役に結果責任を押し付けることにもなりかねず、疑問である）。

例えば、介入取引を行わない方が一般的な業種においては、社内規則で介入取引そのものを禁止する、ないしは、相当程度厳しく制限することが望ましい。

介入取引が商慣行となっている業種では、全面禁止が難しいかもしれない。その場合、「実在性への関心を維持すること」が重要である。手数料にのみ関心が行き、案件の実在性に関心が低くなるからこそ、循環取引に巻き込まれるのであり、例えば、商品の引渡を少なくとも一部は確認するであるとか、エンドユーザーがどこなのかを確認することが重要である。例えば、東京地判平成20年12月19日金融・商事判例1324号57頁は、架空のソフトウェアが入っているＣＤ－ＲＯＭの取引の事案において、買主がＣＤ－ＲＯＭに関心・興味を持って現実に10枚の引き渡しを受けたことが、買主の錯誤が認められ、勝訴したことの重要な要因となったものと思われる。現場に実在性への関心を徹底させると共に、監査においても、リスクファクターとして、介入取引に注意して監査する必要があるだろう。

また、循環取引では、徐々に金額が膨れ上がる傾向にあり、また、本件のように単価に異常が生じる案件も少なくない。単価異常は原資料から発見できるはずであり、重点的監視・監査対象とすべきである。更に、金額が膨れ上がると資金繰りが悪化する。今回もF社でグルグル回し取引により融資枠拡大が必要となっていた。この点も、循環取引発見のポイントとなるだろう。

加えて、内部監査において、取引の全体像を知る調査等を行うことも考えられる。もちろん、全ての取引についてこのような調査を行うのは効率性等の観点から不可能であるにせよ、CAAT（コンピュータ利用監査技法、株式会社KPMGFASフォレンジック部門・前掲111頁以下等参照）等を利用して特に循環取引の疑いが強い取引を絞り込む等の実務対応も考えられるところである。

更に、発見が困難であることは、有事対応の重要性を意味する。Z社の事案においても、最初に「異常な徴候」に気付いた平成11年の段階で詳細な調査を行っていれば、最小限の損失で問題を解決できた可能性が高いのであって、こと循環取引については、平時対応以上に有事対応を重視する

必要がある。

(2) 異常な兆候の内容

異常な兆候を認識した取締役には、有事対応が要求される。公認会計士や監査役から指摘を受けた場合に取締役が適切な調査等の対応をしないと、忠実義務・善管注意義務違反となることが多い。

まず、循環取引が行われる場合の財務諸表の特徴として

・損益計算書の当期純利益が黒字
・キャッシュ・フロー計算書の営業ＣＦがマイナス
・貸借対照表の資産のうち、棚卸資産の増加

という３点が指摘されている（宇澤亜弓「不正会計　早期発見の視点と実務対応」211頁）。

また、循環取引発覚の契機の具体例は、以下のとおりである（小川真人「長期未回収の売上債権や大量の返品等には注意！自社が循環取引に加担していた場合の対応ポイント」経理情報1257号55頁）。

・別の循環取引のメンバーや、別のメンバーの第三者／内部調査委員会等から問い合わせを受ける
・得意先への売上債権が長期未回収になったり、得意先への残高確認状に違算が発見される
・得意先から売上済み商品の買い戻し請求を受ける
・仕入先から簿外債務の請求を受けるケースや、仕入先からの残高確認状に違算が発見される
・正当な理由のない預かり在庫（未出荷在庫）が発見される
・正当な理由のない預け在庫（未入荷在庫）が発見される
・大量の返品、ないしは、同一商品の再入荷が行われる

これらの事態は一般に「異常な兆候」と考えてよいだろう（その他、循環取引の特徴につき、遠藤・前掲70頁以下が詳しい）。

(3) 「異常な徴候」を知った場合の具体的な対応

このような異常な兆候を知った取締役は、以下のような調査等を実施する必要がある（林総合法律事務所『詳説不正調査の法律問題』、日本弁護士連合会編『「企業不祥事に置ける第三者委員会ガイドライン」の解説』参照）。

まず、必要な情報を収集・選別し、状況把握のための予備調査を行う。予備調査は本調査の要否の判断や、概要を把握することで本調査への橋渡しをする等の目的がある。予備調査を踏まえ、本調査の要否、調査委員会設立の要否や構成の検討を行う。その後、資料調査やヒアリング、分析及び提言といった本調査を行うことになるだろう。循環取引の調査の内容としては、

・棚卸し資産の実在性
・仕掛品の実在性
・外注費に係る外注先の確認
・その他の資産の実在性
・売上取引に関する徴憑類の調査
・売上取引に関するエンドユーザーの把握

等が指摘されているところであるが（宇澤・前掲217頁以下）、特にエンドユーザーについては、最終的にエンドユーザーと称する会社への実地調査を行って循環取引との確証を得た事案もあるところであり、担当者の説明を鵜呑みにせず、業種、規模、過去の取引関係等を踏まえて精査すべきであろう（なお、循環取引の発見方法について遠藤・前掲248頁が詳細な記載をしており、また、第三者委員会による循環取引の調査事例について、株式会社KPMGFASフォレンジック部門・前掲252頁以下が具体的な調査手順等を説明しており、参考になる）。

本判決の教訓は、まず、関与者自身に調査をさせないということである。平成11年の調査は、まさに「関与者」（であるＡ）に調査をさせたというものであり、これが事態の把握を遅らせ、最終的には取締役の責任が問われる事態につながったものといえる。このような事態は可及的に避けるべきである。

次に、調査委員会による調査内容を取締役が精査する必要があるということである。例えば、本件のように、報告書提出後すぐに巨額の修正が生じた場合には、調査の方法等に問題があったのではないかとして調査方法を検証すべきであるが、本件ではこれがなされていないことが問題とされた（ただし、本件は内部調査委員会であることに留意が必要である。経営者不正等が発生し、経営者の影響を受けた内部調査委員会では不十分であり外部の独立した判断が必要として第三者調査委員会が設立された場合には、そのような経緯に鑑み、どこまで取締役

が第三者調査委員会の調査結果を懐疑的に検証すべきかは難しい問題である。この点については、いわゆる九州電力事件が参考になる)。

更に、適切な調査の広さと深さの設定も重要である。具体的には、別件調査の問題がある。例えば、1件の不正が確認された場合、その不正を解明するだけではなく、当該取引以外にも不正取引がないかを調査する必要がある。本件では、別件調査を十分に行えていないことが原因で、平成11年の調査でわずか3400万円と報告されていた不正在庫がF社の経営を揺るがす程にまで膨れ上がった。本報告書の数字が約2か月程後に上方修正されたことは、「別件」の存在を強く伺わせるものであり、この疑いを放置したことに取締役の責任が認められたとも評し得る。

2　子会社の不正への対応

子会社は、組織的独立性・事業の独立性があるため、本社よりも一般に不正をしやすく、発見しにくい。特に、グループにおけるノンコア分野では、担当者が専門家・固定化し、反面監査・統制が緩くなるというような問題が指摘できる（ホンダ・トレーディング社の事例等。遠藤・前掲書53頁参照)。

もっとも、上記のとおり、まず、子会社の内部統制システムが構築されていない場合や、構築されていても、それが一見して不合理と思われる場合には、親会社取締役が信頼の原則により保護されず、責任を負う可能性が高いことから、株主としての影響力を行使し、少なくとも一見して不合理と思われないような内部統制システムを構築させる必要がある。

また、親会社自体としても、親会社グループとしての内部統制として、子会社の独立性を害さない範囲での内部統制システムを設けることが望ましいだろう。例えば、内部通報制度を、各会社毎に独立で設けるのではなく、親会社のコンプライアンス委員会（及び同委員会が依頼した法律事務所等の外部窓口）に、子会社を含むグループ企業の従業員が内部通報をできるような制度を設ける等が考えられる（ただし、実務的には何パーセントの持株の会社について適用するかという「閾値」の問題が発生する。この点は、当該グループの特徴に応じ、子会社に限定する方法や、同意を得て持分法適用等のより持株割合が低い会社にも適用する等の方法が考えられる）。

親子会社グループにおけるガバナンスの問題や、循環取引の問題は、今後ますます重要性を増してくるだろう。本判決は、この点について重要な示唆を示す、実務の指針になり得る判決といえる。

8 子会社の発行済全株式の譲渡について、親会社である譲渡人が譲受人に対して「表明保証」した場合に、表明保証に基づく責任を負わないとされた事例（東京地判平成23・4・19本誌1372号57頁）

弁護士　杉本　亘雄

I　事案の概要

本件は、被告山一電機株式会社（以下、「Y」という）から同社の完全子会社である株式会社アドバンセル（以下、「アドバンセル」という）の発行済全株式を買い取った原告株式会社太陽機械製作所（以下、「X」という）が、Yに表明保証違反があったと等と主張し、Yに対し損害賠償を求めた事案である。その主な経緯は次のとおりである。

(1)　株式売買契約書の締結

YとXは、平成19年11月、アドバンセルの企業調査を行った後に当事者間の協議で譲渡価格を決定することなどについて合意する内容の覚書を締結した後、アドバンセルの財務諸表の開示や海外営業所の現地調査などの企業調査を行った。そして、平成20年3月5日、YがXに対してアドバンセルの発行済全株式を平成20年3月31日又は別途合意する日に売却する内容の株式売買契約書を締結した（以下、「本件契約」という）。

このとき合意した売却価格は、アドバンセルの全発行済株式に対して1000万円のみであったが、その前提条件として、Yは、取引実行に先立ってアドバンセルの800株の増資を引受けて2億4000万円の払込を行うとともに、アドバンセルに対する債権18億6000万円を放棄することが求められていた。

(2)　Yによる表明保証

本件契約において、Yは、

① アドバンセルは、アドバンセルが第三者と締結している契約について、アドバンセルの事業、経営、資産、義務もしくは債務又はその見通しに重大な悪影響を及ぼす可能性のある債務不履行が発生しているとの通知を受領していないこと、

② Yは、Xに対し、アドバンセルの平成19年3月31日終了年度までの3年度分に関する決算報告書及び同年12月の試算表を提出しており、これらの財務諸表は、一般に公正妥当と認められる会計基準に準拠して作成されたものであり、重要な点で正確かつ公正に表示していること、

③ 直近の財務諸表に示されている時点以降、アドバンセルは、その事業を通常の業務の範囲内で行っており、アドバンセルの事業、経営、資産、義務もしくは債務又はその見通しに重大な悪影響を及ぼす可能性のある債務、義務、又は負債を負担しておらず、その事業及び資産を保全するためにそれぞれ最善の努力を尽くしていること、

などの事項が真正かつ正確であることを表明保証しており、表明違反によりXに生じた損害は補償するものとされていた。また、相手方による表明に重要な点で違反があったときは、契約を解除し、損害賠償を求めることができるものとされていた。

(3)　アドバンセルの債務不履行

本件契約締結当時、アドバンセルは、中国（台湾）系企業であるAU Optronics社（以下、「AUO」という）に対し、携帯電話等の組立ラインを構成する製作機械4台を製造販売する旨の契約を同社との間で締結していた（以下、「本件機械売買契約」という）。この製作機械4台のうち1号機、2号機及び3号機は既にAUOに搬入されており、これに対しAUOからは、2号機及び3号機の代金の8割に相当する8240万円がアドバンセルに支払われていた（本件機械売買契約上、最終検収時に残りの20％が支払われることになっていた）。Xが本件契約締結に際してYに交付した平成19年12月の貸借対照表、損益計算書、製造原価報告書及

び仕掛品明細表の試算表においては、この8240万円は2号機及び3号機の売上げとして計上されており、また、1号機及び4号機械は仕掛品として計上されていた。

(4) 本件機械売買契約に関する情報開示

本件契約締結後の平成20年3月23日、Yは、Xに対し、メールで、

① 1号機について、AUOからアドバンセルに対し、性能面の問題から取引が解約になるとの連絡があったところ、最終確定ではないものの、AUOの対応からみて解約はほぼ確実であること、

② 2号機以降については、アドバンセルに書面での報告を求めているが、2、3号機は既に生産ラインに組み込まれて稼働中であり、4号機もタクトタイムは同等に出ており、安定稼働への立上げ中であることから、売価の調整は必要となるとしても、解約の事態はなかろうと聞いていること、

などを報告した。なお、本判決の事実認定によれば、本件契約締結前にYからXに開示されたアドバンセルの売掛金回収計画のコメント欄には、2、3号機について「11・27 80％入金」、1号機については「2、3号機の結果により方向性決定」、4号機については「1月末FOB」と記載されており、また、入金確定分については黄色マーカーによる表示がなされることになっていたところ、本件各機械分については同マーカーによる表示はなされていなかった。更に、Yの企画部部長代理からXの機械室長に宛てて送られた平成20年2月27日付メールでは、アドバンセルから届いた回答として、「値引き分は特にタクト仕様未達分で要求仕様は4sec./枚に対し、現状は#2、#3が11sec./枚であり、改善した#4でも6sec./枚前後と推定され、仕様からは大幅未達となる（現状のシステム上これ以上の処理は限界有り）。#2、#3においては80％分は当社の強いお願いで既に入金しており、他号機も80％検収を予定しているが残20％要求は非常に困難と考えられ、現時点では20％分は値引きの話を当社から提案予定。」との本件機械売買契約に契約違反が生じていることを伺わせる記載があった。

(5) 本件訴訟の提起

平成20年3月31日に株式売買は実行されたが、その後、平成20年6月、AUOは、本件機械売買契約を解除し、アドバンセルはAUOに対して代金8240万円を返還した。

これを受けて、Xは、仕様未達という債務不履行が告知されておらず事実と異なる説明が行われており、また、本来借受金として計上すべきであった8240万円が売上げとして計上されていたことは公正妥当な会計基準に合致していないという点で、Yには表明違反があると主張し、また、株式売買契約書ではアドバンセルの負の資産をYが全額引き受け、X側には追加の運転資金を要しないことが基本的な条件となっていたにもかかわらず、8240万円の返却と仕掛品の代金が得られなくなったことにより、アドバンセルの企業価値が代金相当額減少したとして、1億6480万円の損害賠償を求めて訴えを提起した。

II 判決要旨

請求棄却（確定）。

1 表明保証違反の判断基準

「Xは、本件契約は、Yに一切の追加の運転資金を要しないこととするものであった旨主張する。確かに、前記認定事実からすれば、本件契約時点での客観的企業価値のみならず、当面見込まれる運転資金の不足をも見込んで、本件株式譲渡代金額や本件増資等の諸条件が定められていることが認められるものの、だからといって、本件契約の実行後に生じた現実の負担との差をただちに被告の負担に帰せしめることを意味するものでないことは明らかである。本件契約実行後に発現するリスクについては、本来Xがその責任を負うべきものであり、そうであればこそ、その前提として、正確な情報開示に基づく的確な企業評価が求められ、表明保証という形で正確な情報開示が本件契約上もYの義務として定められているのであるから、本件において本件機械売買契約の帰すうをめぐってYが表明保証上の責任を負うか否か、すなわちYの本件契約上の表明及び保証が重要な点で正確であったと認められるか否かは、結局の

ところ、Xが本件契約を実行するか否かを的確に判断するために必要となる本件機械売買契約に係る客観的情報が正確に提供されていたか否かという観点から判断すべきことになる。」

2　表明保証違反の有無

「既に検討してきたとおり、本件全証拠に照らしても、Yが、Xの主張するように、本件契約上表明保証の対象たる事項について『重要な点で』不実の情報を開示し、あるいは情報を開示しなかった事実は認められないというべきである。」
「また、Yは、財務諸表の記載についても縷々主張するけれども、本件全証拠に照らしても、その記載が一般に公正妥当と認められる会計基準に反していることを認めるに足りる的確な証拠は見当たらず、また実質的に見ても、本件3月23日メールによる補足説明も含め前記認定の事実関係に照らすと、Xが本件契約を実行するか否かを判断するに必要な情報が提供されていたというべきであって、本件契約上の義務に違反したものであったとは認められない。」

III　分析・検討

1　表明保証概説

表明保証（注1）とは、契約を締結する際に、一方当事者が、契約当事者や契約の目的物に関する事実について、当該事実が真実かつ正確であることを表明し、相手方に保証するものである。英米の契約条項であるRepresentation and Warrantiesがわが国に持ち込まれたものであり、今日では、わが国のM&Aやファイナンス関連の契約ではほとんど必須の規定となっている。

取引の種類にもよるが、通常表明保証の対象となるのは、取引に際して一方当事者が相手方に開示した事実又は財務諸表等の資料の正確性、真実性及び完全性、偶発債務発生又はその虞の不存在などである。また、表明保証違反の契約上の効力としては、違反によって毀損された目的物の価値の補償、契約の前提条件の不充足、期限の利益の喪失、契約解除などが規定される。表明する事由を通して取引に関連する様々な事情を契約書の枠組みの中に入れることで明確なリスク分配を図ることができる、取引の前提条件が崩れた際に取引から撤退することが可能になる、当事者に適切な情報開示を促すことができる、といった効果が期待できることから、実務上重用されているというのが筆者の認識である。

このように実務上重用されるようになった表明保証であるが、その国内法上の法的性質はまだ明確とはいい難く、その要件・効果の検討が十分になされないまま契約書に用いられていることも少なくないのではないかと思われる。

(1)　表明保証の法的性質について

わが国における表明保証の法的性質については、保証契約の一種であるとか、瑕疵担保責任の特則（堂園昇平「表明・保証をめぐる東京地判平成18・1・17」金融法務事情1772号4頁など）あるいは債務不履行責任の特則である（岡内真哉「表明保証違反による補償請求に際して、買主の重過失は抗弁となるか」本誌1239号2頁・3頁）、といった考え方もみられるが、少なくとも補償条項と組みあわせた場合は、「一定の結果が生じた場合に補償請求権が発生する」内容の損害担保契約と解するのが一般的と思われる（金田繁「表明保証条項をめぐる実務上の諸問題（上）―東京地判平18・1・17を題材として―」金融法務事情1771号43頁・45～48頁、青山大樹「英米型契約の日本法的解釈に関する覚書（下）―「前提条件」、「表明保証」、「誓約」とは何か」NBL895号73頁・75頁以下など）。その理由としては、①保証は主たる債務者の債務について責任を負うものであって表明保証とは性質が全く異なること、②表明保証は何ら作為・不作為義務を課すものではないから債務不履行とは解し難いこと、③取引対象の性質とは全く関係のない事柄に対しても表明保証することがあり、そのような事柄についてまで民法上の瑕疵概念を拡大することはできないこと、などが挙げられている。損害担保契約の概念は、契約自由の原則から当然認められるべきものであるし、わが国でもかかる損害担保契約ないし損失補償の合意は、製品の品質保証や（潮見佳男『債権総論II（第3版）』434頁）、債務保証が禁止されている地方自治体による第三セクターの損失補償などにおいて（大垣尚司『金融と法』543～544頁）、古くから認識されていた

ものである。
(2) 表明保証違反を構成する事実（客観的要件）について

　当事者が表明保証に期待するリスク分配機能に鑑みれば、表明保証の法的性質がどのようなものであろうと、表明保証に反する事実の存在又は不存在それ自体が表明保証違反を構成すると解するのが原則であろう。ただ、契約締結前に全ての事実を調査して契約書に書き連ねることは事実上不可能であることから、どうしても表明保証の記載には含みを持たせなければならず、その結果、取引実行後に明らかになった事実が表明保証に違反するものかどうかにつき争いが生じることも少なくない。そして、後述するように、表明保証は、ときに行為責任のように解釈されるため、必ずしも当事者（特に表明保証の相手方）が期待する文言どおりの効果が得られるとは限らない。

(3) 表明保証の相手方の故意・重過失（主観的要件）について

　表明保証を瑕疵担保責任や債務不履行責任と解した場合、瑕疵担保責任においては「隠れた」（＝買主の善意無過失）の要件（民法 570 条）、債務不履行責任においては過失責任の原則（同法 415 条）があるため、当事者の主観面が責任の範囲に何らかの影響を及ぼすものと思われるが、表明保証を特別な損害担保契約と解した場合には、契約書上に特段の記載がない限り、結果責任、すなわち、表明保証の相手方はもちろんのこと、表明保証する側についても、その主観面は問題にならないはずである。

　しかし、企業買収における表明保証違反の有無が問題になった東京地裁平成 18 年 1 月 17 日判決（本誌 1234 号 6 頁）において、裁判所は、表明保証される側に重過失がある場合には表明保証違反の責任を免れる余地があることを示した。すなわち、結論としては重過失は認定されなかったものの、同判決において裁判所は、表明保証の法的性質論には言及することなく、「本件において、原告が、本件株式譲渡契約締結当時において、わずかの注意を払いさえすれば……被告らが本件表明保証を行った事項に関して違反していることを知り得たにもかかわらず、漫然これに気付かないままに本件株式譲渡契約を締結した場合、すなわち、原告が被告らが本件表明保証を行った事項に関して違反していることについて善意であることが原告の重大な過失に基づくと認められる場合には、公平の見地に照らし、悪意の場合と同視し、被告らは本件表明保証責任を免れると解する余地があるというべきである。」と判示した。もっとも、表明保証を損害担保契約と解したとしても、表明保証の相手方に故意・重過失があるといえるような場合には民法の一般法理（クリーンハンズの原則など）から表明保証違反に係る責任を問えないとする結論は何ら矛盾なく導ける（潮見佳男「消費者金融会社の買収に際しての表明・保証違反を理由とする売主の損害補填義務」金融法務事情 1812 号 67・70 頁参照）。むしろこの裁判例は、通常の過失の有無を問題としていないことから、表明保証を損害担保契約と解する立場に親和的であるということもできよう。

(4) 補償の範囲について

　民法の原則からすれば、表明保証の法的性質を瑕疵担保責任と解した場合には補償は信頼利益の範囲にとどまることになり（我妻榮『債権各論中巻一』271 頁）、債務不履行責任と解した場合には履行利益を含めた相当因果関係の範囲（民法 416 条）にまで及ぶことになる。一方、損害担保契約と解した場合には、基本的には契約書の記載に委ねられることになる。もちろん、瑕疵担保責任又は債務不履行責任と解する立場でも、予め契約書において補償の範囲を画定しておくことは許容されよう。

　法的性質論と関連して、デューデリジェンスの際の調査不足等を理由とした過失相殺（同法 418 条）が認められるべきか、という論点もあるが、デューデリジェンスは義務ではなく権利であることからすれば、単に不十分な調査であったことを理由に過失相殺が認められることは M&A の実務にそぐわない、という見解を支持したい（若松亮「特集・M&A をめぐる紛争と法規制の現状及び課題 5 ［裁判例編］アルコ事件」判例タイムズ 1259 号 65 頁・71 ～ 72 頁）。

(5) 権利行使期間

　表明保証を瑕疵担保責任と解した場合には、表明保証違反を知ったときから 1 年間に限り権利行使が可能であり（民法 566 条 3 項）、商人間売買の

特則（商法526条2項）が適用される場合には更に短く、取引実行から6か月以内に表明保証違反を発見して通知しなければならないことになってしまう。一方、債務不履行責任あるいは損害担保契約と解した場合には10年間（民法167条2項）、商行為の特則（商法522条）が適用される場合には5年間と考えられるが、その起算点については、契約締結時とするか損害発生時ないし表明保証違反判明時とするかで解釈が分かれると思われる。

2　表明保証責任について争われた裁判例

これまでに表明保証責任について争われた裁判例としては次のものがある。表明保証といっても様々であり、一律的な解釈基準を読み取ることは困難であるが、全体を通してみると、①裁判所は表明保証条項及び補償条項を形式的に解釈して結果責任を問うことには慎重であり、②表明保証が行為責任（情報開示義務）的に解釈されることがあり、③その結果多分に当事者の主観や帰責性が結論を左右しやすい、ということがいえそうである。

(1) 東京地裁平成23年4月15日判決（掲載誌なし）（責任一部否定）

株式譲渡において、買主が、表明保証違反があったとして売主に補償条項に基づく補償を求めた事案である。この株式譲渡における表明保証の内容は、①株式譲渡締結日までの間に既に開示したものを除き「対象会社の年間支出額が100万円を超える可能性を有する契約は、書面によるものと口頭によるものとを問わず、存在しないこと」、②「財務諸表の作成基準日以降、対象会社の財務状態、経営成績、キャッシュフロー、事業、資産、負債又は将来の収益計画に悪影響を及ぼし、又はその虞のある事由若しくは事象は発生していないこと」などであった。

裁判所は、デューデリジェンスにおいては、相当の注意ないし努力（due diligence）をもって調査し、その事業を評価することが予定されている一方、これら表明保証は、開示の内容や方法について特段の規定をしていないものであるから、一時的には対象会社が締結している契約の存在及びその内容等の概要を開示すれば足りるのであって、当該契約について対象会社の年間支出額が100万円を超える可能性ないし対象会社の事業に与える悪影響の内容や度合いなどといった評価的な事項についてまでも一律に開示することまで求められていたとは解されない旨判示し、売主側はデューデリジェンスにおいて債務の発生原因である契約の内容、経緯等の情報を開示していたと認定して、表明保証違反を否定した。また、財務諸表に関する表明保証違反となる「事由若しくは事象」とは、原告が認識し得ないものに限ると解される、としてやはり債務の発生について表明保証違反を否定している。一方、取引の存在自体開示していなかった代金債務が存在していた点や、資産として売主側に開示した売掛金が実際には存在しなかった点については、表明保証違反による責任を認め、被告に対し補償条項に基づく支払を命じている。

(2) 東京地裁平成22年3月8日判決（判例時報2089号143頁）（責任否定）

株式譲渡において、売主側の開示した情報について表明保証違反があったか否かが争われた事案である。売主側が表明保証したのは、①売主側が開示した貸借対照表を含む対象会社の株価算定書の重要な点において虚偽がないこと、②基準日後において対象会社の財務状態に悪影響を及ぼす重要な事実が生じていないこと、③基準日における対象会社の貸借対照表について引当不足が存在しないこと、などであった。

裁判所は、対象会社の財産の価値や株価の評価は、対立当事者である譲渡人と譲受人との間の交渉の中で折衝すべき事項であること、譲受人は株式の譲受けを余儀なくされるような立場にはなかったことから、表明保証の対象にはならないとし、また、不動産価格の下落については、表明保証条項は、対象会社に関する考え得る全ての情報について細大漏らさず表明保証の対象とするのは譲渡人に過大な負担を課すものであって相当でないし、株式譲渡契約の締結に当たりそのようなすべての情報を譲渡人が把握しなければならないものとも解されないとして、不動産市況の下落というような一般的普遍的な事象については、契約で認められた代金調整の原因にはなる余地があるとしても、表明保証の対象となるものではないと解

(3) 東京地裁平成19年7月26日判決（ジュリスト1406号157頁）（責任肯定）

飲食店の経営を業とする会社の株式の譲渡において、「……開示提供された情報、文書、資料等は、すべて真実かつ正確な情報を記載しており、重要な事項について記載が欠けていないこと」などを内容とする表明保証について違反があったとして、契約上の補償条項に基づき譲受人が譲渡人らに対し損害補償を請求した事案である。裁判所は、表明保証違反による補償を「……被告らが十分かつ正確な情報開示を行ったことを保証するとともに、情報開示が不十分であったために原告に侵害が生じた場合には、損害補償を行うべきことを定めたものであると解される。」とする一方、「もっとも……買収対象企業の財産や負債の状況等を把握するための事項を完璧に、かつ全く誤りなく開示することは極めて困難である上……、企業価値やその将来性の判断に当たって、買収対象企業の状況を細大漏らさず把握する必要があるとまで必ずしもいえないのであるから、考え得る全ての事項を情報開示やその正確性保証の対象とするというのは非現実的であり、その対象は、自ずから限定されて然るべきものである。」と判示した。その上で、譲渡人らが対象会社が営むうちの1つの店舗の閉鎖に伴って生じる賃貸借契約上の違約金の存在について説明をしないまま当該違約金の記載のない店舗別閉鎖店費用と題する資料を開示したのみであったのは、表明保証に違反するものであるとして、譲渡人の請求を一部認めた。もっともこの事案においては、譲渡人のうちの一人が当該閉鎖させる店舗の賃貸人であり、表明保証違反となる事実に直接関与していたという特殊な事情があった。

(4) 東京地裁平成18年10月23日判決（金融法務事情1808号58頁）（肯定）

債権者の委託による保証契約に基づき保証債務履行を求められたのに対し、保証人が、債権者の表明保証違反による保証債務免除を抗弁として争った事案である。

この事案では、保証契約上、債権者は、債権者と主たる債務者との取引に基づき主たる債務者が債権者に対して負う債務について、遅滞することなく、債務の本旨に従ってその履行がこれまでなされ、現在もなされていることを表明・保証しており、保証契約上、もし債権者がこれに違反した場合、保証人は保証債務を免れるものとされていたが、主たる債務に係る契約締結時点で既に主たる債務者の支払は滞っていた。裁判所は、表明保証違反があることは明らかであるとして、債権者の請求を棄却している。

(5) 東京地裁平成18年1月17日判決（本誌1234号6頁）（責任肯定）

前述した裁判例であるが、消費者金融会社の企業買収において、株式譲渡人の表明保証違反が認められた事案である。買主は、対象会社は赤字決算回避のために和解債権元本について本来必要な貸倒引当金の計上を行わなかった処理（対象会社は監査法人から貸倒引当金を計上するよう指摘を受けたいたにもかかわらず同監査法人を変更して決算書において注記しなかった）が売主側の表明保証に反していることを理由に補償を求めて提訴した。裁判所は、買主側に重過失がある場合には表明保証違反による責任が否定される余地があることを示したが、企業買収におけるデューデリジェンスは買主の権利であって義務ではないこと、主としてその買収交渉における価格決定のために限られた期間で売主の提供する資料に基づき、資産の実在性とその評価、負債の網羅性（簿外債務の発見）という限られた範囲で行われるものであること、DCF法によって買収価格が算定されるケースであったことから和解債権の返済状況の確認をしなかったことには特段の問題はないこと、既に監査法人の監査がなされているため財務諸表等が会計原則に従って処理されていることを前提としてデューデリジェンスを行っても非難されるべきではないこと、特に売主側が表明保証違反たる事実を故意に秘匿していたこと、などを理由に、買主側の重過失を否定している。

3 本判決における表明保証条項の解釈

本判決は、表明保証違反に係る責任を否定した事案であるが、本件機械売買契約の解除は、客観的にみればその取引金額からみて、対象会社であるアドバンセルの事業、経営、資産、義務もしく

は債務又はその見通しに重大な悪影響を及ぼす可能性のある債務不履行ないし債務として、表明保証違反に該当するものであったように思える。しかし、裁判所は、表明保証を行為責任的に解してその責任を否定した。すなわち、裁判所は、表明保証違反の有無とは、被告の表明及び保証が重要な点で正確であったかどうかであり、そしてそれは、「Xが本件契約を実行するか否かを的確に判断するために必要となる本件機械売買契約に係る客観的情報が正確に提供されていたか否かという観点から判断すべき」として、情報開示義務のような捉え方をしているのである。その上で、裁判所は、売買契約締結後の3月23日のメールによる事後的な補足説明も含めて「実質的に」みた場合、Xが取引を実行するか否かを判断するために必要な情報は提供されていたと判断している。裁判所は、表明保証違反を主張してクロージング拒否ないし価格調整を求める機会があったにもかかわらず、Xが敢えてクロージングした点を重視したのではないかと思われる。

このような解釈が、表明保証の法的性質も関係しているのか、また補償条項はいかなる関係にあるのか、その理論構成は判決文からは明らかではないが、本件は、上記の一連の裁判例とともに、表明保証責任を実質的に解釈する傾向を示すものといえよう。

4 実質的解釈の妥当性

もっとも、表明保証の相手方の主観面を問題としたり表明保証を行為責任的に解釈したりする実質的解釈に対しては、M&A等商取引の実務にそぐわないのではないかとの疑問もある。表明保証の主たる目的は明確なリスク分配にあり、そこには当事者の主観や作為・不作為を差し挟む余地はない。実際、ほとんどの表明保証条項及び補償条項は字義通りに解せば結果責任というべきものである。そのため、デューデリジェンスの際にリスクを認識し得たとしても、よほど顕在化されている重大なリスクでもない限りは、かかる表明保証条項及び補償条項を信頼してそのままクロージングさせるという判断を下す当事者も少なくないのではないかと思われ、そのような場合に実質的な解釈によって事後的にリスク分担を図ることは

不意打ちになり得る。加えて、前記東京地裁平成18年1月17日判決も指摘するように、デューデリジェンスは当事者の権利であって義務ではない。デューデリジェンスを精緻に行って客観的事情を開示させるほどに相手方が免責されやすくなる、というのではデューデリジェンスの意義を損うのではないかという懸念もある。このようなことから、筆者としては、少なくとも企業間の商取引においては、表明保証の相手方に背信的行為がある場合や別の文言解釈が可能な場合でもない限り、表明保証は結果責任の方向で解釈されるべきではないかと考える。

Ⅳ 実務対応

本判決を含めた表明保証の効力に関する裁判例を踏まえた場合、実務上どのように対応すればよいだろうか。例えばM&Aの場合、次のようなことがいえよう。

まず、買主側・売主側いずれの立場であっても、表明保証の法的性質が明確ではないこと、裁判所が実質的な解釈を行う傾向もみられることから、表明保証条項及び補償条項を取り入れる場合には、その期待する効果が明確に読み取れるようなドラフティングを心がける必要がある（注2）。

その上で、買主側としては、まず、売主側の開示状況にかかわらず債務の発生をもって一律に補償を求めたいのであれば、明確な価格調整条項を設けておいたほうが安全であろう。また、デューデリジェンスの結果や買手側の認識が売主の表明保証責任に影響を及ぼさない旨の確認条項を設けておくことも有益と思われる。売主の主観面については、よく「売主の知り得る限り」ないし「売主が合理的に知り得る限り」といった限定が表明保証事由に付されることがあるが、表明保証違反の主張・立証責任を原則として買主側が負うであろうことを考えれば、これらの限定を許容することには慎重であるべきであろう。また、同様の理由から「重要な」「重要な点について」、といった解釈に幅のある文言を表明保証事由に付すことも避けるべきではなかろうか。この点、実務上は、かかる限定を付さず、あらゆる事由を補償の対象

とした上で、一定の金額以下の債務については免責する取扱いが増えているのではないかと思われる。もっとも、いかに結果責任として明確に合意したところで、少なくとも信義則上の制約は避けようがないので、一般的なM&A交渉実務水準上誰の目にも明らかなリスクを看過したまま契約を締結することは許されない。そのため、デューデリジェンスを実施する際には、予め、調査する資料の範囲や窓口となるべき担当者などプロセスを明確に合意し（東京地裁平成18年1月17日判決をみる限り開示させる資料を予め限定することは問題にはならない）、売主側から開示される情報をコントロールできる体制を整えることが重要になるだろう。

　一方、売主側としては、（もちろん表明保証条項のドラフティングにもよるが）買主側が適切なリスク評価をするために十分な客観的事情を開示すれば表明保証違反の責任を免れる可能性が高くなるとすれば、把握している対象会社のリスク要因は積極的に買主側に開示したほう合理的ともいえる。また、適切に開示した事項については表明保証責任を負わない旨の免責規定を契約書に入れることも考えられる（株式譲渡契約においてデューデリジェンスの際の適切な開示を理由に免責規定の効力が認められたものとして大阪地判平成23・7・25本誌1375号34頁）。積極的に開示することで免責が得られるのであれば、現に把握していないリスク要因についても、売主側で積極的に洗い出しを行うこと（セラーズデューデリジェンス）が検討されてもよいかもしれない。なお、契約交渉にあたっては、売主側の要望で補償額や請求期間に上限を設けることも多いのではないかと思うが、その際には、かかる上限の合意が損害担保契約としての表明保証責任にのみ及ぶものであり、民法上の債務不履行責任や瑕疵担保責任がそれとは別個の責任として並立している可能性に留意すべきである。

（注1）「表明・保証」と表記されることも多い。本来、表明と保証は別個の概念であるが、一体のものとして契約書に規定されることが通常であるため、本稿では「表明保証」と連続して表記する。
（注2）表明保証に関するドラフティングについて解説したものとして、金田繁「表明保証に関する裁判例を踏まえた実務上の方策―「前提条件」に関する補足も含めて―」金融法務事情1788号27頁以下参照。また、表明保証のドラフティングについては藤原総一郎編『M&Aの契約実務』147頁以下も詳しい。また、江平享「表明・保証の意義と瑕疵担保責任との関係」弥永真生ほか編『現代企業法・金融法の課題』89頁は、表明保証について民法の瑕疵担保責任の条文の準用が容認される可能性があることから、契約書においては、①表明保証が瑕疵担保責任とは別個の責任であることを明記すること、②買主側の主観（善意無過失）を問わない旨明記すること、③弁護士費用や転売利益等も損害の項目として列挙すること、④補償請求の期間を明記すること、⑤商人間売買の特則の排除を明記すること、が望ましいとしている。

9 濫用的会社分割について会社法 22 条 1 項の類推適用が認められた事例（東京地判平成 22・11・29 判例タイムズ 1350 号 212 頁）

弁護士　山田　晴子

I　事案の概要

本件は、A（銀行）のY₁（法人）に対する貸付債権の譲渡を受けたC（法人）から債権の管理回収の委託を受けたX（債権回収株式会社）が、CのY₁に対する訴訟に独立当事者参加し、①Y₁に対しては後記本件貸金契約に基づく債務の履行として、Y₂に対しては連帯保証契約に基づく債務の履行として、Y₄に対しては債務引受又は会社法22条1項の類推適用に基づき、貸金元本7130万円余り及び遅延損害金を支払うこと、②Y₃に対しては、Y₂からの後記本件贈与を取り消し、甲不動産及び乙不動産（以下、「本件不動産」という）につき所有権移転登記の抹消登記手続をすること、を求めた事件である。

1　事案の概要

(1) 平成18年8月4日、Aは、Y₁に対し、1億円を最終返済期限平成21年8月4日として、返済方法を平成18年9月4日から毎月4日限り277万余円分割払い（最終回のみ280万余円）、利率を年2.759％、遅延損害金を年14％、債務の履行を一部でも遅滞したときは、請求により債務全額について期限の利益を喪失するとの約定で貸し付け（本契約を「本件貸金契約」、貸金債務を「本件貸金債務」という）、同日、Y₂（Y₁の代表取締役）は本件貸金債務について、連帯保証することを書面によって約した（「本件連帯保証債務」という）。

(2) 平成19年6月5日、Y₂は、Y₃（Y₂の妻。平成19年7月31日から平成20年8月18日までY₁の取締役）に対し、本件不動産を贈与し（「本件贈与」という）、平成19年6月25日、所有権移転登記手続をした。

(3) 同年7月4日、Y₁は本件貸金債務の分割支払を怠ったため、同年12月19日、Aから債権回収業務の委託を受けたB（債権回収株式会社）は、Y₁に対し、元本及び遅延損害金の支払を催告し、同月25日までに支払われない場合には期限の利益を喪失させる旨通知したが、Y₁は上記期間までに金員の支払をしなかった。

(4) Y₁は資金繰りが厳しくなり、経営陣と株主構成を変えて会社分割を行うこととなり、平成19年6月頃には、デューデリジェンスを行い会社分割（経営陣と株主構成を変える）の下話をしていたところ、平成20年6月19日、Y₁は、飲食事業部門に属する営業を分割して承継させるためY₂を設立した。

(5) 同年9月17日、Aは、X'（原告）に対し、本件貸金債務の残元金及びこれに付帯する一切の債権を譲渡し（債権譲渡基準日：平成20年6月30日）、同日付書面及び平成21年8月7日付書面にてY₁に対しその旨通知をした。

(6) 平成22年7月28日、XはCに対し、本件貸金債権及びこれに付帯する一切の権利を譲渡し、特例法（動産及び債権の譲渡の対抗要件に関する民法の特例等に関する法律）上の登記をした上で、Y₁に対して、同年9月17日、登記事項証明書を交付してその旨通知し、Cは、Xに管理回収業務を委託した。

(7) 平成22年9月21日、Xは、冒頭記載のとおり、Y₁、Y₂、Y₄に対しては、貸金元本7130万円余り及びこれに対するこれに対する債権譲渡の基準日の翌日である平成20年7月1日から支払済みまで年14％の割合による遅延損害金を支払うことを、Y₃に対しては、Y₂からの本件贈与を取り消し、本件不動産につき所有権移転登記

の抹消登記手続をすることを求めて本件訴訟手続に参加した（平成22年9月22日、X'は本件訴訟手続から脱退した）。

2 争点

本件訴訟における争点は、①Y₄は、会社法22条1項に基づく責任を負うか、②Y₄は、Y₁が会社分割を行った際、本件貸金債務を重畳的債務引受により引き受けたか、③Y₂のY₃に対する本件贈与は詐害行為として取り消し得るか、の3点である。

II 判決要旨

請求認容（確定）。

1 争点①及び②について（Y₄に対する請求に関する争点）

「分割会社が経営する事業の名称をその事業主体を表示するものとして用いていた場合において、会社分割に伴いその事業が新設分割設立会社に承継され、新設分割設立会社がその事業の名称を引き続き使用しているときは、新設分割設立会社は、会社分割後遅滞なく債権者に債務引受をしない旨の通知をしたなど免責を認めるべき特段の事情がない限り、会社法22条1項の類推適用により、分割会社が債権者に対して同事業により負担する債務を弁済する責任を負うと解される（最判平成20年6月10日裁判集民事228号195頁）。」
「本件において、Y₄は、Y₁がその事業主体を表示する名称として使用していた「Y₄」を、そのホームページにおいて、その事業主体を表示するものとして用いており、Y₁から事業を承継して従業員等の労働関係もすべて承継していること、Y₄は、会社分割後遅滞なく債権者に債務引受をしない旨の通知をしたなど免責を認めるべき特段の事情の主張立証もされていない（Y₄が主張する、分割計画書の別紙承継権利義務明細表を本店に備え置いたという程度では、免責を認めるべき特段の事情とは到底いえない）から、Y₄とY₁間に会社法22条1項に定める事業の譲渡が存在したことは明らかである。」「したがって、Y₄は、会社法22条1項の類推適用により、Y₁が事業によって生じた債務である本件貸金債務を弁済すべき責任を負う。」

2 争点③について

Y₂とY₃は昭和38年に婚姻して以降、同居して生計を共にしていた夫婦であったこと、本件贈与当時、Y₂は債務超過の状態にあり、根抵当権が設定された甲不動産の隣室のほか、本件不動産以外に目立った資産を有していなかったこと、本件贈与はY₁の会社分割の下話を始めていた時期に行われ、Y₁は、本件贈与の直後である平成19年7月4日の支払期日の本件貸付債務の分割金の支払を怠っていること、Y₂は個人名義によるAからの借入債務の支払が困難になり、本件贈与後の同年12月17日にY₂、Y₃ら家族が生活の本拠としている甲不動産の隣室を売却し、売却代金を上記借入債務の返済に充てていることからすると、本件贈与当時、Y₂及びY₃は、本件贈与が、Y₂の責任財産を減少させ、債権者を害することになることを認識していたものと推認しうべき状況にあり、「Y₂及びY₃が本件贈与がY₂の責任財産を減少させ、債権者を害することになることを知らなかったとの供述は不自然であり採用できないから、……本件贈与は詐害行為に当たる」。

III 分析・検討

1 はじめに

会社分割がなされた場合、分割会社の債権者は分割会社に対して、何ら特約がなければ債務の履行を請求することができる。しかし、分割会社が相当な対価を得ることなく分割された場合や不採算部門だけが分割会社に残った場合等、分割会社に対する債権回収により満足を得ることができない場合に、いかにして分割会社の債権者の保護を図るのかが問題となる。本判決は、会社分割にそもそも異議を述べることのできない分割会社の債権者のうち、分割後も分割会社に対し債務の履行を請求できる債権者であるX'の新設会社Y₄に対する請求につき、会社分割がなされた場合に商号続用をした会社の弁済責任を認めた会社法22条1項が類推適用されることを前提として、商号

続用を認めた上、会社分割後遅滞なく債権者に債務引受をしない旨の通知をしたなど免責を認めるべき特段の事情の主張立証がないとして、X'の新設会社Y₄に対する請求を認めたものであり、本判決の判旨、結論に賛成する。

2 会社分割において債権者はどのように保護されているのか

(1) 会社分割制度における債権者保護の概要
① 会社法における債権者保護

会社分割制度とは、企業の国際的な競争が激化した社会経済情勢下で、金融機関をはじめとする企業が、その経営の効率性を高め、企業統治の実効性を確保するために、企業の柔軟な組織再編成の一環として、平成17年改正前商法下における平成12年改正商法により創設された制度であり（河本一郎・中西敏和編『会社分割に関する質疑応答』別冊商事法務233号1頁）、平成18年に施行された会社法においても、（従前存在した物的分割と人的分割が物的分割のみに整理されたという変更はあるが）会社分割制度は引き継がれている。

会社分割には、吸収分割（会社法2条29号）と新設分割（同条30号）の2種類があるが、いずれの会社分割が行われても、分割会社の権利・義務が相手方の同意なくして、承継会社・新設会社に包括承継（一般承継）されるため、債権者を害するおそれがある。そこで、法は、以下のとおり債権者保護制度を設けている。

② 異議を述べることのできる債権者

まず、異議を述べることのできる債権者は、分割会社の債権者のうち、会社分割後に分割会社に対し債務の履行を請求できなくなる者（同法789条1項2号・810条1項2号）、分割会社が分割対価である株式等を株主に分配する場合における分割会社の債権者（同法789条1項2号・810条1項2号の各括弧書）、承継会社の債権者（同法799条1項2号）に限られる（分割会社の債権者のうち、分割後も分割会社に対し債務の履行を請求できる債権者（承継会社・新設会社に債権債務が引き継がれない分割会社の債権者、承継会社・新設会社に債権債務が引き継がれたとしても、分割会社が債務引受をしたり、連帯保証した場合の分割会社の債権者）は、分割会社が承継会社・設立会社から移転した純資産の額に等しい対価を取得するはずであることを理由として（江頭憲治郎『株式会社法〔第4版〕』845頁）、旧商法と同様に、会社分割につき異議を述べることができない）。

③ 異議を述べることができる債権者に対する公告の方法

次に、上記①の債権者が存在する場合に、会社は公告をする必要があるが、会社が、債権者が一定の期間内に会社分割について異議を述べることができる旨を官報公告に加えて、定款所定の日刊新聞紙への公告又は電子公告を行った場合には、不法行為債権者以外の債権者に対する個別催告は要しない（同法789条2項・799条2項・810条2項）。この点は、平成17年改正前商法下平成12年改正商法において、株主総会の承認決議の日から2週間以内に、上記の分割に異議のある債権者は1か月以上の一定の期間内に申し出るように公告し、「知レタル債権者」には各別に催告しなければならない（旧商法374条ノ4第1項本文・2項、374条ノ20第1項本文・2項）とされていた公告の方法を、平成16年商法改正により、会社が官報公告に加えて、定款所定の日刊新聞紙への公告又は電子公告を行った場合には、不法行為債権者以外の債権者に対する個別催告は要しないとの改正（平成16年改正商法374条ノ4第1項）を引き継ぐものである。

この改正により、分割会社は日刊新聞紙又は電子公告により公告をすれば、不法行為債務を除く偶発債務の連帯責任を免れることができるようになり、会社分割の当事会社によるリスク管理が容易となった。その反面、債権者異議手続の実効性は弱まったといえる（岩原紳作ほか編『会社法コンメンタール17—組織変更、合併、会社分割、株式交換等(1)』249頁）。

④ 「債務の履行の見込み」に関する事項を記載した書面の備置き

会社分割の当事会社は、「債務の履行の見込み」に関する事項を記載した書面を備え置く義務があり（会社法782条1項、会社法施行規則183条6号、会社法794条1項、会社法施行規則192条7号、会社法803条1項、会社法施行規則205条7号）、債権者は同書面を閲覧することができる。確かに、「債務の履行の見込み」について客観的合理性を担保

された理由が記載されていれば、（中西敏和「企業組織再編の手法とその対応〔下〕」（商事法務 1627 号 52 頁）では、同書面について「双方の債権者が分割後も債権の満足が得られることを担保した書面でもある」と述べている）同書面は、会社分割に対し異議を述べるかどうかを決するにあたり参考にでき、債権者の保護に資するといえる。しかし、現実には、同書面を閲覧しても会社分割に異議を述べることができない債権者も存在することから、債権者保護としてはなお不十分である（会社法下では、平成 17 年改正前商法下とは異なり、債務の履行の見込みが会社分割の効力要件ではなくなった。他方、債務の履行の見込みがないことを会社分割の無効事由とする見解においても、「会社分割の無効事由と解しても、無効の訴えの提起権限が当該会社分割について承認をしなかった債権者にしかないので、当該会社分割に異議を述べることができない債権者の救済には必ずしもならないという問題はある（論点解説 674 頁参照）。」と考えられている（江頭・前掲 841 頁））。

⑤　小　括

このように、旧商法、会社法を通じて、分割会社の債権者のうち、分割後も分割会社に対し債務の履行を請求できる債権者は、会社分割にそもそも異議を述べることができず、また、会社分割が官報及び日刊新聞紙または電子公告により公告されたとしても、債権者は公告の事実を知らず異議を述べる機会を逸し、債権者の知らないうちに会社分割が行われる可能性が存することになる。

(2)　**会社分割における債権者の救済方法**

それでは、異議を述べることができない債権者や異議を述べる機会を逸した債権者はいかなる方法で保護されるのか。

①　会社法上用意されている方法について

会社分割無効の訴えを提起する方法（会社法 828 条 1 項 9 号・10 号）は、同訴えの判決は対世効を有するため、法的安定性に資するものの、分割手続に瑕疵がある場合にのみ無効原因が認められ、また、「分割について承認をしなかった債権者」（同項 9 号・10 号。債権者の異議手続において異議を述べた債権者のほか、必要な各別の催告を受けなかった者（江頭・前掲 857 頁））等の法定の提訴権者のみが、分割の効力が生じた日から 6 か月以内に（同項 9 号）訴えを提起しなければならず、債権者の保護としては十分でない（この点につき、異議を述べることができなかった債権者は、その文理解釈及び、「承認をしなかった債権者」とは異議を述べることができた債権者を意味することから、原告適格を有さず、会社分割無効の訴えを提起することはできないとされている。東京高判平成 23・1・26 本誌 1363 号 30 頁）。特に、会社分割においては、会社のうち不採算部門を分離して、他の部門を生き残らせる手段として行われることが多くあり、このような濫用的会社分割がなされた場合に分割会社の債権者等が債権回収を図る方法が必要となる。

②　裁判例上認められた方法について

会社法施行後の裁判例においては、債権者（や破産管財人）がとるべき手段としては、ⅰ）会社分割につき詐害行為取消権を行使する方法（大阪高判平成 21・12・22 金融法務事情 1916 号 108 頁、東京高判平成 22・10・7 本誌 1255 号 42 頁、名古屋地判平成 23・7・22 判例時報 2136 号 70 頁。なお、会社法の立法過程において、分割対価が分割により移転する権利義務の価値に比べて不当に低い場合など、分割会社の残存債権者を害するおそれがあるときは、当該債権者の保護は、詐害行為取消権など民法の原則によることとなるとの考えが示されていた（相澤哲編著『立案担当者による新・会社法の解説』別冊商事法務 295 号 202 頁））、ⅱ）否認権を行使する方法（福岡地判平成 21・11・27 金融法務事情 1911 号 84 頁、福岡地判平成 22・9・30 判例タイムズ 1341 号 200 頁）、ⅲ）会社法 22 条の類推適用、ⅳ）法人格否認の法理（福岡地判平成 22・1・14 金融・商事判例 1364 号 42 頁）、ⅴ）民事再生手続、会社更生手続の債権者申立（「濫用的会社分割の当事会社に対する会社更生手続の債権者申立ての検討」金融法務事情 1915 号 74 頁、鹿子木康「事業承継スキームの光と影〜濫用的会社分割を考える」事業再生と債権管理 132 号 24 頁）により、分割会社の債権者等が債権回収できる場合があることを認めている。

3　会社分割と会社法 22 条 1 項の類推適用に関する学説、判例・裁判例

(1)　**問題の所在と学説**

本裁判例は、会社分割に異議を述べることができない分割会社（Y₁）の債権者が会社法 22 条 1 項に基づき新設会社に対する債権を行使した事件

である。

会社法22条1項は、事業譲渡における商号続用譲受会社の弁済責任を規定しているが、会社分割が行われ、商号続用した場合の承継会社・新設会社の弁済責任については、会社法上規定はない。そこで、会社分割がなされた場合にも会社法22条1項を類推適用できるかが問題となる。そもそも組織行為である会社分割にも取引行為である事業譲渡における商号続用譲受会社の弁済責任を規定する会社法22条1項を適用することが可能なのか、それが肯定されたとして、類推適用の要件は何かが問題となる。

① 会社分割と22条1項
イ 否定説の論拠とその検討

会社分割の場合に会社法22条1項の類推適用を否定する理由は、会社分割には事業譲渡には存在しない債権者保護手続が法定されていることが挙げられる。即ち、会社分割には、上述のとおり、別途公告又は通知を必要とする債権者保護手続が定められ、分割があったことや分割契約・分割計画の事前・事後開示が行われる（会社法782条・791条・794条・801条・803条・811条・923条・924条等）。したがって、仮に吸収分割承継会社・新設分割設立会社が分割会社の商号を続用する場合でも、本条は原則的に類推適用されないと解するとする（岩原紳作ほか編『会社法コンメンタール1―総則／設立〔1〕』218頁）。

また、本条1項は免責の登記とセットで譲受人と譲渡人の事業上の債権者との利益の調整を図っているのだから免責の登記の制度がない会社分割の場合には類推適用は慎重であるべきとする（弥永真生「判批」ジュリスト1360号85頁参照）。

まず、前者に対しては、分割があったことや分割契約・分割計画の事前・事後開示が行われたとしても、その閲覧は本店にて行うことから、全ての債権者に対して、事前・事後の閲覧を期待することはできないし、全ての債権者に対して会社分割に対して異議を述べる機会が与えられるわけではない。そもそも分割会社の残存債権者にはそのような保護手続が存在しないことは、上記2で述べたとおりである。

また、後者に対しては、免責の登記以外にも免責通知の方法も本条2項には規定されているし、登記よりも通知の方が債権者にとっては明瞭であるから、会社分割の場合に類推適用は慎重であるとする必要はないだろう（なお、後述の最判①以降、登記実務においては、A株式会社がB株式会社を設立する新設分割をした場合において、B株式会社に係る新設分割による設立の登記とともに、B株式会社についてA株式会社の債務を弁済する責任を負わない旨の登記の申請があった場合は、これを受理する運用がなされている（元芳哲郎・豊田愛美「会社分割と会社法22条1項類推適用」判例タイムズ1369号57頁）ため、現時点では、会社分割においても、新設会社と分割会社の事業上の債権者との利益の調整は図られているとも考える）。

ロ 肯定説の論拠

商号あるいは屋号等の続用を信じた分割会社における残存債権者を保護する必要性は高く、また、事業譲渡と会社分割は、いずれも事業を単位として権利義務が承継される点では変わりはない。したがって、会社分割に対しても会社法22条1項類推適用は認められるべきである。

この点につき、判例・裁判例も会社分割への会社法22条1項類推適用を肯定している。

② 会社法22条1項類推適用の要件について
イ 会社法22条1項が類推適用される場合、判例・裁判例は、以下で述べるとおり、全く同一の商号を続用した場合や事業譲渡がなされた場合に限られるものではなく柔軟に解している。

すなわち、取引通念上、従前の商号と同一の商号を継続使用していたとみられる場合（東京地判昭和34・8・5下民集10巻8号1634頁、東京地判昭和45・6・30判例時報610号83頁、東京地判昭和55・4・14判例時報977号107頁、大阪地判昭和57・9・24本誌665号49頁、大阪地判昭和46・3・5判例タイムズ265号256頁等）や、商号以外の事情を考慮して商号続用を認めた場合（札幌地判昭和45・12・25判例時報631号92頁、東京地判昭和42・7・12下民集18巻7・8号814頁等）、「商号」以外を続用した場合にも認められる（東京地判平成12・9・29本誌1131号57頁）。近年ではゴルフ場の名称を続用する場合にも、「預託金会員制のゴルフクラブの名称がゴルフ場の営業主体を表示するものとして用いられている場合において、ゴルフ場の営業の譲渡がされ、譲渡人が用いていた

ゴルフクラブの名称を譲受人が継続して使用しているときには……譲受人は、特段の事情がない限り、商法26条1項の類推適用により、会員が譲渡人に交付した預託金の返還義務を負うものと解するのが相当である。」と判示し、本条項の類推適用を認めている判例もある（最判平成16・2・20民集58巻2号367頁。以下、「平成16年最判」という）。このように、会社法22条1項の適用場面は、「商号」そのものから、債権者の信頼を考慮して、その対象へと広がっているといえる。

また、「事業譲渡」以外の場合にも、裁判例により本条項の適用場面は広げられている（事業の現物出資（最判昭和47・3・2民集26巻2号183頁）、事業の賃貸借（東京高判平成13・10・1判例時報1772号139頁、東京地判平成16・4・14判例時報1867号133頁）、経営委任（東京高判平成14・9・26判例時報1807号149頁）に本条項が類推適用された例がある。以上につき、岩原ほか編・前掲213頁）。

以上の判例・裁判例による会社法22条1項（旧商法26条1項）の適用場面の拡大は、本条項の趣旨が、商号続用の場合には、事業の主体が依然として譲渡会社であるかのような外観、あるいは債務が譲受会社に移転したような外観があることから、その外観を信頼した債権者を保護するとの外観信頼保護にあるとする通説的見解（最判昭和47・3・2民集26巻2号183頁、平成16年最判等）とも整合し、本条項が経営再建という大義名分の下、事業譲渡等が会社のうち不採算部門を分離して、他の部門を生き残らせる手段として行われることが多い現実において、事業譲渡先に責任を負わせる手法として妥当であると考える。

ロ　次に、会社法22条2項は、同条1項の適用が除外される場合として、ⅰ）遅滞なく、譲受会社がその本店の所在地において譲渡会社の債務を弁済する責任を負わない旨を登記した場合、ⅱ）事業を譲り受けた後、遅滞なく、譲受会社及び譲渡会社から第三者に対しその旨の通知をした場合の第三者、を規定している。これは、上述の同条同項の趣旨につき通説的見解からすれば、債務を譲受会社に移転しない旨を債権者に知らせることによって債権者の誤信を解くことになることが理由とされる（前掲・岩原ほか編『会社法コンメンタール1』216頁）。

会社法22条1項が会社分割に適用された場合において、債務を新設会社に移転しない旨を債権者に知らせることによって債権者の誤信を解くことになった場合には、免責を認める必要性が極めて高いが、逆に、債権者が債務の移転を信じるに足りる程度の通知が債権者になされれば、依然として債権者は外観を信頼しているのであるから、免責を認めるべきではない。すなわち、ここでは、債権者を保護すべき事情の有無が何よりも重要視されると考えられる（なお、宇都宮地判平成22・3・15判例タイムズ1324号231頁は、22条1項の適用には、文理解釈から、債権者の善意・悪意を問題にしないとするが、本条項の趣旨が外観信頼法理にあることから、やはり悪意の債権者は保護すべきではない）。

(2) 判例・裁判例の紹介
① 最高裁平成20年6月10日（本誌1302号46頁、以下、「最判①」という）

預託金会員制のゴルフクラブの会員である原告が、ゴルフ場を経営していた会社の会社分割により当該ゴルフ場の事業を承継した被告に対し、被告が従前のゴルフクラブの名称を引き続き使用していることから、会社法22条1項が類推適用されるとして、預託金の返還を求めた事件である。

最高裁は、会社分割に伴い、ゴルフ場の事業が他の会社又は設立会社に承継される場合、法律行為によって事業の全部又は一部が別の権利義務の主体に承継されるという点においては、事業の譲渡と異なるところはないことを理由に、上掲最高裁平成16年2月20日判決を引用し、この理は、「ゴルフ場が譲渡された場合だけではなく、会社分割に伴いゴルフ場の事業が他の会社又は設立会社に承継された場合にも妥当する。」とし、特段の事情のない限り、会社法22条の類推適用により預託金の返還義務を負うことを認め、特段の事情の有無については、本件会社分割後に分割会社及び設立会社からクラブの会員に対して送付された書面の内容からは、債務を引き継がないことを明らかにしたものと解することができず、特段の事情はないと判示した。

② 東京地裁平成22年7月9日判決（判例時報2086号144頁、以下、「裁判例②」という）

原告が、被告分割会社（株式会社ユニ・ピーアー

ル）との間のフランチャイズ契約に伴い、クレープ店「クレープハウス・ユニあきる野とうきゅう店」（本件店舗）の開店費用を金融業者から借り入れた後、被告分割会社に本件店舗を譲渡したことに伴い、金融業者に対する分割返済金を被告分割会社が償還する旨合意したとして、被告分割会社に対しては合意に基づき、会社分割により事業を譲り受けた被告新設会社（クレープハウス・ユニ）に対して会社法22条1項の類推適用等に基づき、金融業者に対する分割返済金及び遅延損害金の支払を求めた事件である。裁判所は、最判①を引用し、本件店舗の開店から閉店に至る具体的経緯、被告分割会社の飲食事業部門に関する営業の新設会社への承継という会社分割の目的、本件店舗に関する事業自体を新設会社が承継したと認定した。また、商号続用については、店舗名が会社分割の前後を通じて使用されてきたこと、店舗名と分割会社、新設会社の各商号との類似性、本件店舗を被告新設会社チェーンのチェーン店として紹介した新設会社のホームページ上の記載、代表取締役の同一性等の具体的事情を考慮し、店舗の名称を事業主体を表示するものとして用い、被告新設会社がこれを続用したことを認め、そして、被告新設会社が会社分割後遅滞なく債権者に債務引受をしない旨通知したなど、被告新設会社の責任を免除すべき特段の事情の主張立証はないとし、特段の事情について否定した。

③ 大阪地裁平成22年10月4日判決（金融法務事情1920号118頁、以下、「裁判例③」という）

Xは、株式会社Y（旧Y。分割会社）に対して600万円を貸し付け、その後旧Yは、会社分割により、旧商号と同一の商号の株式会社Y（新設会社）を設立したが、上記貸付に基づく債権は新設会社に引き継がれなかったことから、Xが新設会社に対して、会社法22条1項の適用又は類推適用、法人格否認の法理により上記貸付金の支払を求めた事件である。裁判所は、分割会社の代表取締役と税理士は、会社分割を実行する旨をXら取引金融機関に対し説明した際に、新設会社が事業を承継するが債務は引き継がない旨を説明し、また、会社分割実行後に税理士から会社分割を実行した旨の説明を受け、分割計画書等の資料の送付も受けていることから、Xにおいて、同一の営業主体による営業が継続している、あるいは、譲受会社により債務又は履行の引受がされたと信頼したと認めるには足りないとして、会社法22条1項の類推適用は認められないと判示した（なお、法人格否認の法理の適用も否定した）。

④ 東京地裁平成21年7月1日判決（公刊集には未登載であるが、判例タイムズ1369号51頁以降に記載がある）

金融機関に対して求償債務を負っていた旧会社が新会社との間で、当該債務が承継の対象外とする吸収分割契約を締結し、金融機関にそれを明記した「経営改善計画書」を送付した後吸収分割を行った後吸収分割を行い、金融機関から当該求償債権の譲渡を受けたXが新会社に対し債務の弁済を求めた事案である。裁判所は、最判平成16年を引用し、吸収分割契約書に挙げられた承継しない債務の1つとして当該債務が挙げられており、旧会社はこれを含む事前備置書類を一定期間本店に備え置き、債権者の閲覧に供したこと、新旧会社は連名で上記計画書を作成し、同計画書には当該債務は承継対象外であり、従来どおり旧会社が対応する旨の記載があること、当該金融機関が会社分割後にXに当該求償債権を譲渡した際、債権譲渡通知書を旧会社のみにしか送付していないことを認定した上で、これらの認定事実は、同金融機関において、本件吸収分割の前後を通じて事業主体の交替がないと信じたり、事業主体が旧会社から新会社に変わったが、新会社による本件求償債務の引受があったと信じたりするはずのない事情に当たる事実であるとして、会社法22条1項の類推適用を認めなかった（商号続用については言及なし）。

⑤ 東京高裁平成21年11月18日判決（④の控訴審。公刊集には未登載であるが、判例タイムズ1369号52頁以降に記載がある）

裁判所は、最判①の引用を追加し、原審の内容に、控訴人（X）が譲り受けた債権の債権者たる当該金融機関は、旧会社の総額1億円の社債を引き受けると同時に、旧会社が社債権者に対して負担する元金及び利息の支払債務を保証していたのであるから、会社分割の際の備置書類を閲覧することは当然に期待できたということができると付け加え、経営改善計画書には、本件吸収分割の詳

細が記載されており、当該金融機関が本件債務の引き受けがされたと信じるとはいえない事情があったというべきであると変更し、会社法22条1項の類推適用を否定すべき特段の事情に当たる事実が存在すると判示した。

4 本判決の検討

(1) 会社分割に対する会社法22条1項の類推適用の可否

最判①は、商号の続用又は事業を表す名称の続用があり、そして、免責を認めるべき特段の事情がないことが主張立証された場合には会社法22条1項の類推適用により、分割会社が債権者に対して同事業により負担する債務を弁済する責任を負うと判示し、会社分割に対し会社法22条1項を類推適用する際の要件を明示した判例であるが、上述したとおり、類推適用を否定する考えは論拠に乏しいことから本結論には賛成である。その後の裁判例②、③、⑤、本裁判例では、最判①が示した要件へ事案の事実を適用し、会社法22条1項の類推適用により新設分割設立会社が弁済責任を負うか否かを判断しており、最判①は会社分割に会社法22条1項の類推適用される要件を明示したというリーディングケースである点で画期的である。

(2) 商号等の続用について

① それでは、最判①で認められた会社法22条1項が類推適用される要件の1つである、商号等の続用については、各判例・裁判例はどのように判断しているのか。

この点については、会社分割の場合も、事業譲渡の場合も、商号続用の有無の判断が異なるわけではないことから、上記3(1)②のとおり商号続用についての判例・裁判例と同様に、続用する商号については全く同一の商号を続用した場合に限られるものではないと考えることができる。

最判①は、事業主体を表示するものとして用いられていたゴルフクラブの名称が事業を承継した会社によって引き続き使用されている。また、裁判例②では、本件店舗が分割会社及び新設会社の直営店であり、一貫して「クレープハウス・ユニあきる野とうきゅう店」の名称で営業していたこと、新設会社はＨＰ上で本件店舗をクレープハウス・ユニチェーンのチェーン店として広告していること、分割会社の商号と本件店舗の名称と新設会社の商号が類似していること、分割会社と新設会社の代表取締役が同一であること、分割会社と新設会社の実質的連続性を強調するＨＰ上の記載等から、店舗の名称をその事業主体を表示するものとして用い、新設会社がこれを続用したと認めた。他方、裁判例⑤は、商号の類似性がなく、会社分割の効力が発生した時点で、代表者、本店所在地も異なっていることから会社法22条1項を類推適用する要件を欠くと判示した。この場合の債権者の信頼の対象は、裁判例②では「クレープハウス・ユニあきる野とうきゅう店」という事業主体であり、22条1項類推適用を認めた点は妥当であるし、裁判例⑤のような事情の下では、債権者は、新旧会社が別々の会社であるとの信頼をするであろうから、このような判示は妥当である。以上の裁判例は、これまでの判例・裁判例と同様に、続用する商号については全く同一の商号を続用した場合に限られるものではないとの流れに沿うものである。

② 本判決についていえば、本判決は、分割会社と新設会社が「Ａ」という名称をＨＰ上においてその事業主体を表示するものとして用いていること、新設会社は分割会社から従業員等の労働関係も全て承継していることから、事業主体を表す名称を続用したとした。本判決は、従業員等の労働関係も全て引き継いでいれば、新旧会社が同一であるとの外観を有しているものと考えるのが自然であり、「Ａ」という事業主体である（と思われる）ことから、22条1項類推適用を認めた点は妥当である。そして、本判決も、これまでの判例・裁判例と同様に、続用する商号については全く同一の商号を続用した場合に限られるものではないとの流れに沿うものであるといえよう。

(3) 免責を認めるべき特段の事情について

① 商号続用が認められたとしても、免責を認めるべき特段の事情が主張立証された場合には、新設会社は債務を引き継がないことは、最判①が判示したとおりである。

上述した債権者を保護すべき事情の有無という観点から、判例・裁判例を概観すると、特段の事情の存在を否定した最判①は、会社分割によりゴ

ルフ場を経営する会社として設立されたこと、会員権を株式に転換することを依頼する内容の書面を送付したことだけでは、債務を引き継がないことを明らかにしたものではないとしているが、債務を引き継がないことを債権者に分かりやすく記載された書面等がないと、上記のような書面の送付だけでは債務を引き継がないという債権者の誤解を解くことは困難であり、債権者保護の観点からは最判①の結論は妥当である。そして、裁判例②は、分割計画書の閲覧が可能であることは、一般債権者が閲覧しても承継の範囲を容易に理解できないため、これにより免責を認めるべき特段の事情はないとしたが、これも、債権者に分割計画書の閲覧することが期待し得ないこと、閲覧しても内容を理解することは極めて困難であることから、債権者保護の観点からはこれらの結論も妥当である。

他方、裁判例③は、新設会社が事業を承継するが債務は引き継がないことを説明し、また、会社分割実行後に税理士から会社分割を実行した旨の説明を受け、分割計画書等の資料の送付も受けていることから、Xにおいて、同一の営業主体による営業が継続している、あるいは、譲受会社により債務又は履行の引受がされたと信頼したと認めるには足りないとし、「特段の事情」という文言はないものの、債権者を保護すべき事情の有無という観点からすれば、債務を引き継がないことについて悪意であるXが保護されないことは妥当である。

また、裁判例④及び⑤は、特段の事情があると判断された裁判例であるが、両裁判例は、当該金融機関に新旧会社連名で当該債務は承継対象外であり、従来どおり旧会社が対応する旨記した「経営改善計画書」を送付している点が債権者を保護すべき事情がないとした最大のポイントであると考えられる。事前備置書類を一定期間本店に備え置き、債権者の閲覧に供したことは、上述のとおり、いくら銀行であっても、閲覧することを期待し得ないのではないかと考えられるからである。

② 以上より、会社分割が行われた場合、会社分割後遅滞なく、残存債権者に対し、新設会社が分割会社の事業は承継するが、残存債権者の債務は承継していないことを説明すれば、新設会社は残存債権者の債務弁済をする必要はない。債務を承継しない旨の告知は、遅滞なく行われる必要があるが、書面の送付、説明会の開催等積極的な方法によるべきだろう。そして、書面の記載内容としては、一般人が理解できるような説明を記載することが求められる。これにより、残存債権者が新設会社に債務引受があったと信じることのない事情（特段の事情）が存すると考えることができる。

本判決が本店に分割計画書を備え置き、同書面の閲覧が可能であるとしたとしても、それは事実上の可能性に過ぎないのであり、残存債権者にこれを期待することはできない。残存債権者が債務を承継したと信ずるのがむしろ通常であろう。本判決においては、「分割計画書の別紙承継権利義務明細表を本店に備え置いたという程度では、免責を認めるべき特段の事情とは到底いえない」とし、会社分割後遅滞なく債権者に債務引受をしない旨の通知をしたなど免責を認めるべき特段の事情の存在を否定したことは、債権者を保護すべき事情の有無は、会社が積極的に債権者に債務承継への誤解を解くよう働きかけ、その具体的事情が主張立証されないと、裁判所は免責を認めるべき特段の事情の存在を認めないというメッセージのようにも考えることができる。

5　終わりに

本判決は、最判①が判示した会社分割へ会社法22条1項類推適用される場合の要件を確認し、本判決の事案においては、本条項の類推適用を肯定した1つの事例を提供したものであり、その点に意義がある。

もっとも、以上で検討したとおり、分割会社の残存債権者が会社法22条1項に基づき新設会社に対し、弁済責任を求めた場合であっても、最判①やそれに続く本判例を含む裁判例において、特段の事情の内容が具体的に示されている現状下においては、商号を続用した場合であっても、債務を引き継がないという債権者の誤解を解く程度の説明等が債権者に行われ、裁判の場において免責を認めるべき特段の事情を主張立証し、新設会社は免責されてしまうことから、残存債権者にとっ

て、新設会社に対し、会社法22条1項の類推適用を根拠に責任を追及することは、効果的とはいえないとも思える（難波孝一「会社分割の濫用をめぐる諸問題」判例タイムズ1337号30頁も同旨）。また、新設会社は、免責登記をすることによっても債務を免れることができ、会社法22条1項類推適用により分割会社の残存債権者が保護される場合というのは極めて少なくなるのではないかと推察される。

　したがって、分割会社の残存債権者としては、会社法22条1項以外の方法、すなわち、会社分割につき詐害行為取消権を行使する方法、否認権を行使する方法、法人格否認の法理、民事再生手続、会社更生手続の債権者申立により、債権回収を図る方が現実的といえるのではないだろうか（なお、「会社法制の見直しに関する中間試案」においては、詐害的な会社分割において、残存債権者が承継会社等に対して、承継した財産の価額を限度として、当該債務の履行を請求することができる条項が検討されている。同条項が新設されたとしても、残存債権者を保護するための方法を1つに限定する必要もないので、残存債権者を救済する他の方法は今後もとられるべきである）。

10 新設分割において、新設会社は法人格否認の法理により分割会社と同様の責任を負うとされた事例（福岡地判平成22・1・14本誌1364号42頁）

弁護士 村岡 賢太郎

I 事案の概要

1 事案の概要

Z銀行から債権譲渡を受けたXが、Y1（会社分割以前、「A」、「B」等の屋号で6店舗のパチンコ店を経営）に対し、金銭消費貸借契約に基づき、Y2（Y1の代表取締役でY6の父親）、Y3及びY4に対し、連帯保証契約に基づき残債務の一部の支払を求めるとともに、Y1が会社分割して設立されたY5（会社分割以後、「A」及び「B」の2店舗（「P2店舗」）を経営）に対し、主位的には法人格否認による契約責任に基づき、予備的には不法行為又は詐害行為取消権に基づき、また、Y6（Y5の代表取締役）に対し、不法行為に基づきY1らと同様の金員の支払等を求めた。

2 時系列

(1) 平成17年3月31日、Z銀行は、Y1に対し、40億9667万2000円を貸し付けた（「本件貸金」）。最終弁済期は、平成18年3月31日（後に平成19年3月31日に変更）である。

(2) 平成19年3月28日、Z銀行は、Xに対し、本件貸金及び本件連帯保証に基づく債権を譲渡した（「本件債権譲渡」）。

(3) 同月29日、両関係者が面談し、両者は、採算性のあるP2店舗を切り離し、P2店舗のみの営業継続を検討。

(4) 同年4月9日、両関係者が面談。Y1は、返済計画書や月次資金予想表等を提供した。Xは、資金調達・返済実績に関する資料の提出を依頼し、会社分割や営業譲渡の方法を検討するよう促した。

(5) 同月24日、両関係者が面談。Y1は、民事再生等の法的手続を回避したい意向を示した。X側は、資料の準備を求め、吸収型会社分割スキームを提示し、Y1で検討することになった。

(6) 同年5月10日、両関係者が面談。Y1は、新設分割を提案。分割承継資産及び負債並びに承継資産等の評価や分別の必要性を協議し、X側は、新設会社の想定貸借対照表作成に必要な分割承継する資産及び負債の内容を明らかにするよう求め、Y1も準備する旨応じた。Xは、会社分割により適正債務を新設会社に移転し、新設会社が、適正債務分のリファイナンスを受けることによって、本件貸金債務を弁済するスキームを念頭に置いていた。

(7) 同月16日、Y1は、P2店舗の資産及び負債一覧表を送付。同月29日、同年6月5日、同月20日にも面談等協議。両者では、P2店舗を切り離した新設分割が検討されており、Xは、新設会社の想定貸借対照表の作成を繰り返し求めた。

(8) 同年7月4日、両関係者が面談。Xは、想定貸借対照表の提出を改めて求めたところ、Y1は、今週か来週には提出できる旨回答。また、X側は、スポンサーをみつけて債権譲渡する方法に言及し、譲渡額として10億円を口にした。

(9) 同月30日、両関係者が面談。Y1のスポンサー候補のK社長が一括譲受金額4億円を提示したものの提示額が低額であり、具体的協議は進まなかった。K社長から、実態貸借対照表と損益計算書が示されたものの、X側は、新設分割スキームを検討するには分割会社と新設会社の債務の振り分けを検討することが不可欠として、想定貸借対照表の提出を改めて求めた。Y2は、検討する旨回答。

⑽　同年9月10日、両関係者が面談。X側は、会社分割に賛同し、新設会社がどれだけY_1の負債を承継するかが関心事である旨述べた。このときY_1が示した書面には、「分割後に重畳的債務引受並びに債務免除の三者契約」との記載があったが、具体的な方法は、協議されなかった。X側は、被告ら会社側の負担総額が15億円であれば検討する旨提案したが、Y_1は、担保不動産の評価鑑定を実施する必要があるとして協議は進まなかった。Xは、被告ら会社の債務負担額について検討の上、提案があるものと認識。

⑾　同月27日、Y_1は、会社分割計画書を作成してX側に秘匿して、会社分割手続を開始（「本件会社分割」）。

①　分割方法……新設分割
②　新設会社に承継させる店舗……P2店舗で行う遊技場事業及び同店舗における遊技場事業に付帯関連する事業一切
③　新会社の定款……株式譲渡制限の記載あり
④　新会社が分割に際し発行する株式の種類、数及び株式の割当に関する事項……普通株10株、全部をY_1に割当
⑤　新会社の資本金及び準備金の額……ゼロ
⑥　Y_5の承継債務として、Y_1の営業上の債務は含まれていたが、Xを債権者とする本件貸金債務を含むY_1の債務は全て対象外

⑿　同年10月2日、Xは、Y_2に架電し、検討状況を確認したが、会社分割の希望が述べられたのみ。Y_1の弁護士は、同日付けの受任通知書により債務処理を受任したこと、債務処理スキームの構築のために不動産の鑑定を実施中であり、鑑定額が確定次第、連絡することを知らせたが、会社分割に関しては言及がなかった。

⒀　同月10日、Y_1からメール。不動産鑑定書の作成には時間を要する旨の記載があったが、承継債務額や本件会社分割に関する言及はなかった。

⒁　同月18日、本件会社分割の実行。Y_1は、取得したY_5株式10株を、Y_6に10円で譲渡し（本件株式譲渡）、確定日付を取得。Y_1は、本件株式譲渡の事実及び株式の帰属先を本件訴訟後の平成20年7月まで、明らかにしなかった。

Y_1は、承継される固定資産を時価額により評価。また、Y_5の会社分割承継資産負債明細書には、P2店舗ののれんに関する記載はない。

⒂　同月19日、Xは、メールにより分割計画書案の提示を求めるなどした。Y_1側は、電話やメールで、本件会社分割の事実を知らせなかった。

⒃　同月22日、Xは、Y_1から、分割計画書等を受領し、Xに対する債務が一切承継されないこと、承継会社がY_5で、代表者がY_6であることを知った。X側は、同日、本件会社分割について尋ねたが、Y_1は、Xが保護手続の対象外債権者であると説明し、他方、Y_5も重畳的に債務引受する考えを述べた。

⒄　同月24日、Y_5は、株式100株を発行して、すべてY_6に割り当てることとし、Y_6が出資の上、資本金を100万円に変更（本件増資）。被告ら会社は、増資について、その後のX側との面談等でも知らせなかった。

3　争点

Y_5の契約責任の成否（法人格否認又は信義則違反）が争点であり、Xは、Y_1がXとの協議中、何らの連絡なく本件会社分割、本件株式譲渡をするなどした一連の対応については、Y_5の法人格を利用して、P2店舗の経営を維持する一方、本件貸金債務の履行を免れ回避するとの不当な目的に基づくものであり、Y_5は法人格否認又は信義則違反により、Y_1と同様の責任を免れないと主張した。

II　判決要旨

一部認容。

1　結論

XのY_1乃至Y_4に対する請求はすべて理由があり、Y_5に対する請求は主位的請求において理由があるからこれらをいずれも認容し、Y_6に対する請求は理由がないからこれを棄却するとした。なお、Y_5に対する請求のうち、予備的請求については、主位的請求が認められないことを停止条件とする主張と解され、また、予備的請求で認容可能な範囲は、契約責任に基づく請求で認容

した範囲を超えるものではなく判断を要しないとして判断していない。

2 判決要旨

(1) 信義則上の義務

「会社法の規定からして、本件会社分割の実行に当たり……原告の事前の同意や保護手続を要しない……から……被告Y₁について、債権者である原告に対して一般的な事前の告知義務や説明義務があったと解することはできないが、本件では、それ以前の原告と被告Y₁との交渉の過程で、被告Y₁は、自らの事業再生について原告に協力を求め、事業再編スキームの設計、実行に当たり、原告と連携して進めるとの信頼を与えるような言動をとり、かつ会社分割スキームについて相当程度にわたって、原告と検討・準備を進めていたのであるから、そのような密接な協議関係にいったん入った以上、被告Y₁としては、原告の利益や期待を著しく損なうことのないよう合理的な配慮をする信義則上の義務を負担するものというべきである。」

(2) 信義則上の義務違反

「被告Y₁は……協議進行中の段階で、本件会社分割を先行して実行し……その事実を原告側に積極的に明らかにしなかったのみならず……被告Y₅株式を、本件会社分割と同日中に被告Y₆に著しく低廉な価格で譲渡し（本件会社譲渡）、かつ、本件会社分割の6日後には、被告Y₅について資本金100万円に増資して株式100株を新たに発行し、本件会社分割の対価である当初株式10株の割合を低下させた行為（本件増資）については、被告Y₁から財産を積極的に逸出させ、かつ、その逸出した財産の価値を更に低下させようとするものということができ、……X側の利益を著しく損なう行為といわなければならない。

そうすると、本件の被告Y₁の対応は、いったん原告との間で交渉を開始し、自らの事業再生に協力を求めて、互いの協議・検討関係を継続していたのであるから、本件会社分割を先行して実行したこと自体、それまでの原告との協議、交渉の過程を反故にするものといえるのみならず、本件会社分割と一連一体のものとして、本件株式譲渡及び本件増資を連続して行ったことは、原告の利益を著しく損なう結果を招いたもので、被告Y₁にもその点の認識は十分にあったと考えられ、これら被告Y₁の対応は、上記信義則上の義務に反するものといわなければならない。とりわけ……原告の経済的利益を本来的には害するはずのない新設会社分割の方法をとりながら、それと一体のものとして株式譲渡と増資手続をすることにより、被告Y₁の財産を不当に逸出する結果を招くことは許容し難いものであり、そのような手法は、原告との関係では、会社分割制度を濫用的に用いたものと評価せざるを得ない。」

(3) 法人格否認の法理

「本件会社分割後の状況として、被告Y₁は事実上倒産状態に……ある……一方、被告Y₅は、……P2店舗に関する資産と営業債務のみを承継し、……金融負債は法的に一切負担していない状態にあると認められる。

その上で、上記の判断に照らすと、被告ら会社は、本件会社分割を奇貨として、本件株式譲渡と本件増資を一体的に実行し、原告の把握していた被告Y₁の責任財産……を逸出させるとともに、P2店舗の事業価値について本件貸金債務の負担なく被告Y₅に移転させたということができるものであり、このような場合に、被告Y₅に、被告Y₁とは別の法人格であることを認めて免責を認めることは、著しく信義に反し、衡平を害するものといわなければならない。すなわち、本件会社分割では、原告に対する債権者保護手続を要せず、その分割手続自体に違法があったということはできないものの、本件会社分割では、通常想定される分割手続のみならず、その後に本件株式譲渡と本件増資が一連一体のものとして行われ、それが原告の利益を著しく害し、原告との関係において信義に反することは上記判示のとおりである。そして、法が許容するところは、被告Y₁が被告Y₅の発行する株式を対価として会社分割を実行する（その場合、債権者保護手続は要しない）ところまでであり、それを超えて、分割対価である被告Y₅株式を被告Y₆に対して廉価で譲渡したり、その後に被告Y₅が増資するといった一連の対応は、被告ら会社と被告Y₆との人的関係も踏まえて考えると、被告ら会社において……被告Y₅が原告に対する債務の負担を免れる（少なく

とも、原告の意向に従った債務負担はせず、被告Y５が了解して合意する範囲内での債務しか負担しない）一定の意図を持って行われたものと推認せざるを得ず、そのような手法やそれによる結果は、法の是認するところとは解されない。

そして、このような場合、本件会社分割自体の効力を否定する法的根拠はなく、また、本件株式譲渡を取り消したとしても、被告Y１ら逸出された責任財産の回復は図られず、本来的な解決につながらないことにかんがみれば、これら一連一体の手続を全体としてみて、これらが上記のとおり、新設会社である被告Y５が原告に対する債務負担を免れようという不当な意図、目的に基づくものといわざるを得ない以上、信義誠実の原則に照らし、原告との関係では、被告Y１と被告Y５を同一視し、その限りで、被告Y５が被告Y１と異なる法人格であることを否認し、被告Y５は、被告Y１が負担するものと同様の法的責任を免れないというべきである。

すなわち、被告Y１と被告Y５については、その代表者が親子関係にあり、それぞれの実際の事業目的は共通である他、被告Y５が被告Y１の営むP２店舗の事業を包括的に譲り受け、その営む事業に連続性があること、その営む事業に当たって、P２店舗を呼称する店舗名称を継続して続用していること等にかんがみると、両者に強い経済的一体性が認められることは明らかである。

その上で、上記判断のとおり、本件会社分割において、被告ら会社は、被告Y５が原告に対する債務を承継しない（少なくとも被告Y５が了解する以上の金額の債務は承継しない）ことを目的とし、少なくともそのような結果になることは十分に了解し、それを許容した上で、本件会社分割を実行し、その後の本件株式譲渡や本件増資を行ったものであり、その目的に、被告Y５の法人格や会社分割制度を濫用とする不当な目的が認められ、かつ、被告Y１と被告Y５に強い一体性が認められることにかんがみれば、原告との関係では、信義則上、被告Y５の法人格を否認し、被告Y１と被告Y５を同視するのが相当である。

そして、以上の結論は、被告らが主張するような、被告Y１が倒産状態にあるという事情や被告Y５が独立した事業体として事業を継続している

といった事情によって何ら左右されるものとは解されず、被告らの主張する事情は、本件における被告ら会社相互の法人格否認の判断を覆すに足りるものではない。

そうすると、被告Y５は、本件貸金債務について、Xとの関係では、被告Y１と同様の責任を負担することになる。」

Ⅲ 分析・検討

判旨の結論に賛成。

1 会社法上の債権者保護手続

会社分割は、株式会社又は合同会社が、その事業に関して有する権利義務の全部又は一部を、分割後他の会社（承継会社）又は分割より設立する会社（設立会社）に承継させることを目的とする会社の行為である（会社法2条29号・30号）。新設分割において、事業に関して有する権利義務のどの部分が承継されるかは、新設分割計画の定めに従って定まるとされる（江頭憲治郎『株式会社法〔第4版〕』824頁）。

分割会社の債務であったものが新設分割計画の定めに従い分割会社と設立会社に割り振られることは、各債権者に不利益を与える可能性がある。特に、会社分割の場合、不採算部門を分離して他の部門を生き残らせる手段として濫用されるという特有の危険がある（江頭・前掲844頁）。

そこで、新設分割計画の定めに従い設立会社の債権者とされ、かつ、分割会社が当該債務につき重畳的債務引受も連帯保証も行わない場合には、免責的債務引受又は債権者の交替による更改を受ける形になり、債権者への影響が大きいので、当該債権者は異議を述べることができる（同法810条1項2号）。これに対し、分割会社に対し債務の履行を請求できる債権者は、分割会社が設立会社から、移転した純資産の額に等しい対価を取得するはずであるとの考えから、会社分割につき異議を述べることができない。また、債権者異議手続の対象でない分割会社の債権者には、無効の訴えの原告適格がない（同法828条1項10号・2項10号、江頭・前掲844・845頁）。

2　分割会社の債権者救済方法

　濫用的会社分割が行われた場合の債権者救済方法としては、会社分割無効の訴え、詐害行為取消権、否認権、会社法22条1項類推適用、法人格否認の法理などが考えられる。

　本件において原告は、新設会社に対して、主位的には法人格否認の法理、予備的には不法行為及び詐害行為取消権との構成で提訴した。その他本件では、会社法22条1項類推適用による責任追及も考えられる。

3　法人格否認の法理

(1)　総　論

　会社はすべて法人であり、関係者とは独立の法人格を有しているため、第三者との法律関係において、会社とその関係者とは異なる主体として扱われるのが原則である。しかし、具体的事案において、会社と関係者の間柄が密接である場合には、この形式的独立性を厳格に貫くと衡平な解決を導けないことがある。このような場合に会社と関係者を同一視して当事者の利害を調整するための法理が法人格否認の法理である（江頭憲治郎編『会社法コンメンタール1─総則・設立(1)』91頁）。

　法人格否認の法理には、形骸化類型と濫用類型があるところ、会社分割で問題となるのは濫用類型である。濫用類型において法人格否認の法理が適用された例としては、最高裁昭和48年10月26日判決（民集27巻9号1240頁）が挙げられる。要件としては、①支配の要件（法人格が株主により意のままに道具として支配されていること）、②目的の要件（支配者に違法又は不当の目的があること）が必要とされている（難波孝一「会社分割の濫用を巡る諸問題」判例タイムズ1337号27頁）。

(2)　支配の要件

　被告Y_1が被告Y_5の株式の全部を取得したことに照らせば、支配の要件については、容易に認められよう。

(3)　目的の要件

　被告ら会社は、被告Y_5が原告に対する債務を承継しないことを目的とし、少なくともそのような結果になることは十分に了解し、それを許容した上で、本件会社分割を実行し、その後の本件株式譲渡や本件増資を行ったものであり、その目的に、被告Y_5の法人格や会社分割制度を濫用する不当な目的が認められるとして、目的の要件を満たすとした。

　この認定は妥当であろう。これに関連して本裁判例については、債務免脱という濫用目的が重視されているように思われると評されている（神作裕之「商法学者が考える濫用的会社分割問題」金融法務事情1942号52頁）。

　なお、大阪地裁平成22年10月4日判決は、形式的にみる限り、債権者平等原則を充足した結果になるとはいえないことが明らかとしつつ、再建型倒産処理手続においても一定の要件のもとで随時弁済ができること等を指摘した上で、目的の要件が推認できるのは、①倒産状況を偽装、②実質的に債権者平等原則の要請に著しく反する、③配当の見込みを明らかに減少させる、④財産状況等について明らかに虚偽の説明を行った、等特段の事情がある場合というべきとした上で、①倒産状況にありこれに当たらない、②事業用資産と事業用負債を新設会社が承継するのに対し、それ以外の資産（会社分割により取得した被告の株式を含む）と負債が分割会社に残存するとしても、直ちに目的の要件を推認できない、③会社分割によって配当を引き下げることが明らかとは認められない、④原告からの求めに応じて資料等を送付していること、特段虚偽の説明をしたとは認められないとして、「目的の要件」の存在を推認するには足りないとした。

　しかし、②再建型倒産処理手続における債務弁済には裁判所の許可が必要とされており（民事再生法85条2項・120条1項等）、債務者が一方的に事業用資産・負債とその他の資産・負債の扱いを決めることが許されているわけではない。

　よって、事業用資産・負債とその他の資産・負債の扱いを異にすることは、基本的には債権者平等原則の要請に著しく反していると思われる点で疑問が残る（弥永真生「新設分割と会社法22条」ジュリスト1424号55頁）。

(4)　信義則上の義務

①　密接な協議関係

　本件は、会社分割前に、原告と被告Y_1とが密接な協議関係に入ったという事案であり、この密

接な協議関係から原告の利益や期待を著しく損なうことのないように合理的な配慮をする信義則上の義務を認め、義務違反を前提として法人格否認の法理を適用した。

　② 会社分割、会社分割の対価である株式の廉価譲渡、増資

　しかし、通常、濫用的会社分割が行われる場合、残存債権者との協議などなく、また、知らせることなく行われ、本件のように残存債権者と分割会社とが会社分割前に何度も協議を行うという密接な関係にまで至った後に分割会社が協議相手である残存債権者に知らせることなく会社分割を強行するという事案は稀と思われる。仮に本件のように密接した関係に立たない限り法人格否認の法理の適用が認められないとするならば、法人格否認の法理が適用される場面は極めて限定されるとともに、法人格否認の法理の適用を免れるためには、残存債権者と協議などせずに会社分割を強行すればよいこととなってしまう。

　本件は、会社分割、会社分割の対価として取得した被告Y5株式の廉価譲渡、被告Y5による増資といった事実経過を辿っており、仮に密接な協議関係がなかったとしても原告の利益を著しく損なうことのないようにすべき信義則上の義務を認めることができるように思われる。

　③ 会社分割それ自体

　判旨は、会社分割、会社分割の対価として取得した被告Y5株式の廉価譲渡、被告Y5による増資といった一連一体の手続全体をみて義務違反行為とする一方、被告Y1は、被告Y5の発行株式全てを取得しており、当該株式に価値はすべて表象されているとして、その限度ではY1の責任財産に変動はないとしており、会社分割自体を捉えて法人格否認の法理を適用することには消極的である。

　同様に、法人格否認の法理の適用を否定した大阪地裁平成22年10月4日判決（金融法務事情1290号118頁）においても、「本件会社分割は、新設・物的分割であるところ、同分割手続においては、分割会社の純資産総額に変動を生じないことに鑑み、法律上債権者保護手続は設けられていない（会社法789条1項2号・810条1項2号）。したがって、新設・物的分割が行われた結果、分割会社の債権者の強制執行の引当財産に変動を生じるとの結果は法が是認するものであるから、債権者としても、特段の事情がない限りこれを是認せざるを得ないというべきである（なお、詐害行為取消権、旧Y（注：分割会社）に対する破産申立を前提とした否認権、取締役に対する責任等が成立する場合はあり得る）」としており、会社分割自体を捉えて法人格否認の法理を適用することには消極的である。

　会社分割自体、法が認めた制度である。また、濫用的会社分割の場合、会社分割だけにとどまらず、その後、第三者（分割会社の取締役等関係者）に対し、廉価にて株式譲渡が行われ、場合によっては新設会社の増資が行われるものと思われる。その為、会社分割自体を義務違反行為と捉える必要性は小さく、会社分割、会社分割の対価として取得した株式の廉価譲渡、新設会社による増資といった一連一体の手続全体をみて義務違反行為と捉えることで妥当な解決を導くことができるものと思われる。その意味で、会社分割それ自体について、法人格否認の法理を適用しないことについては妥当であろう。

　(5) 補充性

　法人格否認の法理については、その一般条項的な性格から、補充的なものとすべきであり、他の法律構成によって衡平な解決ができない場合に限り適用すべきともいわれている。しかし、一般条項的な性格であるからこそ具体的状況に応じた柔軟で妥当な解決を導くことができるのであり、法人格否認の法理の補充性については、過度に強調しなくてもよいと思われる。

4　その他の手段

　(1) 不法行為（予備的）

　原告は、本件会社分割自体を捉えて不法行為と主張した。しかし、被告Y5は、本件会社分割によってはじめて設立された法人であり、原告が主張する不法行為の時点では被告Y5は法律上存在せず、被告Y5について関連共同性を認めて不法行為責任を追及することは困難と思われる。その後、本件原告代理人も新設会社が不法行為時に存在していないことから共同不法行為を観念することには困難が生じるとしている（黒木和彰・川口

珠青「濫用的会社分割をめぐる問題点」金融法務事情1902号74頁)。

(2) 会社法22条1項類推

最高裁平成20年6月10日判決(本誌1302号46頁)は、商号の続用ではなくゴルフクラブの名称続用ケースについて会社法22条1項類推適用した。

会社法22条1項は、事業譲渡において、譲受会社が譲渡会社の商号を引き続き使用する場合、譲受会社も譲渡会社の事業によって生じた債務の弁済責任を負うと規定するところ、その趣旨は、外観を信頼した債権者の保護にあることから、外観について悪意又は重過失があるとき、新設会社は責任を負わないとされている。

本件判旨は、「P2店舗を呼称する店舗名称を継続して続用」としているように、被告Y5は、屋号をそのまま使用していたようであり、類推適用の基礎はある。

しかし、原告は、会社分割以前から、被告Y1らと会社分割について協議していたこと、平成19年10月18日に会社分割が実行され、同年10月22日、被告Y1は、原告に対して、債権者保護手続の対象外債権者であると説明したことから、原告による外観への信頼などなく、会社法22条1項類推適用による保護は困難と思われる。

(3) 詐害行為取消権(予備的)

原告は、本件会社分割自体を捉えて詐害行為取消権を主張した。

① 詐害行為取消権行使の可否(会社分割が組織法上の行為であること、会社分割無効の訴えとの関係で、詐害行為取消権を行使できるのか)

実務の大勢は、会社分割無効の訴えと詐害行為取消権とは、要件・効果が異なる別個の制度であり、詐害行為取消権の要件を満たせばその効果を認めてよい等として肯定していた。近時、最高裁平成24年10月12日判決(本誌1402号16頁)は、「株式会社を設立する新設分割がされた場合において、新設分割設立株式会社にその債権に係る債務が承継されず、新設分割について異議を述べることもできない新設分割株式会社の債権者は、民法424条の規定により、詐害行為取消権を行使して新設分割を取り消すことができると解される。」

と判示して詐害行為取消権の行使を肯定した。

② 詐害行為取消権の対象

詐害行為取消権は、債務者の一般財産を保全するため、取消権者が債務者・受益者間の詐害行為を取り消した上、債務者の一般財産から逸出した財産を、総債権者のために、受益者又は転得者から取り戻す制度である。しかし、実際は、債権者が債権回収という個別満足を図るために行使されることから、原告である残存債権者の意思を第一に考えるのが相当である。

とすると、承継した権利義務のうち権利部分を捉えて、詐害行為取消権の対象とすべきである。なぜなら、分割会社の権利義務は、一体として新設会社に承継されるが、設立後は、権利と義務を分離して考えることができるし、権利義務を一体として取り消さなければならないとすると、義務のどの部分を取り消すのかという困難な問題に直面するからである。

このように、詐害行為取消権の対象は、会社分割において新設会社に承継された権利(資産)と考えれば足りるであろう。

③ 詐害行為取消権の対象を特定する必要の要否

これについては、対象である権利(資産)を特定する必要はないと考えられる。なぜなら、詐害行為取消権者は価額賠償で十分と考えているであろうこと、資産を分離して被保全債権だけを切り出すことは困難である上、新設会社の事業の継続等を害するからである。

結局、詐害行為取消権者は、当該権利(資産)が被保全債権額を超えていることを主張立証すればよいと思われる(難波・前掲31頁・32頁)。

④ 会社法改正

法制審議会会社法制部会の審議における会社法制の見直しに関する中間試案及びその補足説明においても、価額賠償を認めた東京地裁平成22年5月27日判決に触れ、残存債権者の保護については、承継会社等に対して金銭の支払を直接請求することができるものとすることが適切かつ直截簡明と考えられるとしており、これを踏まえて会社法制の見直しに関する要綱が作成されている。

⑤ 本件について

残存債権者は、①債務者に対して債権を有して

いること、②債務者が債権者を害する財産権を目的とする法律行為をしたこと、③当時債務者は無資力であったこと、④新設会社は、前記②の行為が債権者を害することを知らなかったことを主張・立証することとなる（難波・前掲24頁）。

本件では、①、③については問題なく認められるであろう。

では、②、④についてはどうか。この点、本裁判例は、詐害行為取消権の前提となる資産の減少について承継資産等とその対価である株式との等価値関係を捉えて、会社分割の前後で非承継債権者である原告が把握する責任財産は変動しておらず、会社分割自体によって直接に原告が損害を被ったと評価することはできないとしており、会社分割それ自体を捉えて②、④を認めることはないと思われる（黒木・川口・前掲68頁）。もちろん、会社分割、株式の廉価譲渡、増資という一連一体の行為に着目して②、④を認めることは、十分可能と思われる。

他方、詐害行為取消権について判断した東京高裁平成22年10月27日判決（本誌1355号42頁）は、詐害行為となるか否かについて、たとえ計算上は一般財産が減少したとはいえないときでも、一般財産の共同担保としての価値を実質的に毀損して、債権者が自己の有する債権について弁済を受けることがより困難となったと認められる場合には、詐害行為に該当すると解するのが相当であるとした上で、分割会社が会社分割の対価として取得した非上場株式会社の株式について、株主が廉価で処分することは容易であっても一般的には流動性が乏しいこと、株券が発行されれば保全するには著しい困難を伴うこと、強制執行の手続においても、その財産評価や換価をするには著しい困難を伴う等として、本件会社分割により、一般財産の共同担保としての価値を実質的に毀損して、その債権者である原告が自己の有する本件被保全債権について弁済を受けることがより困難となったといえるから、本件会社分割には詐害性が認められるとした一審判決（東京地判平成22・5・27判例時報2083号148頁）を是認した。

本件事案においては、会社分割の結果、P2店舗が被告Y5に承継され、被告Y1には被告Y5の全株式が割り当てられている。東京高裁平成22年10月27日判決を前提とすると、会社分割時点で計算上一般財産の共同担保としての価値を実質的に毀損して、債権者が自己の有する債権について弁済を受けることがより困難となったと認められる場合にあたるとして、②、④が認められることになると思われる。

このように、東京高裁平成22年10月27日判決を前提とすると、会社分割自体が詐害行為取消権の対象となり、本裁判例を前提とすると、会社分割、株式の廉価譲渡、増資という一連一体の行為が詐害行為取消権の対象となるが、いずれにしても、原告は詐害行為取消権により保護される。

なお、法制審議会民法（債権関係）部会において、詐害行為取消権についても改正に向けて議論されており、その動向に注意する必要がある。

5　まとめ

(1)　法人格否認の法理

本件では、原告が詐害行為取消権のみを主張していたとしても原告の請求は、認容されたであろう。そのため、本件原告を保護するために法人格否認の法理が必須というわけではない。本件に限らず多くの事案では、詐害行為取消権等により債権者保護を図ることができよう。

しかし、時効等の関係上、他の手段による救済が困難な場面が考えられるだけでなく、法人格否認の法理は、一般法理であるからこそ柔軟な運用により妥当な解決を図り得ることもあり、法人格否認の法理の補充性を過度に強調する必要はないと思われる。

(2)　改正の動向

現在、法制審議会会社法制部会での審議を経て、法制審議会に会社法制の見直しに関する報告がなされている。報告には、詐害的な会社分割等における債権者保護が掲げられている。その内容は、分割会社が承継会社等に承継されない残存債権者を害することを知って会社分割を行った場合には、残存債権者は、承継会社等に対して、承継した財産の価額を限度として、当該債務の履行を請求することができるとするものである。

いずれにしても、濫用的会社分割については、法改正の動向に注目しておく必要がある。

11 会社分割による個々の財産移転行為が否認権の対象となるとされた事例
（福岡地判平成22・9・30判例タイムズ1341号200頁）

弁護士　木下　雅之

I　事案の概要

1　本件は、株式会社Aの破産管財人であるXらが、同社の会社分割により新設された株式会社であるYに対し、会社分割による土地の所有権移転行為について否認権を行使して、土地についてなされた所有権移転登記の否認の登記手続をすることを求めた事案である。本件の事実関係は、概略以下のとおりである。

2　遊技場（パチンコ店全5店舗）の経営等を業とするA社は、債務超過状態にあった平成19年4月16日、その遊技業部門のうち、3店舗の事業に関する権利義務を、新たに設立する株式会社Bら3社に対して承継させる新設分割計画書を作成し、同分割計画は、同年5月25日、A社の株主総会で承認された。

3　また、A社は、平成19年5月8日、その不動産賃貸管理事業に関して有する権利義務を、新たに設立する株式会社Yに対して承継させる新設分割計画書を作成し、同分割計画は、同年5月24日、一部変更された上、同年5月25日、A社の株主総会で承認された（以下、「本件会社分割」という）。

4　本件会社分割における分割計画の主な内容は以下のとおりである。

（1）Y社は分割に際して株式20株を発行し、これをA社に交付する。

（2）Y社の資本金は100万円とする。

（3）Y社は、A社から、総額9億6853万0871円の資産（現金預金、土地、建物附属設備、構築物、出資金、敷金、保証金）と、総額9億6753万0871円の負債（未払金、N信用組合及びK信用組合からの借入金、不動産賃貸管理事業にかかわる不動産賃貸借契約、使用貸借契約、生命保険のほかガソリンカード契約や顧問契約、車両リース契約、携帯電話やETC契約における契約上の地位）を承継する。

（4）A社は、Y社が承継する全ての債務について、重畳的債務引受を行う。

5　なお、本件会社分割においては、新設分割会社であるA社において、会社法810条1項2号に定める債権者が存在しないことから、同条2項に基づく公告及び催告手続はとられなかった。

6　本件会社分割によりY社に承継された各土地（以下、併せて「本件土地」という。証拠として提出された不動産調査報告書によれば、その価格は合計5600万円）は、本件会社分割当時、いずれもA社の所有であり、担保権は設定されていなかった。

A社は、平成19年5月30日、本件会社分割を原因として、Y社に所有権移転登記手続を行った。

7　また、A社は、平成19年5月30日、Y社の代表取締役（A社代表者の妻）に対し、本件会社分割によって取得したY社株式20株を100万円で譲渡した。

8　A社は、平成19年5月31日、手形の不渡りを出した。A社に対し62億3300万円にのぼる債権を有していたC社は、同年9月10日、福岡地方裁判所に対し、A社について破産手続開始の申立を行った。これを受けて、福岡地方裁判所は、同年12月10日、破産手続開始決定をし、Xらを破産管財人に選任した。

9　本件の主な争点は、①会社分割を原因とする本件土地の所有権移転行為ないし会社分割それ自体が否認の対象となるか、②本件土地の所有権移転行為が否認の要件を満たすか、の2点である。

II 判決要旨

請求認容。

1 争点①（本件会社分割を原因とする本件土地の所有権移転行為ないし本件会社分割に対する否認権行使の可否）について

破産法160条・161条が定める否認権の制度は、破産手続開始前の債権者による財産の隠匿ないし処分など一般財産を減少させる行為（詐害行為）の効力を破産手続上否認し、処分ないし隠匿された財産を回復することを目的とする制度である。

一方、会社分割とは、株式会社等がその事業に関して有する権利義務の全部又は一部を他の会社や分割により設立する会社に承継させることをいい（会社法2条29号・30号参照）、分割会社の権利義務の全部又は一部を承継会社や設立会社に包括的に移転する行為である。もっとも、その実質は、個別財産の移転を要素とし、分割会社の一般財産を減少させる行為である。

そうすると、会社分割による個々の財産移転行為は、その性質上、否認権行使の対象となるものと解すべきである。そして、破産法と会社法がいわゆる一般法・特別法の関係になく、両法にその適用関係について定める規定が存在しないことからすれば、会社分割による個々の財産移転行為を破産法上の否認の対象から除外する根拠はないというべきである。このように解することは、会社分割において保護手続を与えられておらず（同法789条1項2号・810条1項2号参照）、それゆえ会社分割無効の訴えの原告適格を有しない（同法828条2項9号・10号参照）分割会社の債権者の保護にも資するものである。

（そのように解しても、）否認の対象となるのはあくまで個別の財産移転行為であり、その効果も個別の財産移転行為を当事者間で相対的に否認するものに過ぎないから、会社分割そのものを無効とするものではないし、会社分割の効力を絶対的に否定することにはならない。そうすると、会社分割を原因とする財産移転行為が否認の対象となると解しても、会社法が会社分割の無効は会社分割無効の訴えによってのみ主張できるとし、対世効により画一的に効果を確定しようとした趣旨と矛盾するものとはいえない。

2 争点②（詐害行為否認の可否）について

(1) 破産法160条1項による否認の可否

① 「破産債権者を害する」行為

A社は、債務超過状態にあるにもかかわらず、本件会社分割により、担保権が設定されていない本件土地をY社に承継させている。他方で、A社は、本件会社分割により債務の一部をY社に承継させているものの、同債務について重畳的債務引受をしていることから、A社の負債額は本件会社分割以前のままであり、A社は、負債額に変動がないにもかかわらず担保権が設定されていない本件土地を移転していることが認められる。

そして、Y社の資本金が100万円とされていること、本件会社分割後にY社の全株式20株が100万円で譲渡されていることからすれば、分割の対価としてA社に交付されたY社の全株式20株は、100万円程度の価値しかなかったことが認められ、これが本件土地の価格（合計5600万円）よりも低いことは明らかである。

そうすると、本件会社分割によって本件土地の所有権がY社に移転されたことにより、A社の債権者の共同担保が減少し、債権者が自己の有する債権について弁済を受けることが困難になったといえるから、本件会社分割による本件土地の所有権の移転は「破産債権者を害する」行為に当たる。

② 破産者（A社）の詐害意思

税理士法人による実態貸借対照表の報告や本件分割計画における債務履行見込理由書の記載内容、本件会社分割の6日後に手形の不渡りを出したことからすれば、A社は、本件会社分割の当時、債務超過状態にあることの認識を当然に有していたことが認められ、また、（重畳的債務引受により）負債額の変動がないにもかかわらず担保権が設定されていない資産が流出することを認識しており、更に、Y社の資本金が100万円とされ、本件会社分割の5日後にY社の全株式20株を100万円で譲渡していることからすれば、A社はY社の全株式が本件土地の価格よりも低いことについても認識していたことが認められる。

そうすると、A社において本件会社分割による本件土地の所有権の移転が破産債権者を害することを知っていたことは明らかである。

したがって、Xらは、破産法160条1項により、本件会社分割による本件土地の所有権の移転を詐害行為として否認することができる。

(2) 破産法161条1項による否認の可否

① 「破産者を害する処分をするおそれを現に生じさせるもの」

仮に、A社が重畳的債務引受をしたことを形式的に捉え、実質的にはA社の純資産に変動がないと評価することができたとしても（この場合、Y社の設立時発行株式20株が分割対価として交付されたことをもって、A社は相当な対価を取得したものといえる）、債務超過状態にあるA社が、本件土地を、流出しやすく、保全、財産評価、適正な価格での換価などに著しい困難を伴う株式に変更することをもって、破産債権者を害する処分をする恐れを現に生じさせるものといえる。

② 破産者（A社）の隠匿等処分意思及び相手方（Y社）の悪意

A社が、本件会社分割の5日後に、Y社の全株式をA社の代表者の妻であるY社代表者に100万円で譲渡していることからすれば、本件会社分割の当時、A社において破産債権者を害する処分をする意思を有していたこと、及び、Y社においてA社が上記意思を有していたことを知っていたことのいずれも認めることができるから、Xらは、破産法161条1項により、本件会社分割による本件土地の所有権の移転を否認することができる。

III 分析・検討

否認権行使を認めた本判決の結論について異論はないが、いわゆる濫用的会社分割に対する否認権行使の可否及びその効果等に関し、判例・学説上においても様々な議論がなされている状況の中で、本判決の示した判示の内容及びその理論構成等については、若干の議論の余地がないわけではない。なお、以下においては、本判決の事案同様、新設分割手続を前提に検討を進めるが、問題状況は、新設分割と吸収分割で変わりはない。

1 本判決の背景

新設分割手続においては、分割会社が、その有する資産及び負債の新設会社への承継、非承継を新設分割計画書において自由に設定できるため（会社法762条・763条参照）、分割会社は不採算部門を分割会社に残して採算部門のみを新設会社に切り出し、採算部門の事業継続のために良好な関係を維持したい債権者に対する債務のみを新設会社に承継し、その他の債務は非承継債務と設定することによって、新設会社へ承継されなかった債権の回収可能性を恣意的に奪うことが制度上可能である。

また、会社法は、会社分割手続において、債権者異議手続を用意しているが、分割会社の債権者のうち会社分割後も分割会社に対して債務の履行を請求することができる債権者については、債権者異議手続を要しないとされていることから（同法810条1項2号参照）、分割会社は、分割会社に残存する債権者に知らせることなく秘密裡に会社分割を行うことができ、残存債権者は自らの関知しないところで、一方的に不利益を被る可能性が存する。

本判決の事案も同様であるが、いわゆる濫用的会社分割の事例においては、典型的には、以下のスキームによって会社分割が行われることが多い。すなわち、①債務超過に陥った分割会社が、債権者に秘密裡に、同社の採算事業及び重要資産と移転させる資産にほぼ見合う額の負債とを、新設会社に移転する新設分割計画書を作成する、②承継債務については分割会社が重畳的債務引受を行い、債権者異議手続はとらない（重畳的債務引受により、全ての債権者が分割会社に対して債務の履行を請求できることになるため、吸収分割の場合であっても債権者異議手続が不要となる（同法789条1項2号参照））、③分割会社は、対価として新設会社の全株式を取得するが、新設会社には承継資産と見合うだけの債務も承継されるため、バランスシート上、新設会社の株式の価値はほとんどない、④分割会社は、債権者や破産管財人による新設会社に対するコントロールが及ぶことを回避するため、取得した新設会社の株式を協力者たる第三者に安価で譲渡する（新設会社が協力者への第三

者割当増資を行うことにより、分割会社の保有する新設会社株式の稀釈化を図る場合もある）、⑤分割会社について破産、民事再生、特別清算の法的手続がとられるか、あるいはそのまま放置される一方、新設会社は分割会社から承継した採算事業を継続し、存続する（黒木和彰＝川口珠青「濫用的会社分割をめぐる問題点」金融法務事情1902号64頁、同「濫用的会社分割に対する一試論（上）」銀行法務21・734号19頁各参照）。

そこで、このような濫用的会社分割が行われた場合に、分割会社の残存債権者、破産管財人、監督委員は、新設会社に対し、いかなる法的手段をとることができるのかが問題となる。

濫用的会社分割に対しとり得る手段としては、①会社分割無効の訴え（同法828条1項9号・10号）のほか、②詐害行為取消権（民法424条）を行使する方法、③否認権（破産法160条以下、民事再生法127条以下）を行使する方法、④会社法22条の類推適用、⑤法人格否認の法理の適用等が挙げられるが、本判決はこのうちの③に関し、分割会社の破産管財人による否認権行使の可否が争われた事案であるから、本稿においては、破産法上の否認権行使の可否及びその効果を中心に検討することとしたい。

2　会社分割が否認権行使の対象となり得るか

（1）　新設分割が新設会社の法人格の取得を伴う組織法上の行為であること、また、会社分割については組織法上の行為としての法的安定性を守るために、分割の無効は会社分割無効の訴えをもってのみ主張することができるとされていることから、そもそも会社分割が否認権行使の対象となり得るかがまず問題となる（内田博久「倒産状態において行われる会社分割の問題点」金融法務事情1902号58頁）。

（2）　この点についての見解は分かれており、上記のとおり、否認権は取引行為を対象とするものであるところ会社分割は組織法上の行為であること、会社法が会社分割無効の訴えを設けた制度趣旨を潜脱し法的安定性を害すること等の理由により、会社分割は否認権行使の対象とならないとする判例や学説も存在する（東京地判平成17・12・20判例集未登載（判例秘書登載）、岡伸浩「濫用的会社分割と民事再生手続」ＮＢＬ922号9頁）。

（3）　しかし、破産法上、否認権の対象は単に破産者の「行為」とのみ規定されているところ（破産法160条1項等）、新設分割は、分割会社がその事業に関して有する権利義務の全部又は一部を新設会社に承継させる法律行為であり（会社法2条30号）、会社分割により承継の対象となった権利義務が一般承継されるとはいっても、そこには必然的に個々の権利や財産を移転するための行為（対抗要件具備等）が内包されるのであって、それらは否認権の対象となる破産者の「行為」に該当するものと考えられる（神作裕之「濫用的会社分割と詐害行為取消権（上）」商事法務1924号10頁）。

また、詐害行為取消権に関する議論であるが、そもそも組織法上の行為という法概念は、会社法上の手続や法的効果の説明のために用いられるのが通常であり、民法上の規律や制度の適用を一律に否定するための概念ではないし、現に会社設立や現物出資などの組織法上の行為に詐害行為取消権の行使を認めた判例、裁判例があることに鑑みれば、組織法上の行為であるというだけで詐害行為取消権に係る民法の規定の適用を排除することは判例のとる立場でもないとの指摘もあり（神作・前掲10頁）、かかる指摘は、破産法上の否認制度についても同様に当てはまるであろう。

したがって、会社分割が組織法上の行為であるからといって直ちに否認権の行使が否定されるものではないというべきである。

（4）　会社分割無効の訴えとの関係においては、そもそも否認権の行使は、行為の無効を主張するものではないから、これを認めることは、会社分割無効の訴えの制度と直ちに抵触するものではないし、否認は財産の取戻しを目的とし、その目的達成に必要な限度で当事者間でのみ行為の効果を否定するにとどまるものであることから（相対的効力）、新設分割による法人格の創設等の組織法の面での効果を対世効をもって否定する効果までは得られないのであり、否認の対象とすることにより会社分割の組織法上の法的安定性が損なわれることはないものと解される（内田・前掲58頁）。

したがって、一般論としては、会社分割の効力自体に影響を生じさせないまま、会社分割に伴っ

て移転された財産又はその価額を元に戻させる限度であれば、これを一律に否定する根拠は見当たらないものといえよう。

(5) 本判決も、会社分割が分割会社の権利義務を承継会社や新設会社に包括的に移転する行為であるものの、その実質は、個別財産の移転を要素としており、分割会社の一般財産を減少させる行為であること、会社法及び破産法においてはその適用関係について規定がなく否認の対象から除外すべき根拠がないこと、会社分割において保護手続を与えられておらず、それゆえ会社分割無効の訴えの原告適格を有しない（会社法828条2項9号、10号参照）分割会社の債権者の保護にも資するものであることを理由に、否認権行使の対象となることを認める。前掲・東京地裁平成17年12月10日判決を除き、会社分割が否認の対象となるかが争点となった他の裁判例も全てこれを肯定しており（福岡地判平成21・11・27金融法務事情1911号84頁、東京地判平成24・1・26金融法務事情1945号120頁）、肯定説が実務の大勢ということができる。

なお、本稿の執筆後、詐害行為取消権が行使された事案において、最高裁平成24年10月12日判決（本誌1402号16頁）は、詐害行為取消権の行使による新設分割の取消しを認めた。

3 否認の対象を具体的にどう捉えるべきか（否認対象の特定の程度）

(1) 一般論として会社分割について否認権行使の余地があるとして、次に具体的な否認の対象をいかに解すべきかが問題となる。濫用的会社分割をめぐる問題についてのリーディング・ケースとなった東京地裁平成22年5月27日判決（判例タイムズ1332号206頁）及びその控訴審判決である東京高裁平成22年10月27日判決（本誌1255号42頁）（濫用的な新設分割に対し詐害行為取消権の行使を認めた事例）を契機として、数多くの論稿が発表され、この点についても見解が分かれているところであるが、これらの論稿を概観すると、主に詐害行為取消権の行使に係る議論ではあるが、①会社分割それ自体を対象とする、②新設会社に承継された権利義務を対象とする、③新設会社に承継された権利義務のうち権利（資産）のみを対象とする、という3つの考え方の対立があり（難波孝一「会社分割の濫用を巡る諸問題」判例タイムズ1337号30頁以下、黒木＝川口・前掲「濫用的会社分割をめぐる問題点」72頁）、否認権についても問題状況は同様であると解される。

(2) 上記①説に対しては、会社分割については、その有効・無効に関して組織法的な画一的処理が要請され、会社訴訟は一般的に形成訴訟であるといわれているにもかかわらず、相対的に新設分割行為それ自体を取り消す（否認する）ことと整合的に解することができるのかという疑問が呈されている（黒木＝川口・前掲「濫用的会社分割をめぐる問題点」72頁）ほか、詐害行為取消権を行使する者は会社分割自体（新設会社の取得した法人格それ自体）の取消しを求めているわけではなく、自己の被保全債権の限度で分割会社の一般財産から逸出した財産を取り戻すことを求めているのであるから、原告となる当事者のかかる意思を第一に考えるべきであるとの指摘もなされており（難波・前掲31頁）、否認の場合も破産者の破産財団から逸出した財産の取戻しを目的とするという点では詐害行為取消権と異なるところはないから、同様の批判が当てはまるであろう。

上記②説に対しては、詐害行為取消権（否認権）の趣旨が逸出した財産の回復という点にあることに鑑みると、義務（負債）の移転部分までを取消し（否認）の対象とすることが果たして適切かという疑問のほか（黒木＝川口・前掲「濫用的会社分割をめぐる問題点」72頁）、新設会社に承継された権利義務を一体として取り消すとするのであれば、義務（負債）のどの部分を取り消すのか（新設会社に承継された債務に係る債権者が多数存在する場合に誰のどの債権をどの程度取り消すのか）という困難な問題に逢着することとなるとの指摘もなされている（難波・前掲31頁）。

上記③説に対しては、上記②説の立場から、権利（資産）のみを取消し（否認）の対象にできると解することは、かえって新設会社の債権者となった者の保護に欠けることとなり妥当でないとの指摘がなされている（弥永真生「株式会社の新設分割と詐害行為取消し」金融法務事情1910号37頁）。

(3) 否認権行使の目的に鑑みれば、上記③説が妥当であると考えるが、実務的には、この点は、

訴えの訴訟物に何を捉え、誰にどのような請求をするか、請求の趣旨をどのように記載するか、という問題とも絡む。すなわち、上記③説のように解するのであれば、請求の趣旨において、取消しの対象となる権利（資産）を不動産、動産、債権など個別の権利として特定する必要があるのではないかとの疑問が生じる。ただし、この点については、民法上の詐害行為取消権の行使の場合と破産法上の否認権の行使の場合とでは、若干議論の前提が異なってくるのではないかと思われる。

即ち、破産管財人は、訴え、否認の請求又は抗弁によって否認権を行使することができるとされており（破産法173条1項）、訴えにより否認権を行使する場合には、破産管財人が原告となり、受益者を被告として訴えを提起する。かかる訴えの性質に関しては、判決主文において否認の宣言をするという形成訴訟説と、否認の宣言を不要として、金銭の支払又は物の返還など、否認に基づいて生じる相手方の義務のみを判決主文に掲げれば足りるとする給付・確認訴訟説の対立があり、最近の判例・通説は給付・確認訴訟説を採用し、実務もこれに従う（伊藤眞「破産法・民事再生法〔第2版〕」425頁）。

そのため、否認権行使の場合は、そもそも主文で否認の宣言が不要であり、例えば、破産者による不動産の所有権移転行為を否認してその現物返還を求める場合であれば、「被告は、原告に対し、別紙物件目録記載の土地について、○○法務局平成○年○月○日受付第○○号の所有権移転登記の否認の登記手続をせよ。」という請求の趣旨の記載となり、また、破産者から逸出した財産の価格償還を求める場合であれば、端的に「被告は、原告に対し、金○○円及び平成○年○月○日から支払済みまで年○分の割合による金員を支払え。」という請求の趣旨の記載となるのであって、給付請求の部分のみが問題となるから、否認権行使の場合には、かかる観点からも、上記の③説に親和性があるように思われる（井上聡＝小林信明＝三上徹＝村田渉＝山田誠一＝山本和彦「〈座談会〉会社分割をめぐる諸問題─判例を材料に派生論点を考える─」金融法務事情1923号70頁〔山田誠一発言〕〔山本和彦発言〕も参照）。

もっとも、破産管財人が選任されて実際に否認権を行使するまでに、ある程度の時間を要することは避けられず、その間、新設会社は事業を継続し、その資産の変動等が生じている可能性が存することから、破産財団に復すべき個別の資産を特定してその返還を求めることが困難である場合も多い。したがって、上記③説によるとしても、そのような場合には、否認の対象となる権利（資産）を新設分割計画書の承継資産一覧表等で特定すれば足り、これらの資産の返還に代えて、価格償還を請求することができると解すべきであろう（難波・前掲32頁、前掲・福岡地裁平成21年11月27日判決、前掲・東京地裁平成24年1月26日判決。なお、否認の効果としての価格償還については後記「6(1)」にて後述する）。

また、後記「6(2)」で検討するが、否認の場合には、否認が認められた場合の効果について、破産法169条の規定を通じて、新設会社に承継された債務（新設会社に対する債権）が、分割会社である破産者に対する債権として復活するとの帰結を導き得る余地があり、第②説からの上記批判も回避し得ると考えられる。したがって、この点からも否認の場合には上記③説になじむとの説明が可能であろう。

(4) 本判決の事案は、原告である破産管財人Xらが、本件会社分割によってY社に移転した本件土地を特定の上、否認権を行使したものであり、本判決も「否認の対象となるのはあくまで個別の財産移転行為であ」る旨判示し、本件会社分割を原因として行われた本件土地の所有権の移転を否認の対象としている。上記③説に合致するものであり、相当であろう。

破産管財人は、濫用的な会社分割によって破産者から逸出した全ての資産の返還を請求することが通常であろうから、被保全債権の範囲に限定される詐害行為取消権の場合と若干状況は異なるものと思われるが、どのような請求をするかは原告である破産管財人の専権であるから、本判決の事案のように、移転した資産の中から不動産等を特定し、当該資産の現物返還を求めることも可能である（なお、資産の特定が困難な場合の価格償還については後述する）。否認の対象は会社分割により新設会社に移転した権利（資産）であると理解したうえで、どの逸出財産の返還を求めるかは破産管

財人による否認の範囲の選択の問題と整理できる（神作裕之「濫用的会社分割と詐害行為取消権〔下〕」商事法務1925号45頁は、この点について、詐害行為取消しに関するものであるが、会社分割自体を詐害行為取消しの対象とし、被保全債権額の範囲内でどの逸出財産の返還を求めるかは、取消債権者による詐害行為取消しの範囲の選択の問題として整理する）。

なお、詐害行為取消権の事案であるが、前掲・東京地裁平成22年5月27日判決は、主文において「会社分割を1911万5040円の限度で取り消す」旨判示し、その控訴審判決である前掲・東京高判平成22・10・27もかかる第一審判決を是認している。「会社分割を……取り消す」となっていることから、形式的には上記①説によっているとも読めるが、判示の趣旨は、主文で取消しを宣言する上において、新設分割による法人格の取得（組織法面）を除外した意味で便宜上「会社分割」と判示しているに過ぎないとの理解が大勢を占めるようである（前掲・東京高判のコメント（金融法務事情1910号82頁）、黒木＝川口・前掲「濫用的会社分割をめぐる問題点」72頁）。

4　詐害性の判断（客観的要件）

(1)　一般論として否認権の行使が認められるとして、次に、A社の行った会社分割が具体的に否認の要件を満たすのか、換言すれば、会社分割について、これが詐害行為あるいは偏頗行為に当たるとして、否認権の行使が認められるのはどのような場合かが問題となる。

即ち、新設分割においては、権利（資産）のみならず義務（負債）まで承継されるし、新設分割の対価として新設会社の株式全部が分割会社に交付されていることから、計算上は分割会社の一般財産は減少しておらず、偏頗行為性ないし詐害行為性は認められないようにもみえる。本判決の事案においても、Y社に承継されたA社の資産と負債の差額である100万円に相当するY社株式が分割対価としてA社に交付されているため、一見すると、A社の一般財産の減少はないと評価することもできるので、本件会社分割につき詐害性が認められるのかが問題となるのである。

(2)　この点について、本件同様、否認権行使の可否が争われた前掲・福岡地裁平成21年11月27日判決は、分割会社が新設会社に承継された債務を重畳的に債務引受していることを重視して、分割会社の債務は減少していないのに資産だけが逸出したという理由から詐害性を肯定している。

しかし、この考え方に対しては、重畳的債務引受がなされたとしても、内部負担割合についての約定や新設会社の資力等により、重畳的債務引受の経済的意義は多様であり（分割会社の内部負担割合はゼロで、新設会社に相応の資力がある場合など）、承継した債務について分割会社により重畳的債務引受がなされたというだけで、債務の減少はなく資産だけが流出したとみることには疑問があるとの批判があり（井上聡「濫用的会社分割のおける問題の本質」金融法務事情1903号5頁、神作・前掲〔下〕41頁、難波・前掲32頁）、もっともな批判であると思われる。

(3)　破産法は、否認権の対象となる行為として、詐害行為（破産法160条）と偏頗行為（同法162条1項）の2種類に整理しているところ、会社分割の詐害性をどの点に求めるべきかについては、濫用的な会社分割における問題の本質をどのように理解するかに関わる。

この点、濫用的な会社分割の事例における詐害性の本質は、分割会社に残された債権者と新設会社に承継してもらった債権者との間の不平等にあると指摘する見解があり（井上・前掲6頁、難波・前掲31頁）、このように解すると、濫用的会社分割の詐害性は、分割会社における共同担保の毀損という詐害行為性ではなく、特定の債権者のみを有利に扱うことによる偏頗行為性に求められるべきであるとの結論に親和性を有することとなろう。

実際にも、濫用的会社分割による新設会社への資産の移転は、譲渡担保と同様の資産移転行為と評価でき、新設会社に承継される債権者に対する一種の非典型担保の供与ということができるし、あるいは、一種の代物弁済であるとみることも可能であるとして、否認権が問題となるとすれば、破産法160条ではなく、破産法162条1項の適用により否認し得るとの見解が示されており（井上・前掲7頁）、説得的な議論であるように思われる。

もっとも、かかる見解も、濫用的会社分割について、詐害行為否認の適用を一切否定する趣旨ではなく、個別具体的な事案に応じ、会社分割に伴う財産移転行為が「隠匿等の処分をするおそれを現に生じさせるもの」である場合に、破産法161条1項による詐害行為として否認の対象となり得ることを認める（井上・前掲7頁）。上記(1)のとおり、濫用的な会社分割の事例においては、分割の対価として新設会社の発行する株式全部を取得しており、形式的には相当な対価を取得していると評価できる場合がほとんどであろうから、個別の事案における具体的な適用の場面においては、当該会社分割が、破産法161条1項の規定する「隠匿等の処分をするおそれを現に生じさせるもの」であるか否かが問題となるケースが多いであろう。

(4) 本判決はまず、Y社の資本金が100万円とされていること、本件会社分割後にY社の全株式20株が100万円で譲渡されていることから、本件会社分割の対価としてA社に交付されたY社の株式は100万円程度の価値しかなかったとし、これが本件土地の価格（5600万円）よりも低いことは明らかであり、本件会社分割により、分割会社の債権者の共同担保が減少し、債権者が弁済を受けることが困難となったといえるから、「破産債権者を害する」行為に当たると判示し、破産法160条1項による詐害行為性を認めた。

しかし、この点については、新設会社の資本金の額やこのような状況下での株式譲渡における価格が当該株式の公正な価格である保障はなく、詐害性の判断として疑問がないではないとの批判がある（神作・前掲〔下〕48頁）。

更に、本判決は、仮にA社が重畳的債務引受をしたことを形式的に捉え、Y社株式の取得により実質的には相当な対価を得たと評価できる場合であっても、債務超過状態にあるA社が、本件土地を、流出しやすく、保全、財産評価、適正な価格での換価などに著しい困難を伴う株式に変更することをもって、隠匿等の処分をする恐れを現に生じさせるものといえると判示し、破産法161条1項による詐害行為性を認めた。

本判決の事実関係の下で、破産法161条1項による否認を認めた結論に異論はないが、この点に関し、会社分割の対価が非上場会社の株式である場合には、常に「隠匿等の処分をするおそれを現に生じさせるもの」に該当するとの準則を導くことは、およそ全ての会社分割が否認の対象となり得ることになりかねず、そのような解釈論の下では、会社分割制度の法的安定性が大きく損なわれる危険があるとの指摘がなされている（神作・前掲〔下〕42頁）ことに留意する必要がある。会社分割直後の協力者への安価での株式の譲渡、新設会社の第三者割当増資による新設会社株式の稀釈化等の事実、あるいは当事会社の主観的認識等も含む事案の全体像を注意深く観察し、当該会社分割の詐害性を慎重に判断することが求められよう。

5 詐害意思（主観的要件）

本判決を含め、関連する裁判例においては、会社分割に詐害性が認められる限り、当事者の詐害意思が否定されたケースは見当たらない。

問題になるとすれば、会社分割手続を主催した分割会社ではなく、相手方である新設会社の主観的要件である。

この点について、一般論として新設会社の株主の変動が生じ得ることに鑑みると、会社分割後に新設会社の株主となった者の利益を保護するために、新株主が実質的な転得者であるとみて、その者が株主となる時点で認識をしていなければ否認は認められないと解する余地はないかとの指摘がある（弥永・前掲38頁）。

しかし、主観的要件は会社分割の効力が発生した時点において具備されていることを要すると解されるところ、上記の指摘にいう新株主は会社分割後に出現した者であるから、かかる新株主の意思を問題にする余地はないといわざるを得ない。新設分割においては、分割会社の代表取締役が手続を進めるのであり、分割会社に詐害の意思が認められれば、定型的に新設会社の悪意の要件も充足されることになろう（難波・前掲34頁、神作・前掲〔下〕44頁）。

6 否認の効果

(1) 価格償還

① 否認権行使の効果について、破産法167条

1項は「否認権の行使は、破産財団を原状に復させる。」と規定し、その原状回復の方法について、168条及び169条の規定を置いている。

詐害行為否認（破産法160条1項・3項、161条1項）の場合には、否認権が行使されて、目的物が破産財団に復帰するときには、否認された行為に際して相手方が破産者に対して行った反対給付を、相手方に返還する必要がある。そこで、破産法168条1項は、反対給付が破産財団に現存する場合には相手方にその取戻権を認め、反対給付が破産財団に現存しない場合には、反対給付の価額償還請求権を財団債権として行使できる旨規定する。もっとも、相手方が破産者の「隠匿等の処分をする意思」について悪意であった場合には、一律に相手方に財団債権者としての保護を与える必要はないから、反対給付によって生じた利益が財団中に現存する場合に限って、相手方の現存利益返還請求権を財団債権とし、反対給付によって生じた利益が財団中に現存しない場合には、反対給付の価額償還請求権を破産債権としている（同法168条2項）。その上で、破産法168条4項は、詐害行為否認をしようとするときは、破産管財人は、逸出した財産の返還か、財産の返還に代えて当該財産の価額から財団債権となる反対給付の価額を控除した額の償還（価額償還請求）かを選択できることとしている。

一方、弁済その他の債務消滅に関する偏頗行為否認（同法162条1項）の場合には、相手方の反対給付は観念できないから、反対給付の返還の問題は生じず、相手方が破産者から受けた給付を返還し、またはその価額を償還した場合には、相手方の債権が復活する（同法169条）。

② 以上のように、破産法は、破産財団から逸出した財産が相手方のもとで滅失したり、または第三者に譲渡されたりすることにより、当該財産自体の返還を求めることが不可能もしくは困難な場合には、否認権行使の効果として、破産管財人が相手方に対し、価額償還を求めることを認めている。

そして、濫用的会社分割の否認の場合には、前記「3(3)」のとおり、破産管財人が選任されて実際に否認権を行使するまでにある程度の時間を要することは避けられず、その間、新設会社は事業を継続し、その資産の変動等が生じている可能性が存することから、当該資産自体の現物返還を求めることが困難であるとして、価額償還を求めることとなる場合も多いであろう。

ここで、現物返還が必ずしも不可能もしくは困難といえない場合であっても、破産管財人は、価額償還を選択することができるかという問題もある。

この点、詐害行為取消しの場合には、取消債権者に事実上の優先弁済を認める判例法理（最判昭和37・10・9民集16巻10号2070頁）との関係で、価額償還を自由に認めると、今度は取消債権者が他の債権者よりも自己に有利に弁済を受け得ることとなってしまい、残存債権者と新設会社に承継された債権者との間の不平等の解消につながらないという問題が顕在化することとなる。そのため、現物返還を原則とすべきとする見解がある一方（井上＝小林ほか・前掲71頁〔山田誠一発言〕）、例えば、新設会社の事業の継続に必要不可欠な重要資産の取消しなど、現物返還が取消しの相手方である新設会社に与える影響に鑑み、価額賠償が基本とされるべきとの見解（黒木和彰＝川口珠青「濫用的会社分割に対する一試論（下）」銀行法務21・736号42頁）もあり、意見の対立がある。

しかし、否認の場合には、破産管財人が破産債権者全体の利益のために目的物の破産財団への返還を求めるものであるから、詐害行為取消権における事実上の優先的回収といった問題は生じないし、上記のとおり、破産法168条4項は価額償還を管財人の判断によって一般的に認める規定を設けていることから、価額償還の方法を広く認めてよいものと解される（井上＝小林ほか・前掲71頁〔山本和彦発言〕）。また、実務上も、破産の場合には否認により破産財団に復した資産を換価する必要があることから、価額償還による解決を望む場面も少なくないであろう（内田・前掲60頁）。

(2) 新設会社に承継された債権者の地位

濫用的会社分割に対する否認が認められると、分割会社の破産管財人は基本的には新設会社に移転した全ての権利（資産）の返還ないしこれに相当する価額償還を求めるであろうから、今度は、新設会社に承継された債務の債権者の地位が害されることとなり、かかる承継債務の取扱いをどう

すべきかが問題となる。

この点、会社分割においては、資産と負債が一体となって移転し、負債は資産の対価としての意味があるので、資産のみが分割会社に戻って債務は新設会社にとどまるという結論には違和感があるとして、否認の場合には承継債務も分割会社に戻ってくることができると考えるべきであるとの見解がある（井上＝小林ほか・前掲73頁〔小林信明発言〕、井上・前掲7頁、内田・前掲60頁）。

かかる見解は妥当であり、そのような帰結を導く法的根拠としては、破産法169条の類推適用が考えられよう（難波・前掲36頁）。

なお、破産管財人が否認した時点で新設会社が既に承継債務の全部又は一部を弁済していた場合、かかる弁済相当額について新設会社は分割会社に対して不当利得返還請求権を行使しうることとなり、これが財団債権として、返還される資産の価額から控除されることとなると、結果的に会社分割を否認する理由や効果が減殺されてしまうのではないかとの指摘がなされている（井上＝小林ほか・前掲73頁〔小林信明発言〕）。

7　会社分割法制の見直し

濫用的な会社分割における債権者間の不平等について、これまで裁判例は、様々な法理により事後的な公平性の回復を図ってきたが、以上に述べたとおり、否認権行使の場合を例にみても、その要件や効果については、なお不明確な点が多い。また、会社分割という組織法的な側面を伴う行為について、事後的に巻き戻しが生ずることによる社会的コストも無視することはできない（神作・前掲47頁）。前記1で述べたとおり、濫用的な会社分割の事例が多くみられることとなった要因の1つには、会社法上、会社分割手続における債権者保護が必ずしも十分でなかったことが挙げられるから、濫用的な会社分割の問題を根本的に解決するためには、会社法の見直しが不可欠である。

この点、平成24年9月7日、法制審議会の総会において、法制審議会会社法制部会が同年8月1日に決定した「会社法制の見直しに関する要綱案」が承認され、正式に「会社法制の見直しに関する要綱」として法務大臣に答申された。同改正要綱の「第5　会社分割等における債権者の保護」においては、分割会社が詐害的な会社分割をした場合には、分割会社の残存債権者は、承継会社・新設会社に対して、承継した財産の価額を限度として、債務の履行を請求することができるものとされており、承継財産の価額の限度で、承継会社・新設会社も残存債権者に対し、連帯して責任を負うものとされている。これにより会社分割手続における債権者保護は手厚くなるものと一応の評価はできるが、今後の会社法改正の動向を注視することとしたい。

12 株式買取価格決定に関する許可抗告事件―インテリジェンス株式価格決定事件（最決平成23・4・26 本誌1375号28頁）

弁護士　澁谷　展由

I　事案の概要

本件は、I社を株式交換完全子会社とし、U社を株式交換完全親会社とする株式交換（以下、「本件株式交換」という）に反対したI社株主らが、I社に対して同社株式を「公正な価格」で買い取ることを請求し、株式買取価格の決定を裁判所に申し立てた事案である。

1　本件申立までの経過

(1)　本件株式交換までの経過

平成元年6月、I社が設立され、Aは代表取締役社長に就任した。

平成10年7月、AはU社の代表取締役に就任した。

平成11年12月、AはI社の取締役会長に就任した。

平成18年7月、U社はI社株の発行済株式総数の40％を保有し、実質支配にいたった。同年9月、U社はI社を連結子会社とした。

平成20年2月29日の時点でAはU社の発行済株式総数の44.03％を有する筆頭株主であった。

(2)　本件株式交換基本合意の公表

平成20年7月1日、I社株の終値は7万9500円であった。同日、I社取締役会、U社取締役会は、①本件株式交換を実施すること、②株式交換比率を含む本件株式交換の具体的内容は今後協議して決めることを内容とする基本合意書を締結することを決議し、締結の上、市場取引終了後にその旨を公表した。

翌7月2日、I社株の終値は7万4000円まで下落した。

(3)　本件株式交換契約の締結及び業績下方修正の公表

平成20年7月10日、I社株の終値は7万3100円であった。この時点で、U社は、I社株式15万7541株（発行済株式総数の37.64％、総株主の議決権の41.5％）を有する親会社であった。

同日、I社取締役会、U社取締役会は本件株式交換契約を締結することを決議、本件株式交換契約締結の上、以下の公表を行った。

①　株式交換比率の公表

両社は、株式交換契約の内容として株式交換比率を、I社普通株式1株に対し、U社普通株式238株を割り当てることなど定め、市場取引終了後にその旨を公表した。

②　U社の本件業績予想下方修正

U社は、本件株式交換比率の公表と同時に、(a)平成20年8月期連結業績予想を2950億円から2850億円へと下方修正すること、(b)一時費用の計上（平成20年度8月期連結決算において第3四半期のみで特別損失を合計498億円計上すること、その結果、平成20年8月期通期の連結当期純利益の予想額が590億円の赤字であること）を公表した。

③　I社の本件四半期業績

I社は、本件株式交換比率の公表と同時に、平成21年2月期第1四半期の売上高は前年同期比0.1％の増加、経常利益は55.5％の減少、純利益は62.4％の減少、更に営業キャッシュフローが19億3100万円の赤字であることを公表した。

7月11日のI社株式の終値は6万5800円まで下落した。

8月14日にはI社株式の終値は4万9200円まで下落した（この頃の終値の最安値）。

(4)　株式交換承認の株主総会決議

平成20年8月28日の総会前、I社株主である申

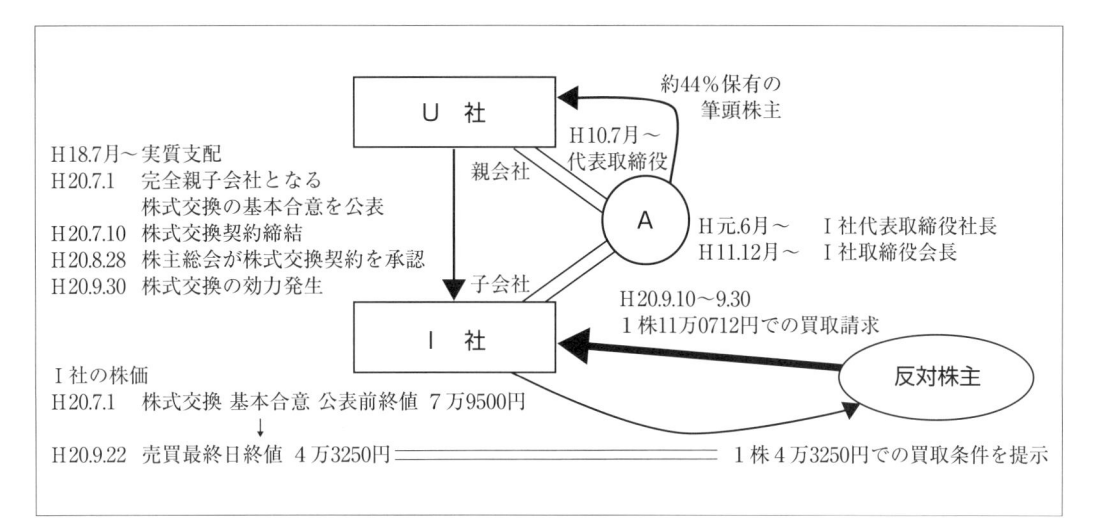

```
                                          約44％保有の
                          U 社  ←――――  筆頭株主
H18.7月～実質支配         ↑ ↑ H10.7月～
H20.7.1  完全親子会社となる  │ │ 代表取締役
        株式交換の基本合意を公表  親会社   ／
H20.7.10 株式交換契約締結    │ │ ／ ┌───┐
H20.8.28 株主総会が株式交換契約を承認 │ │／  │ A │  H元.6月～   Ｉ社代表取締役社長
H20.9.30 株式交換の効力発生  ↓ /│  └───┘  H11.12月～  Ｉ社取締役会長
                          Ｉ 社  子会社  H20.9.10～9.30
                                       1株11万0712円での買取請求
                          ┌───┐  ←――――――  ┌─────┐
Ｉ社の株価                 │ Ｉ 社│              │ 反対株主 │
H20.7.1 株式交換 基本合意 公表前終値 7万9500円    └─────┘
        ↓
H20.9.22 売買最終日終値 4万3250円 ============ 1株4万3250円での買取条件を提示
```

立人らは、Ｉ社に議決権行使書を送付し、株式交換承認議案について反対とする通知をすることにより、本件株式交換に反対の意思を会社に通知した。

8月28日、Ｉ社、Ｕ社は、それぞれ臨時株主総会にて株式交換契約の承認決議を行った。この際、本件申立人らは反対した。

翌8月29日のＩ社株式終値は、6万1000円であった（この頃の終値の最高値）。

(5) 申立人らの株式買取請求と株式価格決定申立

平成20年9月10から30日の間に、本件申立人らは、Ｉ社に対し株式買取請求を行った。

9月22日はＩ社株の最終売買日であり、終値は4万3250円であった。

9月24日、Ｉ社株は上場廃止となった。

9月30日は本件株式交換の効力発生日であった。

10月30日までに申立人らとＩ社との株式買取価格についての協議は調わなかった。

11月4日、Ｉ社株主ら（甲事件申立人）は、Ｉ社に対し、株式価格決定申立を行った（甲事件）。

11月28日、Ｉ社は、Ｉ社株主ら（乙事件相手方）に対し、株式価格決定申立を行った（乙事件）。

2 本件交換比率の算定

上述のように、本件株式交換では、交換比率は、Ｉ社：Ｕ社＝1：238と定められていた。

交換比率の算定につき、Ｉ社は、Ｍ証券に算定を依頼していた。Ｍ証券の算定書によれば公正と認められる交換比率は、市場株価法では「186～199」、ＤＣＦ法では「192～279」、類似企業比較法では「187～274」との比率であった。

他方、Ｕ社はＤ証券に算定を依頼していた。Ｄ証券の算定書によれば公正と認められる交換比率は、市場株価法では「184.9～197.6」、ＤＣＦ法では「199.5～246.9」との算定比率であった。

3 Ｉ社株式1株当たり買取価格についての当事者の主張

Ｉ社と申立人らの買取価格についての交渉過程では、Ｉ社株式1株当たり買取価格について、相互に以下のような主張がなされていた。

(1) Ｉ社の提示価格（4万3250円）

Ｉ社は、1株「4万3250円」という価格を提示していた。「公正な価格」は本件株式交換の効力発生日の平成20年9月30日を算定基準日とすべきであり、その算定資料としては、最も近い上場廃止直前の市場株価である同月22日終値4万3250円を用い、これをもって「公正な価格」とすべきとの主張であった。

(2) 申立人らの提示価格（11万0712円）

これに対し、申立人らは1株「11万0712円」との価格を提示していた。

株式交換の影響が認められる時期は除外すべきであるところ、株式交換検討中にＩ社株価が下落していたことから、株式交換契約基本契約締結公表前の6か月間を基準とすべきとの主張であった。具体的には、平成20年1月4日から7月1日までの終値平均10万7712円に加え、Ｕ社がＩ社株主に還元されるべき配当を奪うことになるから予想配当額3000円を上乗せすべきとの主張で

4 第一審決定（東京地決平成22・3・29 本誌1354号28頁）（8万7426円）

本件決定の第1審決定は、以下のように判示した上で、1株当たりの公正な買取価格は、「8万7426円」であると判示した。

(1) 公正な価格の算定基準時の判断基準

第一審決定は、「株式交換完全子会社の株主による株式買取請求に係る『公正な価格』は……株式交換の効力発生日を基準として……株式交換がなければ同社株式が有していたであろう客観的価値（※筆者注：これは本最高裁決定のいうところの「ナカリセバ基準」である）、または、「株式交換によるシナジーを適切に反映した同社株式の客観的価値を基礎として算定するのが相当」と判示した。

その理由としては以下のように判示している。

「株式交換をする各当事会社が、相互に特別の資本関係があり独立した会社同士でない場合、各当事会社が当該株式交換の可否やその条件等について相互に自社の利益の最大化を図って相手方と交渉することを期待できる状況にあるとはいえず、各当事会社の利益よりも各当事会社が属する企業グループ全体の利益などを優先的に考慮して当該株式交換の可否やその条件等を決定する蓋然性が低いとはいえない。特に、親子上場会社が株式交換をする場合には、構造的に、子会社の少数株主の利益を犠牲にして親会社の多数株主の利益を図るおそれがないとはいえないとの指摘もされている」……「このような各当事会社間の株式交換において、反対株主から株式買取請求権が行使されて裁判所がその価格を決定するに当たって、当該株式交換を原因として当事会社の企業価値ないし株主価値が毀損されたと疑われる事情が存在すると疎明されたときには、株式交換に関する詳細な事情を把握している当該当事会社が、株式交換によりその企業価値ないし株主価値が毀損されていないことを疎明しない限り、株式交換自体により当該当事会社の企業価値が毀損されたか、又は、株式交換の条件（株式交換比率等）が同社の株主にとって不利であるため株主価値が毀損されたおそれが否定できないものとして、当該株式交換がなければ同社株式が有していたであろう客観的価値を基礎として、「公正な価格」を決定するのが相当である」。

(2) 第一審の提示した判断枠組みへの本件の当てはめ

その上で第一審決定は、本件への当てはめとして、I社の株価は、「市場全般の動向と乖離して、(1)本件株式交換の計画公表直後に急落し、(2)本件株式交換比率の公表直後にも急落し、更に、(3)それらの2か月余り後の上場廃止直前の最終売買日には、半値近くまで下落したものというほかなく、このような市場全般の動向と乖離した相手方株式の市場株価の急激な下落状況に照らすと、市場は本件株式交換を原因として相手方の企業価値ないし株主価値が毀損されるものと評価したものではないかと窺われ、少なくとも、本件株式交換を原因として相手方の企業価値ないし株主価値が毀損されたと疑われる事情が存在する」とし、本件では「公正な価格」の算定基準はナカリセバ基準によるべきとの判示をしている。

(3) 公正な価格の具体的算定方法

その上で、本件第一審決定は、公正な価格の具体的算定方法としては、「本件株式交換の効力発生日にできるだけ近接し、かつ、本件株式交換の影響を排除できる市場株価として、本件株式交換の計画公表前の市場株価を参照するのが相当」……「本件株式交換の計画公表前1か月間の市場株価の終値による出来高加重平均値もって算定した価格を『公正な価格』とみてよい」とし、1株当たりの買取価格につき「8万7426円」との決定をした。

I社はこれを不服として抗告した。

5 抗告審決定（東京高決平成22・10・19 本誌1354号14頁）（6万7791円）

本件決定の抗告審決定は、以下のように判示した上で、1株当たりの公正な買取価格は、「6万7791円」であると判示した。

(1) 公正な価格の算定基準時の判断基準

抗告審決定は、第一審から更に進んで、本件では企業価値・株主価値は株式交換により毀損されたものと認定して、株式交換効力発生日を基準としたナカリセバ基準によるべきと判示した。

(2) 公正な価格の具体的算定方法

ただし、抗告審決定はI社株式について、「平

成20年年初から本件株式交換の計画公表時までの間おおむね下落し続けており、その要因の１つであるマクロ経済の悪化とこれに伴う人材ビジネスの経営環境悪化という市場の一般的価格変動要因による影響は、本件株式交換の計画公表後においても、本件株式が上場廃止になる時点までの間、引き続き継続した……そうすると、本件株式交換の効力発生日である平成20年9月30日時点の……客観的価値の算定につき、上記した本件株式交換の計画公表後における市場の一般的価格変動要因による抗告人株式価格への影響がうかがわれる以上、上記計画公表後における市場全体・業界全体の動向その他を踏まえた補正を加えるなどして上記基準時の抗告人株式が有していたであろう客観的価値を算定することが可能であれば、かかる補正をするなどした算定の方法は、本件株式交換の計画公表前の一定期間の市場株式価格の平均値だけをもってする算定の方法よりも、合理性の程度の高い」として、単に株式交換効力発生日に近接した時期の株価終値の平均とするのではなく、「補正」が必要である、との判示をした。

抗告審決定は、その「補正」の手法として、以下のように判示した。

「回帰分析の手法は、一般的に科学的根拠に基づく合理的手法であるというべきであるところ、本件におけるＮＥＲＡ意見書の回帰分析の手法を用いたジャスダック指数の変動率に基づく本件恒等式は抗告人株式価格の価格変動を予測するにつき高い信頼水準で統計的に有意であると認められるから、本件恒等式により補正された本件株式交換の効力発生日前の価格をもって算定することが、本件株式交換の計画公表前の一定期間の市場株式価格の平均値をもって算定することよりも、より高い合理性を備える」……補正をしたうえで、「恒等式の変動係数を当てはめる市場インデックス、業界インデックス等（本件ではジャスダック指数の変動率）は、投機的思惑等一定の偶発的な要素の影響を受ける面もあるので、偶発的要素による影響を排除するためにも、株式交換の効力発生日前の一定期間の平均値をもって抗告人株式の有する基準時の客観的価値を判断するのが相当」「本件株式交換の効力発生日の前日からその前１か月間の平均値をもって算定した価格をもって、本件株式の「公正な価格」とするのが相当である」。

その上で、抗告審決定は、「公正な価格」は１株につき「６万7791円」であるとの決定をした。

これを不服とした申立人らは許可抗告を申し立てた。

Ⅱ 決定要旨

1 主文

破棄差戻し。

2 多数意見

(1) 「公正な価格」の算定基準時の判断基準

「公正な価格」の算定基準時の判断基準について、本決定は以下のように判示した。

「反対株主に『公正な価格』での株式の買取りを請求する権利が付与された趣旨は、吸収合併等という会社組織の基礎に本質的変更をもたらす行為を株主総会の多数決により可能とする反面、それに反対する株主に会社からの退出の機会を与えるとともに、退出を選択した株主には、吸収合併等がされなかったとした場合と経済的に同等の状況を確保し、さらに、吸収合併等によりシナジーその他の企業価値の増加が生ずる場合には、上記株主に対してもこれを適切に分配し得るものとすることにより、上記株主の利益を一定の範囲で保障することにある」。

「このような趣旨に照らせば……吸収合併等によりシナジーその他の企業価値の増加が生じない場合に、同項所定の消滅株式会社等の反対株主がした株式買取請求に係る「公正な価格」は、原則として、当該株式買取請求がされた日における、同項所定の吸収合併契約等を承認する旨の決議がされることがなければその株式が有したであろう価格（以下「ナカリセバ価格」という。）をいうものと解するのが相当である（最高裁平成22年（許）第30号同23年4月19日第三小法廷決定・裁判所時報1530号登載予定参照）」。

「以上と異なる原審の前記判断には、裁判に影響を及ぼすことが明らかな法令の違反がある」

(2) 「公正な価格」の具体的算定方法

「公正な価格」の具体的算定方法について、本決定は以下のように判示した。

「上場されている株式について、反対株主が株式買取請求をした日のナカリセバ価格を算定するに当たり、株式交換を行う旨の公表等がされる前の市場株価を参照することや、上記公表等がされた後株式買取請求がされた日までの間に当該吸収合併等以外の市場の一般的な価格変動要因により、当該株式の市場株価が変動している場合に、これを踏まえて参照した株価に補正を加えるなどして同日のナカリセバ価格を算定することは、裁判所の合理的な裁量の範囲内にあるものというべきである（前掲最高裁平成23年4月19日第三小法廷決定参照）」。

3 田原睦夫裁判官補足意見

本決定では、以下のような田原睦夫裁判官補足意見がある。

すなわち、本件では株式買取請求をした反対株主は複数いるところ、その複数の反対株主それぞれの異なる「株式買取請求権行使日の株価の高値45,300円と安値43,250円との間には2,050円、4.5パーセントの価格差がある……これだけの価格差が存するにもかかわらず、株式買取請求期間満了日ないし本件株式交換の効力発生日を基準日として各抗告人ら（筆者注：複数の反対株主）が株式買取請求した株式の買取価格を全て同一価格として定めることは、裁判所の合理的裁量権行使の範囲を超えるものであるといわざるを得ない」。

この田原裁判官の説明は、多数意見が採用している「買取請求権行使時説」に対する「各株主ごとに買取請求時期は異なるであろうから、各株主ごとに買取価格がバラバラになってしまう」という批判に対し、「むしろバラバラになることに合理性がある」という趣旨の再反論を試みているものである。

4 那須弘平裁判官反対意見

本決定では、那須弘平裁判官の反対意見もある。
那須裁判官は以下のように述べて、原則として「公正な価格」となる基準時について、後述する「裁判所裁量説」を採用すべきことを明らかにしている。

「私が問題と考えるのは、多数意見が同説（※筆者注：買取請求権行使時説）を採ることの反面として、他の考え方、例えば買取請求期間満了時説や組織再編効力発生時説による判断の可能性を排斥する趣旨を示した点である……「公正な価格」という文言から通常読み取ることができる意味に照らしても、あるいは旧商法において「決議ナカリセバ其ノ有スベカリシ公正ナル価格」と定められていたものが、現行会社法では単に「公正な価格」と改められた点からみても、そして、買取請求に係る株式の「公正な価格」の決定が、非訟事件手続により裁判所の裁量によって形成的に決定されることとされている点からみても、「公正な価格」決定の基準日を何時にするかは裁判所の裁量に委ねられており、ただ基準日の採用につき裁量権逸脱等の違法が認められるときに限って、原審の判断を覆せば足りると解すべきである」。

「「公正な価格」の決定については、通常の権利義務の存否を争う訴訟とは異なり、基本的に地方裁判所及び高等裁判所の裁量に委ねられるべき……当審が今の時点で基準日を何時とすべきかについて積極的に介入することは、これらの裁判所において個別の事案ごとにあるべき「公正な価格」を探求し、その決定例の積み重ねの中で自ずから「公正な価格」の意味内容が明らかになっていくという道を閉ざすことに通じる。それは、会社法785条1項の理念に照らして、また最高裁と下級審との役割分担という観点からして、果たして望ましいことなのかどうか、疑問なしとしない」「原審の決定はなおその裁量の範囲内にあることが明らかであり、裁判に影響を及ぼすことが明らかな法令の違反があるとはいえないのであるから、本件抗告を棄却すべきである」。

Ⅲ 分析・検討

筆者は本決定の結論に賛成する。

1 「株式買取価格決定申立手続」とは

会社が行う合併、会社分割、株式交換、株式移転などの組織再編に反対する当該会社の株主は、組織再編の効力発生日の20日前の日から効力発生日の前日までの間に、当該会社に対し、自らの有す

る同社株式を「公正な価格」で買い取ることを請求できる（会社法785条1項・5項、797条1項・5項）。

会社と反対株主との間で、この買取価格について、効力発生日から30日以内に協議が調わないときは、株主及び会社は、この30日の期間満了日後30日以内に、裁判所に対し、買取価格の決定を申し立てることができる（同法786条2項・798条2項）。この申立に基づく手続を「株式買取価格決定申立手続」という（手続の流れについて後掲（図1）参照）。

なお、現在の供託実務においては、当事者間で買取価格についての合意がなく、かつ、裁判所による価格決定もなされていない状態にある場合、会社は自らが「公正な価格」と考える買取価格相当額を供託することができないとされている。つまり、会社側としては、株主との間で買取価格についての協議が調わない場合、買取代金支払債務につき遅延損害金が発生し続けるのを回避するためには、価格決定申立をせざるを得ないという法の建付けとなっている。

平成23年12月に法務省民事局参事官室が公表した「会社法制の見直しに関する中間試案」18頁以下では、「株式買取請求に係る株式等に係る価格決定前の支払制度」という制度の創設が提案されている。これは、会社は価格決定前でも会社が「公正な価格」と認める額を株主に対して支払うことで会社が遅延損害金を負わなくなるということを企図した制度とのことである。平成24年8月にとりまとめられた法制審議会会社法制部会「会社法制の見直しに関する要綱案」でも同様の法改正が提案されている（同要綱案23頁）。この立法が成立すれば、上述の会社が「買取代金支払債務につき遅延損害金が発生するのを回避するためには、価格決定申立てをせざるを得ない」という問題は解決されることとなろう。

2 「株式買取価格決定申立手続」における主要論点

組織再編、特に本件のような株式交換や株式移転に関わる株式買取価格決定申立手続に関する判例、裁判例における主要な論点は以下のように整理することが可能である。

① 「公正な価格」の意義（市場株価が原則として「公正な価格」と考えうる基準時）
② 「企業価値の増加が生じない場合」は、「ナカリセバ価格」の算定基準
③ 「企業価値の増加が生じる場合」は、株式交換比率、株式移転比率の公正性の判断基準及び「比率が公正なものであったならば当該株式買取請求がされた日においてその株式が有していると認められる価格」の算定基準

3 「公正な価格」の意義

「公正な価格」の意義、との論点は、いい換えれば、「原則として市場株価が『公正な価格』と考えられる基準時はどの時点か」という問題である。

以下の各見解を読まれる際は、図1をご覧いただき、一般的な組織再編から株式価格決定申立てまでのタイムラインを参照されたい。

なお、以下の各見解の整理については、後述する「TBS決定」の田原裁判官補足意見を主として参照した。

(1) 株式買取請求時説（近時の複数の判例の立場）

この点、近時の最高裁の判断枠組みは以下のように確立しつつある。

「公正な価格」の意義は、企業再編により「シナジーその他の企業価値の増加が生じない場合」と「それ以外の場合」（※いい換えれば、企業価値の増加が生じる場合）により異なる。

「企業価値の増加が生じない場合」の「公正な価格」について、近時の複数の最高裁決定は、「原則として、当該株式買取請求がされた日における」組織再編を「承認する旨の株主総会がされることがなければその株式が有したであろう価格」（これを「ナカリセバ価格」という）をいうとしている（本決定、TBS株式事件—最決平成23・4・19本誌1375号16頁以下（以下、「TBS決定」という。なお、この事件は株主側の社名から「楽天事件」とも呼ばれている）、テクモ株式事件—最決平成24・2・29本誌1388号16頁（以下、「テクモ決定」という）参照）。

他方、「企業価値の増加が生じる場合」の「公正な価格」について、最高裁は株式移転の事案について、「原則として、株式移転計画において定められていた株式移転比率が公正なものであった

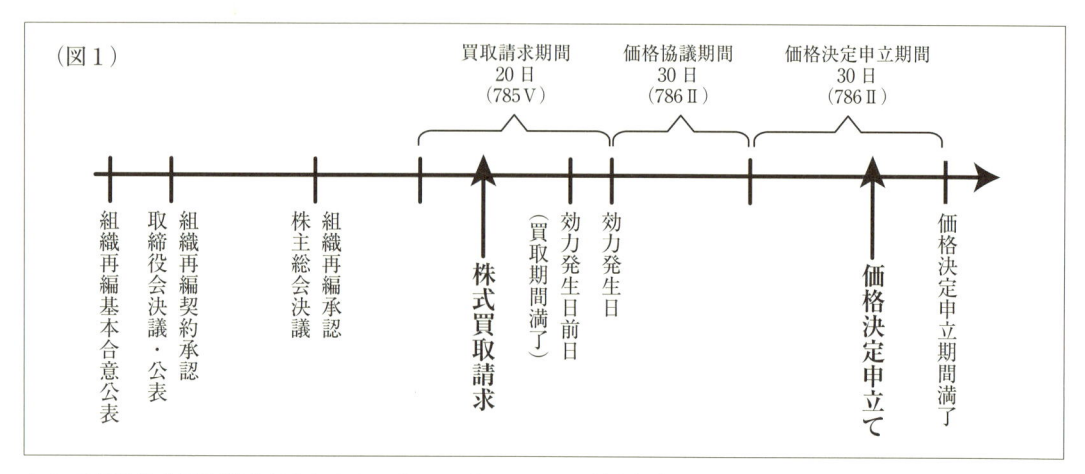

(図1)

```
                    買取請求期間      価格協議期間    価格決定申立期間
                       20日            30日            30日
                      (785V)         (786Ⅱ)         (786Ⅱ)
───┼────┼────┼────┼──↑──┼──┼────┼────────↑────┼──→
 組  取  組  株  株      効  効              価       価
 織  締  織  主  式      力  力              格       格
 再  役  再  総  買      発  発              決       決
 編  会  編  会  取      生  生              定       定
 基  決  契  決  請      日  日              申       申
 本  議  約  議  求      前              立       立
 合      承                日                       期
 意      認                (                       間
 公      ・                買                       満
 表      公                取                       了
         表                期
                          間
                          満
                          了
                          )
```

ならば当該株式買取請求がされた日においてその株式が有していると認められる価格」をいうとしている（テクモ決定）。

最高裁決定は、このように基準時を「買取請求時」とする結論を導く論拠として、反対株主買取請求権の趣旨が、企業再編という「会社組織の基礎に本質的変更をもたらす行為」について反対する「株主に会社からの退出の機会を与えるとともに、退出を選択した株主には」組織再編が「なかった場合と経済的に同等の状態を確保し、さらに」組織再編による「シナジー効果その他の企業価値の増加がある場合には、これを適切に分配し得るものとすることにより、反対株主の利益を一定の範囲で保障することにある」ことから、反対株主が「退出する意思を明示にした時点である株式買取請求がされた日を基準日とするのが合理的」との説明をしている（TBS決定、テクモ決定。本判例もTBS決定を引用して同様の結論を導いている）。

私見も、反対株主の意思の尊重という株式買取請求の趣旨に合致しており、基準として明確であること、後述する他の見解に伴うような反対株主の不当な価格変動リスクの負担や不当な投機が行われる余地も少なくなるといえることから、上記の判例の判断枠組みに賛成する。

(2) **組織再編効力発生時説**

上記最高裁決定がなされる以前の一部の下級審決定では、原則的に市場株価が「公正な価格」となる基準時を、組織再編の効力発生時とする立場がとられていた（本件一審決定、本件抗告審決定、TBS決定の第一審決定・資料版商事法務314号38頁）。

この見解は、株式買取請求が行使されても組織再編自体が中止されれば買取請求は効力を失う（会社法785条7項）ことから、基準時は買取請求が確定的に効力を生じる効力発生時とすべき、との点を根拠としている。

この見解に対しては、買取請求をした株主は請求の撤回ができないにもかかわらず（同法785条6項）、買取請求後、組織再編効力発生時までの株価変動のリスクを負担することになり不相当であるとの批判がなされている。

(3) **株式買取期間満了時説**

別の下級審決定では、原則的に市場株価が「公正な価格」となる基準時を、株式買取期間満了時とする立場をとるものもあった（TBS決定の控訴審決定・判例タイムズ1330号70頁）。

この見解は、基準時を一定にすることで投機的な株式買取請求を防止できるとの点を根拠としていた。

しかし、この見解に対しても、上述の組織再編効力発生時説に対する批判と同様、買取請求をした株主は撤回ができないにもかかわらず、その後の株価変動のリスクを負担することになる、との批判がなされている。

(4) **組織再編承認総会決議時説**

原則的に市場株価が「公正な価格」となる基準時を、組織再編承認の株主総会決議時とする立場も想定される。しかし、これに対しては、以下のような批判がある。即ち、買取請求は効力発生日の20日前から効力発生日前日までにしなければならない（同法785条5項）ので、承認決議から買取請求日まで相当の期間が生じ得るところ、承認決議時説では、株主はとりあえず承認決議には

反対しておいて、株価が騰勢を示している場合には買取請求をせず市場で売り抜け、下落している場合には下落した市場価格ではなく下落前の承認決議時価格で買取りを選択するという不当な投機ができてしまい、不相当である、との批判がなされている。

(5) 裁判所裁量説

原則的に市場株価が「公正な価格」となる基準時をいつにするかについては、裁判所の裁量に委ねられているとする見解もある（本決定那須反対意見、弥永真生「反対株主の株式買取請求権をめぐる若干の問題」商事法務1867号9頁以下など）。

この見解は、たとえば、組織再編計画発表によって、ある程度、組織再編の予想が株価に織り込まれた段階で当該株式を取得した株主に対して、計画発表時を基準時とするのは、「公正」とはいえず、その株主がどの時点で取得したかなどを考慮に入れて裁判所は裁量により「公正な価格」を決定すべきである、といった点を論拠としている。

この見解に対しては、裁判所の決定した価格での株式の買取りを請求したという結果となるのは株主の合理的意思に反する、算定基準は当事者にとって予測可能であるべきである、との批判がなされている。

4 「企業価値の増加が生じない場合」の「ナカリセバ価格」の算定基準

(1) 本決定の処理

本決定は、原審の事実認定を引き、「本件株式交換は、相手方の企業価値ないし株主価値を毀損するものであった」としている。その上で、「企業価値の増加が生じない場合」であるから、「公正な価格」は、原則として、当該株式買取請求時の「ナカリセバ価格」であるとして、上述の買取請求時説を採用している。

そして、原審が買取請求時説を採用せず、効力発生日説を採用したことから、原審判断は「裁判に影響を及ぼすことが明らかな法令の違反がある」として破棄、差戻しとし、それ以上の判示をしていない。

すなわち、本決定においては、「ナカリセバ価格」を具体的にどのように算定すればよいのか、という点の判示はなされなかった。

(2) TBS決定の示した「ナカリセバ価格」の算定基準

この点について、本決定の7日前に同じ第三小法廷から出されたTBS決定は、「ナカリセバ価格」の算定基準について、以下のように判示している。

① 「吸収合併等により企業価値が増加も毀損もしないため、当該吸収合併等が消滅株式会社等の株式の価値に変動をもたらすものでなかったときは……株式買取請求がされた日のナカリセバ価格を算定するにあたって参照すべき市場株価として、『同日における市場株価』や『これに近接する一定期間の市場株価の平均値』を用いることも……裁判所の合理的な裁量の範囲内」と判示している。

その理由として TBS 決定は、「吸収合併等により企業価値が増加も毀損もしない」場合は「市場株価は当該吸収合併等による影響を受けるものではなかったとみることができることから」との点を挙げている。

② 他方、裁判所が裁量により、「ナカリセバ価格を算定するに当たり、吸収合併等による（市場株価への）影響を排除」して算定する必要がある場合については、以下のような算定を行うのも「裁判所の合理的な裁量に委ねられている」。

「「吸収合併等を行う旨の公表等がされる前の市場株価」……を参照して算定する……公表等がされた後株式買取請求がされた日までの間に「当該吸収合併等以外の市場の一般的な価格変動要因により、当該株式の市場株価が変動している場合に、これを踏まえて参照株価に補正を加える」……などして……算定する」。

(3) 本事案との関係

本事案においては、原審の「本件株式交換は、相手方の企業価値ないし株主価値を毀損するものであった」との認定を前提とすれば、差戻審においては、単純に株式買取請求時や「これに近接する一定期間の市場株価」を参照する上記①ではなく、上記②のような「補正を加える」必要があることになろう。

5 「企業価値の増加が生じる場合」の比率の

公正性の判断基準、「比率が公正なものであったならば当該株式買取請求がされた日においてその株式が有していると認められる価格」の算定基準

(1) 比率の公正性の判断基準

前述のように、「企業価値の増加が生じる場合」の「公正な価格」については、最高裁は株式移転の事案について、「原則として、株式移転計画において定められていた株式移転比率が公正なものであったならば当該株式買取請求がされた日においてその株式が有していると認められる価格」をいうとしている（テクモ決定）。

そして、「株式移転比率が公正」かどうかの判断基準として以下の要件を挙げている（※番号、記号は筆者）。

「①一般に公正と認められる手続により株式交換の効力が発生した場合には、②当該株主総会における株主の合理的な判断が妨げられたと認めるに足りる特段の事情がない限り、当該株式移転における株式移転比率は公正なものと認めるのが相当である」。

また、上記最高裁決定は、上記①の「公正と認められる手続」に当たることの例示として、以下の点を判示している。

イ「相互に特別の資本関係がない会社間において」

ロ「株主の判断の基礎となる情報が適切に開示された上で」

ハ「適法に株主総会で承認され」たこと

(2) 「比率が公正なものであったならば当該株式買取請求がされた日においてその株式が有していると認められる価格」の算定基準

上記の要件①②を満たし、株式移転比率が「公正」と認められた場合に更に問題となる「比率が公正なものであったならば当該株式買取請求がされた日においてその株式が有していると認められる価格」の算定基準については、テクモ決定は以下のように判示している。

「上記の場合は、株式移転により企業価値の増加が生じないときを除き（※筆者注：換言すれば、「企業価値の増加が生じた場合は」）、反対株主の株式買取請求に係る『公正な株価』を算定するに当たって参照すべき市場株価として」

(A)「基準日である株式買取請求がされた日における市場株価や」

(B)「……これに近接する一定期間の市場株価の平均値」

「を用いることは、当該事案に係る事情を踏まえた裁判所の合理的な裁量の範囲内にある……」。

(3) 本事案との関係

本事案原審の「本件株式交換は、相手方の企業価値ないし株主価値を毀損するものであった」との認定を前提とすれば、本件は「企業価値の増加が生じる場合」ではないため、上記のテクモ決定の判断枠組みが用いられるべき事案ではないということになる。

Ⅳ 実務対応

株式価格決定手続における勝訴を見すえた組織再編のプランニングの必要性

組織再編を実施する会社としては、すべての株主の納得を得て反対株主を生じさせず、株式買取請求を受けないことが最も望ましい。

ただ、上場企業において全ての株主が組織再編についてどのような意見を持っているかを事前に把握することは困難であるから、会社としては、組織再編のプランニングの段階から、仮に株式買取請求を受け、価格決定申立手続が開始してしまった場合であっても自社に有利な決定を得られるようにするための準備、予防措置の整備に努めることが重要となる。

上述してきた組織再編に関わる株価決定申立事件の検討からは、以下の点に留意して組織再編をプランニングする必要がある。

第1に、「買取請求時の株価が公正な価格」と認められるために、「交換比率、移転比率の算定の公正性」の確保が極めて重要である。そのためには以下のような対応を行っておくことが役に立つと考えられる。

① 会社と利害関係のない独立した算定機関に交換比率、移転比率の算定を依頼する

② 株式交換・株式移転の契約交渉において、相手方に対し、自社に有利な比率となるよう交渉を尽くす

③ 株式交換・株式移転の当事会社同士で役員

の兼任などはないようにしておく
④ 公表時リリース、株主総会参考書類、株主総会当日の説明などで組織再編スキームについての説明を十分丁寧に行う
⑤ （必須とまではいい切れないが可能であれば）組織再編の当否について「独立役員」や「第三者委員会」から組織再編についての賛同意見を取得しておく

　第2に、組織再編の実施タイミングの問題として、組織再編の基本合意や契約締結の公表直後に業績下方修正、減益、赤字などの「組織再編以外の」株価下落要因となる決算情報などを発表することは望ましくない。そのような発表をせざるを得ないタイミングとなってしまうような組織再編スキームは極力組むべきではない。

> 13
> 1 いわゆる「未公開株式」が売買された場合と当該株式を発行した株式会社の買主に対する損害賠償責任の有無（積極）
> 2 いわゆる「未公開株式」が売買された場合と当該株式を発行した株式会社の代表取締役ないし取締役の買主に対する損害賠償責任の有無（積極）（東京高判平成23・9・14本誌1377号16頁）
>
> 弁護士　今田　瞳

I　事案の概要

1　概略

(1) X（被控訴人、原審原告）は、有価証券の保有並びに運用業務等を目的とする株式会社アイディジャパン（改正前の証券取引法（以下、「旧証券取引法」という）28条の定める証券業の登録を受けていない。以下、「ＩＤＪ」という）から、株式を公開していない株式会社松村テクノロジー（控訴人、原審被告。以下、「Y₁」という）発行に係る株式の購入の勧誘を受け、同株式の購入代金として合計815万円を支払った者である。なお、株式会社サクセスジャパン（以下、「サクセスジャパン」という）は、ＩＤＪの系列会社である。

(2) Y₁は、マイクロコンピュータシステム機器並びにその部品の設計、開発、製造、販売、リース、輸出入等を目的とし、平成15年8月8日に、資本金1000万円、発行済株式総数200株で、Y₁ないしその親族が株主となって設立された株式会社である。また、Y₁は、Y₁発行に係る株式を譲渡するには平成20年3月3日までは取締役会の、同日以降は株主総会の承認を受けることを必要としており、現在まで、いかなる株式市場にも株式を上場していない。また、Y₂は、設立以来のY₁の代表取締役であり、Y₃は、平成16年10月31日から平成20年3月3日までの間、Y₁の取締役であった者である。

(3) 原審において、Xは、Y₁に対し、Y₁においても自己の発行した株式がX等の一般消費者に違法に販売されることを認識していたか、又は、少なくとも認識し得たものであるから、Y₁がＩＤＪに対して漫然と株式を発行したことについてY₁はＩＤＪとの（共同）不法行為があるなどと主張して、上記支払額815万円及び弁護士費用の賠償を請求するとともに、その当時Y₁の代表取締役であったY₂及び取締役であったY₃に対しても、取締役の第三者責任に基づき、同額の賠償を請求した。なお、当初、ＩＤＪも被告とされていたが、原審において、ＩＤＪに関する事件が分離された上で、Xの請求を認容する判決が言い渡され確定している。

(4) Xの上記請求に対し、原審（東京地判平成23・4・14金融・商事判例1377・23頁）は、Y₁がＩＤＪに対して漫然と株式を発行したことについて過失があったとして、Xの請求を全て認容した。そこで、Yらが控訴したのが本件である。

2　原審の概要

(1) 原審において認定されたY₁とＩＤＪ及びサクセスジャパンとの関係に係る事実は以下のとおりである。

① Y₁とＩＤＪとは、Y₁が製造する多通貨紙幣鑑別機の独占的販売権をＩＤＪが取得することに合意し、平成16年1月19日、独占的販売権に関する基本取引契約を締結した。

② Y₁とＩＤＪとは、同年4月27日、上記①の独占的販売権に関する基本取引契約を一部変更する合意をした。

③ Y₁とＩＤＪとは、Y₁が製造するセキュリティーシール等の独占的販売権をＩＤＪが取得することに合意し、同年7月28日、独占的販売権に関する基本取引契約を締結した。

④ ＩＤＪは、同年11月26日、Y₁に対し、5000万円を振り込み、サクセスジャパンは、同日、Y₁に対し、2000万円を振り込んだ。

⑤ サクセスジャパンは、同月29日、Y₁に

対し、3000万円を振り込んだ。

⑥　ＩＤＪは、同年12月6日、Y₁に対し、5000万円を振り込んだ。

⑦　ＩＤＪは、同月21日、Y₁に対し、1億円を振り込んだ。

⑧　サクセスジャパンは、平成17年2月18日、Y₁に対し、7500万円を振り込んだ。

⑨　Y₁は、同年3月23日、同年1月27日に100分の1の株式分割を行って発行済株式総数を2万株とした旨の登記をした。

⑩　ＩＤＪは、同年3月25日、Y₁に対し、1億2500万円を振り込み、サクセスジャパンは、同日、Y₁に対し、7500万円を振り込んだ。

⑪　Y₁とＩＤＪとは、同日、アイディジャパン投資事業有限責任組合を引受人としてY₁が実施する第三者割当増資の実施手順に関する覚書を取り交わし、その中で、ＩＤＪがY₁に対して(1)平成16年11月26日に5000万円、(2)同年12月6日に5000万円、(3)同月21日に1億円、(4)平成17年3月25日に1億2500万円、(5)同年4月20日に2億2500万円を振り込むこと、Y₁は(1)ないし(4)の振込については受領済みであること、Y₁は(1)及び(2)の振込に対しては各500株、(3)及び(4)の振込に対しては各1000株、(5)の振込に対しては1500株を割り当てることを確認した。

また、Y₁とサクセスジャパンとは、同年3月25日、サクセスジャパン投資事業有限責任組合を引受人としてY₁が実施する第三者割当増資の実施手順に関する覚書を取り交わし、その中で、サクセスジャパンがY₁に対して(1)平成16年11月26日に2000万円、(2)同月29日に3000万円、(3)平成17年2月18日に7500万円、(4)同年3月25日に7500万円を振り込むこと、Y₁は全て受領済みであること、Y₁は(1)の振込に対しては200株、(2)の振込に対しては300株、(3)及び(4)の振込に対しては各500株を割り当てることを確認した。

⑫　Y₁は、同年4月11日、従前からの株主であったY₂ないしその親族に対し、発行価額を1株500円として6000株の新株を割り当てて発行し、資本金を1300万円に増資した。

⑬　Y₁は、同月19日、取締役会を開催し、(1)無議決権株3000株を、1株当たりの発行価額を10万円、資本に組み入れない額を5万円、払込期日を同年5月27日として、アイディジャパン投資事業有限責任組合に2500株、サクセスジャパン投資事業有限責任組合に500株各割り当てて発行すること、(2)無議決権株3000株を、1株当たりの発行価額を15万円、資本に組み入れない額を7万5000円、払込期日を同年6月17日として、アイディジャパン投資事業有限責任組合に2000株、サクセスジャパン投資事業有限責任組合に1000株各割り当てて発行すること、(3)定款を一部変更し、発行する株式の総数を8万株として、そのうちの7万株を普通株式、1万株を無議決権株式とし、普通株式が証券取引所に上場されることが決定した場合には、無議決権株式1株に対し普通株式1株の割合で転換することなどを決議した。

⑭　ＩＤＪは、同年4月20日、Y₁に対し、2億2500万円を振り込んだ。

⑮　Y₁は、同年5月9日、臨時株主総会を開催し、上記⑬の取締役会決議を承認した。

⑯　Y₁は、同月27日、1株当たり10万円の発行価額で、アイディジャパン投資事業有限責任組合に対して2500株、サクセスジャパン投資事業有限責任組合に対して500株の合計3000株の無議決権株式を発行し、資本金を1億6300万円に増資した。

⑰　Y₁は、同年6月17日、1株当たり15万円の発行価額で、アイディジャパン投資事業有限責任組合に対して2000株、サクセスジャパン投資事業有限責任組合に対して1000株の合計3000株の無議決権株式を発行し、資本金を3億8800万円に増資した。

(2)　原審における争点

原審における争点は以下のとおりである。なおＩＤＪが未公開株式であるY₁発行の株式をXに販売したことが違法であることは事実上当事者間に争いがないとされている。

①　Y₁は、Y₁がＩＤＪの違法行為に関与していたか、少なくともＩＤＪが違法な行為に及ぶことを認識することができたのにそれを阻止しなかった点に過失があったかどうか。

②　Y₁に責任があるとされる場合にY₂及びY₃にXに対するY₁の取締役としての第三者責

任が生ずるか。

(3) Y₁の主張及び原審の判断
① Y₁の認識及び認識可能性について
イ 無議決権株式の発行の決定時期
(イ) Yらの主張

Yらは、平成16年11月26日にY₁に対してＩＤＪ及びサクセスジャパンから合計7000万円が振り込まれた事情（(1)④）について、基本取引契約締結以降、ＩＤＪは度々Y₁に対して資本参加したいと要望していたところ、Y₁はかかる要望を断っていたにもかかわらず、Y₁の了承を得ることなく突然ＩＤＪ側が振り込んできたものであり、同日までにY₁がＩＤＪに対して資本参加を了承した事実はないと主張した。また、平成17年3月25日にアイディジャパン投資事業有限責任組合を引受人としてY₁が実施する第三者割当増資の実施手順に関する覚書を取り交わした事情（(1)⑬）について、Y₁は、ＩＤＪ側が更に振込を続けており、ＩＤＪ側からの振込総額が5億2500万円に達した同年4月に至って、ＩＤＪとの資本提携に応じざるを得ないと考えてＩＤＪ及びサクセスジャパンとの間で第三者割当増資に関する覚書を締結したが、覚書の作成日は日付を遡らせて同年3月25日とすることにしたと主張し、更に、Y₁にはＩＤＪの調査をすべき法令上の義務はなく、また、ＩＤＪはY₁の総販売代理店であるため株式を割り当てるに際して改めて調査をすることはしなかったなどと主張した。

(ロ) 原審の判断

(イ)で述べたYらの主張に対し、原審は、上記Y₁及びY₂の対応は、「調査義務に関する法令の有無を問うまでもなく、一般常識に反し、極めて不自然というべきである。」と述べた上で、「かえって、原告が平成16年12月にＩＤＪから交付を受けたY₂の挨拶文が掲載されているY₁のパンフレットには……平成17年6月17日にY₁が実際に増資した資本金の額と一致する『資本金3億8千800万円（平成17年6月予定）』と記載されていること及びY₁が同年1月27日には100分の1の株式分割をして発行済み株式総数を2万株と増やし、新株が発行されてもY₂がY₁を支配し得るような対応策を講じていることに照らすと、ＩＤＪ及びサクセスジャパンが平成16年11月26日にY₁に対して合計7000万円の振込みをする以前から、Y₁とＩＤＪとの間では、ＩＤＪのY₁に対する資本参加に関する実質的な交渉が進められていたものであって、同日時点では、Y₁がＩＤＪに株式を割り当てるなどして平成17年6月までに合計3億7800万円増資して資本金を3億8800万円とすることまでは少なくとも合意されており、上記振込は、その合意に基づくものであったと認めることが合理的である。」と述べて、Y₁とＩＤＪとの間の資本参加をするための実質的な交渉は、平成16年11月26日以前から行われていたと認定した。

ロ ＩＤＪによるY₁発行株式の販売に対するY₁の認識又は認識可能性

原審は、イ(ロ)の認定を前提に、「ＩＤＪが割当を受けるY₁の株式が無議決権株となることは、同月以前の交渉の初期の段階から既定の事実であったと推認」し、「ＩＤＪは、この既定の事実を受け入れ、議決権がない上に株券も発行されないことを了承した上、平成16年7月31日時点のY₁の1株当たりの純資産額は5万7187円余でしかないのに、1株当たりの発行価額を10万円又は15万円にするという極めて不利益を条件をも承諾してY₁との間で資本参加に関する交渉を進め、Y₁と第三者割当増資に関する覚書を締結してY₁の株式の発行を受け、Y₁に対し、合計7億5000万円もの資金を投資することになった」のであるから、「その資金提供を受けるY₁としても、このような悪条件でもＩＤＪがY₁の株式の割当を受けることを承諾した理由や、ＩＤＪの資金の原資ないし調達先については当然に関心を抱いて然るべきであったというべきである。」とした上で、「実際にY₁の株式の割当てを受けた株式引受人がＩＤＪやサクセスジャパン自体ではなく『投資事業有限責任組合』であったことに照らすと、Y₁は、あるいはＡ（ＩＤＪ代表者）に質問するとか、あるいはＡから積極的に説明を受けるなどして、資本参加に関する交渉の過程において、ＩＤＪがY₁から発行を受けた株式を広く一般投資家に違法に販売して資金を調達するのみならず差益を利得することを認識していたのではないかとさえ想定されるところである。……株式引受人が『投資事業有限責任組合』であったこと

や、そもそも上記のとおりの極めて不利な条件にもかかわらず、ＩＤＪがＹ₁の株式の発行を受けることに執着していたことを総合すれば、Ｙ₁は、ＩＤＪがＹ₁の株式を一般投資家に違法に販売することを容易に認識し得たというべきである。したがって、Ｙ₁がＩＤＪの資金の原資等に関する調査を怠って漫然と株式を発行したことについて、Ｙ₁には過失があったといわざるを得ない。」とした。

② Ｙ₂及びＹ₃の取締役としての第三者責任について

前記１のとおり、Ｙ₁は、ＩＤＪがＹ₁から発行を受ける株式を広く一般投資家に違法に販売することを認識し、又は認識することができたにもかかわらず、漫然とＩＤＪに株式を発行したものであるところ、Ｙ₂は、Ｙ₁の代表取締役としてＩＤＪに対する株式の発行を主導したものであり、Ｙ₃は、Ｙ₁の取締役としてＹ₂の上記業務執行を承認したものであるから、ＩＤＪに対するＹ₁の株式の発行を止めなかったことについて、被告らは、被告らが負っていたＹ₁の業務を適正に執行する義務ないしＹ₁の業務に対する監視監督義務を故意又は重大な過失によって怠ったものであると認められる。

したがって、Ｙらは、原告に対し、取締役の第三者責任に基づき、Ｘが被った損害を賠償する責任を負うというべきである。

3 控訴理由

上記２で述べた原審の判断に対し、控訴人は、事実誤認（無議決権株式の発行の決定時期、Ｙ₁の株式分割時期及び平成17年5月27日及び同年6月17日の時点におけるＹ₁のＩＤＪの違法行為の認識可能性等）、因果関係の不存在（ＩＤＪの不法行為の着手は、平成16年12月であり、Ｘが金銭を支払って損害を被ったのは同月17日、平成17年2月28日及び同年4月27日である。Ｙ₁の無議決権株式の発行は、これらの後の平成17年5月27日及び同年6月17日であるから、ＩＤＪの不法行為及びＸの損害発生との間に因果関係がなく、ＩＤＪによる不法行為を容易にさせたことにはならない）、Ｙ₁の過失の不存在（株式発行会社は、募集株式の発行に際し、株式引受人の払込金原資の調達内容や方法を事前に調査することを義務付けた法令はないからＹ₁に過失はない）、客観的関連共同性の不存在（ＩＤＪの不法行為着手時（平成16年2月）と、Ｙ₁の無議決権株式の発行時との間には約半年の隔たりがあり、時間の連続性及び近接性はなく、社会通念上も別個の行為であって、両者間に客観的関連共同性はない）などと主張して控訴した。

Ⅱ 判決要旨

1 結論

控訴棄却。

2 本判決における控訴人Ｙらの主張に対する判断

(1) 無議決権株式の発行の決定時期

控訴審は、Ｉ２⑴の事実経過及び関係証拠によれば、「控訴人Ｙ₁に対するＩＤＪ及びサクセスジャパンからの総額7億5000万円の送金が開始された平成16年11月26日の時点において、ＩＤＪがＹ₁に対して資本参加すること、これによってＩＤＪが割当を受ける株式が無議決権株式であることがＹ₁とＩＤＪとの間において合意され、事実上決定されていたと見るのが相当である」とした。

また、ＹらのⅠ２⑶①イ(イ)の主張については、「断っていたにもかかわらず出資金が振込送金されたのであれば、これを直ちに返金するのが当然であるのに、Ｙ₁は、返金はおろか、振込送金中止の申入れさえもしていない。……更に付言すれば、Ｙ₁は、平成15年8月に設立されたばかりの当初の資本金1000万円の小規模な同族会社であり、Ｙ₂又はその親族が代表者である関連会社はあるものの、格別の実績や資産を有せず、仮に高い技術力等があり、Ｙ₂にも大きな実績があるとしても、一般に多額の投資の対象となる会社とは考えられない。それにもかかわらず、基本取引契約に基づく取引を開始して間もなくＩＤＪから出資の申込みを受け、現実に多額の金員が振り込まれても、ＩＤＪについて何らの調査もしないことなどは、あり得ないことというべきである。」などと述べ、その主張を排斥した。

(2) YらによるIDJの違法行為の認識及び認識可能性

Yらの、「平成17年5月27日及び同年6月17日の時点においてもIDJの違法行為を認識し得なかった」という主張について、控訴審は、原審の判断を支持しつつ、「IDJは、平成15年6月20日に設立された資本金の額3000万円の会社であるところ、有価証券の保有並びに運用業務等を目的としながら証券業の登録を受けていない会社であり、Y1から株式が割り当てられることが決定されていたからこそ、その株式を一般投資家に違法に販売することができたものであるところ、Y1において、IDJの財務状況や出資金の原資等を調査すれば、IDJが上記違法行為を行っていることは容易に認識し得た」と判断した。

(3) 因果関係、過失及び客観的関連共同性

Yらの、「Y1の無議決権株式発行とIDJによる不法行為及び被控訴人の損害との間に因果関係はなく、Y1には過失がなく、また、客観的関連共同性もない」という主張について、控訴審は、「IDJは、Y1との間で平成16年11月26日までにされたY1がIDJに株式を割り当てるなどの合意に基づき、被控訴人に対し、違法な勧誘をした上で株式購入申込金の名目で合計815万円を受領したものであり、Y1がIDJに対して株式を割り当てることさえ決定しなければ、IDJは違法行為を行うこともできなかったのであるから、Y1の行為とIDJの行為との間には客観的関連共同性があり、また、これらの行為と被控訴人が被った損害との間に因果関係があると認められ、さらに、Y1は、IDJが違法行為を行っていることは容易に判明することであるのに、何らの調査もしなかったのであるから、過失があることも明らかである。控訴人らの主張は、Y1が株式を現実に発行した時期のみをとらえて、因果関係及び過失等の不存在をいうものであって、これを採用することはできない。」として、その主張を排斥した。

3 本事件のその後

控訴人が上告及び上告受理申立。

III 分析・検討

判旨に賛成する。

1 本判決の意義

近年、金融商品取引法に基づく金融商品取引業の登録を受けていない業者（無登録業者）が、高齢者等に対し未公開株等の販売を行うことによるトラブルが多発しており、国民生活センターは、全国の消費生活センターに寄せられた未公開株式に係る苦情相談事例について、2007年度は2616件であったところ、2008年度は30371件、2009年度は6114件、2010年度は8561件、2011年度は7345件であると公表している（http://www.kokusen.go.jp/soudan_topics/data/mikoukai.html）。

未公開株等の販売を行った無登録業者に責任が生じることは明白であるが（この点については本事案でも争いがない）。もっとも、当該無登録業者の無資力等の事情により、その賠償が不可能である場合も数多く想定されるため、売買の対象となった未公開株の発行会社及び同社の（代表）取締役を被告とした訴訟提起が考えられるが、未公開株の発行会社等が共同不法行為責任を負うかどうかについては、事案に即した十分な検討が必要である。

これまでの裁判例においても、売買の対象となった未公開株の発行会社及び同社の取締役の責任を認めた事案は集積されており、本判決は、このような流れを汲んだものであるが、上記のように未公開株式トラブルが続発していること、その損害額は多額に上るにもかかわらず無登録業者の賠償に期待ができないことに鑑みると、未公開株式の発行会社の責任を具体的な事情に即して肯定した本判決は、今後の同種事案の検討にあたっても重要な意義を有するといえる。

2 金融商品取引法の改正

平成23年5月25日、資本市場及び金融業の基礎強化のための金融商品取引法等の一部を改正する法律（平成23年法律第49号、以下、「改正法」という）が公布され、無登録業者の未公開株式等の

売付け等の規制を含む改正がなされた。改正法の概要は以下のとおりである。なお、改正の詳細については商事法務1938号14頁（齊藤将彦ほか「市場の信頼性確保に向けた見直し」）が詳しい。

(1) 無登録業者が未公開株等について売付け等を行った場合には、その売買契約を原則として無効であることとし、例外的に、無登録業者等が、当該売付け等が相手方の知識、経験、財産の状況及び当該契約を締結する目的に照らして顧客の保護に欠けるものでないこと、又は、当該売り付け等が不当な利得行為に該当しないことを証明したときは、この限りでないこととする。

(2) また、改正前は無登録業者が有価証券の売買等の広告・勧誘を行うのみではそれが金融商品取引業に該当する場合を除き、犯罪行為とはならないこととなっており、警察は、無登録業者が有価証券の売買等が行われたと思料されるべき資料がなければ令状による強制捜査に着手できないという状況にあったため、改正法では、無登録業者による広告・勧誘行為を禁止し、罰則を設けることで早期の取り締まりができるようになった。

(3) 改正前は、無登録業罪の罰則は3年以下の懲役、又は300万円以下の罰金（又はこれを併科）であり、法人両罰については300万円以下の罰金とされていたが、改正法では、無登録業者に対する罰則を、5年以下の懲役又は500万円以下の罰金（法人については5億円以下の罰金）に引き上げた。

本判決は、上記のような改正法の契機の1つとなった事案であるといえよう。

3 本判決についての具体的検討

(1) Y_1について

① 無議決権株式の発行の決定時期

本件では、無議決権株式の発行の決定時期が、事実認定における最大の争点であったといえる。

Xの主張によると、IDJの社員が、原告に対し、被告会社の株式を購入するよう勧誘したのは、平成16年12月頃のことであり、また、XがIDJの社員の説明を信じ、被告会社の株式10株を300万円で購入する旨のIDJあての株券購入申込書を作成したのは平成16年12月15日、IDJに対し、300万円を振り込んだところ、IDJから、「松村テクノロジーIDJ10号投資事業組合出資証券10口券」の交付を受けたのは平成16年12月17日のことである、とのことである。

しかし、一方で、原審の認定した事実によると、Y_1とIDJとが、アイディジャパン投資事業有限責任組合を引受人としてY_1が実施する第三者割当増資の実施手順に関する覚書を取り交わした日及びY_1とサクセスジャパンとが、サクセスジャパン投資事業有限責任組合を引受人としてY_1が実施する第三者割当増資の実施手順に関する覚書を取り交わした日は平成17年3月25日である。また、実際に、Y_1が、取締役会を開催し、無議決権株をアイディジャパン投資事業有限責任組合に及びサクセスジャパン投資事業有限責任組合に割り当てて発行すること、定款を一部変更し、発行する株式の総数を8万株として、そのうちの7万株を普通株式、1万株を無議決権株式とし、普通株式が証券取引所に上場されることが決定した場合には、無議決権株式1株に対し普通株式1株の割合で転換することなどを決議したのは、平成17年4月19日であり、かかる取締役会決議を承認する株主総会の特別決議がなされたのは平成17年5月9日である。

以上の事実関係に基づくと、IDJは、Y_1らの第三者割当自体はおろか、その合意をする前に、いわば勝手に、Xに対してY_1発行に係る株式についての勧誘を行い、また、販売したと見ることも可能のように思える。だからこそ、YらはIDJとの客観的関連共同性及びY_1の行為とXの損害との因果関係を争ったのである。

しかしながら、原審及び控訴審は、いずれも、このようなYらの主張を排斥した。原審は、「IDJ及びサクセスジャパンがY_1に対する振込を行う平成16年11月26日の相当以前から、Y_1とIDJとの間では、IDJのY_1に対する資本参加について交渉が始まっていたものと認められる」と認定し、控訴審は、更に進んで、「平成16年11月26日の時点において、IDJがY_1に対して資本参加すること、これによってIDJが割当を受ける株式が無議決権株式であることがY_1とIDJとの間において合意され、事実上決定されていたと見るのが相当」と認定した。

原審及び控訴審が、上記のような判断に至った最大の要因は、平成16年11月16日には、IDJ及びサクセスジャパンからの7000万円の送金がなされ、その後も、断続的に送金がされているという事実にあると思われる。この点についてYらは、「Y₁とIDJとの取引基本契約の締結及びこれに基づく製品の個別の取引実績があったことなどに加え、IDJが上記送金以前から、事前連絡もないまま不定期にまちまちの金額を振込送金することを繰り返しており、その送金が取引代金であるのか否かも不明朗で、これらを区分して的確な経理処理をすることさえできなかったことも一因となっている」と主張するが、かかる主張は、Y₂が初回の振込送金がされた時点で驚いて電話をし、その後も何度も電話で確認した旨の供述と反しているため、理由がないとされている。

　Y₁とIDJとの間でどれほどの金額の取引が恒常的になされていたのかについて判決から読み取ることができないが、通常、何らの根拠もなく、7000万円という金額を他人に振り込むということは想定し難く、その後も断続的に数千万に上る振込が続いたのであれば、かかる振込について合理的な説明がなされない限り、当初の振込の時点において、IDJ、サクセスジャパン及びY₁との間でその後に行われた株式割当てについてすでに具体的な合意がなされていたという推察に至ることは合理性に欠けるものでなく、原審及び控訴審の判断は妥当であろうと思われる。

　② YらによるIDJの違法行為の認識及び認識可能性

　原審は、「実際にY₁の株式の割当てを受けた株式引受人がIDJやサクセスジャパン自体ではなく『投資事業有限責任組合』であったこと」をもってして、Y₁が「資本参加に関する交渉の過程において、IDJがY₁から発行を受けた株式を広く一般投資家に違法に販売して資金を調達するのみならず差益を利得することを認識していたのではないかとさえ想定される」と述べ、Y₁らがIDJの違法行為を認識していたのではないかという疑いを投げかけつつ、「株式引受人が『投資事業有限責任組合』であったことや、そもそも上記のとおりの極めて不利な条件にもかかわらず、IDJがY₁の株式の発行を受けることに執着していたことを総合すれば、Y₁は、IDJがY₁の株式を一般投資家に違法に販売することを容易に認識し得た」というようにY₁の認識可能性を肯定している。一方、控訴審は、更に進んで、「Y₁において、IDJの財務状況や出資金の原資等を調査すれば、IDJが上記違法行為を行っていることは容易に認識し得た」と述べ、Y₁に調査義務があったかのような判断をしている。

　会社が出資を受ける際に、出資する会社が反社会的勢力でないかどうかを調査することは一般的に行われているとしても、その出資金の原資がどのようなものかということまで調査する法律上の義務はないといえるであろう。それにもかかわらず、Y₁に注意義務があるかのような判断がなされたのは、本件では、株式引受人が「投資事業有限責任組合」であること、IDJが、発行する株式を無議決権株式とすること及び平成16年7月31日時点のY₁の1株当たりの純資産額は5万7187円余でしかないにもかかわらず、1株当たりの発行価額を10万円又は15万円にするという極めて不利益な条件をも承諾したこと等の特異な事情があったためであり、その判断は妥当であると思われる。

　もっとも、「財務状況、出資金の原資等の調査」といっても、具体的にどのような調査をすれば、Y₁においてIDJが違法行為を行っていることが認識し得たか、また、どのような調査を行っていればY₁が調査義務を果たしたと評価されるかは本判決からは明らかでないが、本件に即していえば、Y₁は、まずはIDJに出資金等の原資等の状況を尋ねるなどの基本的な対応が必要であったというべきであろう。

　(2) Y₂及びY₃について

　原審は、「Y₁は、IDJがY₁から発行を受ける株式を広く一般投資家に違法に販売することを認識し、又は認識することができたにもかかわらず、漫然とIDJに株式を発行したもの」と認定した後、Y₂は、Y₁の代表取締役としてIDJに対する株式の発行を主導したものであり、Y₃は、Y₁の取締役としてY₂の上記業務執行を承認したものとして、Y₂及びY₃のY₁の業務に対する監視監督義務を故意又は重大な過失によって

怠ったと判断し、かかる判断は控訴審においても是認されている。

取締役がその職務を行うについて悪意・重過失があったときは、当該取締役は、連帯して、これによって第三者に生じた損害を賠償する責任を負う（会社法429条1項・430条）。

原審及び控訴審の判断を前提とすれば、Y_2及びY_3いずれについても、未公開株式の発行にあたって、ＩＤＪへの第三者割当ての異常性について疑問を抱き、取締役会決議の前に、ＩＤＪの原資等について調査を促すことによってY_1の業務に対する監視監督義務を果たすべきであったといえ、これを行わなかったことについて重大な過失があるという判断は妥当であろうと思われる。

Ⅳ 他事案との比較

1　Y_1に係る他事案

本事件におけるＸのようにY_1発行に関わる株式の購入代金として金員を交付した被害者は他にも数多く存在したことは想像に難くないが、ＩＤＪの社員の勧誘により、ＩＤＪの未公開株購入名下に金員を交付した原告が、Y_1を被告としてＩＤＪらとの共謀による詐欺を行ったとして、損害賠償を請求した事案（東京地判平成20・12・24判例集未登載）においては、原告の請求は棄却されており、また、原告が控訴するも、控訴は棄却され、控訴審は確定している（東京高判平成21・6・25判例集未登載）。

2　東京地裁平成20年12月24日判決の判断

東京地裁平成20年12月24日判決における原告は、Y_1の行為を、ＩＤＪと共謀による詐欺と構成した上で、損害賠償を請求していたところ、裁判所は、Y_1が詐欺を行ったと認めるに足りる証拠はないとした上で、原告の請求を棄却した。

3　東京高裁平成21年6月25日判決の判断

控訴審において、控訴人である原審原告は、Y_1は、故意又は過失によりＩＤＪの違法行為を幇助した旨の主張を追加したが、控訴審は、①控訴人は、ＩＤＪ従業員の勧誘によりＩＤＪに対し、平成16年12月15日から平成17年7月29日までの間、計4回にわたり、未公開株名下に金員を支払ったこと、②Y_2が、ＩＤＪ商品販売統括事業本部主催のセミナーにおいてY_1の会社概要等について講演していること、③Y_1はアイディジャパン投資事業有限責任組合に対し、平成17年5月と6月に未公開株を発行していること、④ＩＤＪ従業員は、Ｙに対し平成18年に開催したセミナーについて連絡文書を送付して、投資家も上記セミナーに参加する予定であると伝えたこと、⑤Y_2は、ＩＤＪに対し、平成17年4月21日、ＩＤＪの顧客からの問合せが多いとクレームをつけていることを認定し、一方、⑥上記セミナーはＩＤＪの商品販売部門の主催であり、Y_2もＩＤＪからY_1の商品説明等をするよう依頼されて、Y_1の会社概要や商品等について講演したものに過ぎないこと、⑦Y_2は、Y_1が株式譲渡制限のある同族会社であり、第三者である個人が株主になることによるY_1の経営上の問題を懸念したことから、Y_1がアイディジャパン投資事業組合等に対して発行する株式を無議決権株式としたこと、⑧ＩＤＪは、Y_2から上記⑤のクレームを受けたので、平成17年4月21日、ＩＤＪの営業社員に対し、Y_1がクレームした顧客の名前を記録しているようなので注意をするよう注意喚起した書面を配布しているという事実を認定した。

その上で、「①ないし⑤の事実から、直ちにY_1にＩＤＪの違法行為を幇助する意思があったと認めることはできないし、他にY_1に上記幇助の意思があったと認めるに足りる証拠はない。そもそも、Y_1がアイディジャパン投資事業有限責任組合等に対し本件未公開株を発行したのは、上記引用に係る原判決認定事実のとおり、控訴人が本件未公開株名下に代金を支払い始めた平成16年12月15日の後である平成17年5月と6月であるから、控訴人がY_1の幇助行為であると主張するアイディジャパン投資事業有限責任組合に対して、本件未公開株を発行した行為と控訴人の損害との間には因果関係はない」、上記⑧の事実のとおり、「平成17年4月ころには、ＩＤＪはY_1に対し、本件未公開株を第三者に販売した事実を知られないように画策していたことが窺われる注意書面を自社の営業社員に配布していることなどをもっ

て、平成17年4月ころの時点で、Y₁がIDJが本件未公開株を第三者に販売していた事実を知らなかったことにつき、Y₁には過失があったということもできない」と判断している。

4 東京地裁平成20年12月24日判決・東京高裁平成21年6月25日判決と本判決との違い

東京地裁平成20年12月24日判決(ア)、東京高裁平成21年6月25日判決(イ)と、本判決(ウ)との違いは大きく2つある。まず1つ目は、アの原告が、Y₁の行為を詐欺による不法行為とする構成をとっていたことにある。

詐欺による不法行為は、Y₁による虚偽事実の告知等が要件となるため、本判決で認定された未公開株式の発行自体を不法行為とするという構成に比して、立証が困難であるといえよう。

この点について裁判所も、「弁論主義を厳格に適用して、当事者が請求の原因として主張する要件事実と寸分違わぬ事実を認定し得る場合でなければ、当該請求原因事実が認められないとして、当該請求原因事実に基づく請求等の発生が認められないとすることは、当事者又は訴訟代理人の慎重さや法的知識や分析力、表現力等いかんにより、結論が異なることになってしまうため、民事訴訟実務における弁論主義の適用としては相当でない。しかし、他方、民事訴訟においては相手方の防御活動を無視することはできず、弁論主義を緩やかに解するとしても限界がある」などと述べており、アの原告が異なる請求原因を構成していれば、ア事件においても、その請求を認容されたとも捉え得る。

もう1つの違いは、ア、イ事件においては、ウ事件で提出されたIDJ側からY₁に対する平成16年11月26日から始まる金員の振込に係る証拠が提出されていないという点である。

Ⅲ4で述べたように、平成16年11月26日以降の上記振込みが、IDJとY₁との間で無議決権株式の発行の決定された時期を決める証拠となったのは明らかであり、ア、イ事件においてかかる証拠が提出されれば異なる判決となっていた可能性も否定できない。一方で、ア、イ事件においては、ウ事件で特段認定されていない⑧の事実

(IDJは、Y2から⑤のクレームを受けたので、平成17年4月21日、IDJの営業社員に対し、Y₁がクレームした顧客の名前を記録しているようなので注意をするよう注意喚起した書面を配布しているという事実)等が認定されており、かかる事実が控訴棄却という判断の過程における重要な一事実であることに照らすと、上記振込みの事実が証拠として提出されたとしても、必ずしも、ア、イ事件の判決が、異なる結論となっていたとはいい難いとも考えられる。

Ⅴ 結語

本判決は、事例判決であるものと思われるが、Ⅲ2で述べたとおり、未公開株式の発行会社の責任を具体的な事情に即して肯定した事例として、今後の同種事案の検討にあたっても重要な意義を有するものと考えられる。

商事法関係

14 有価証券報告書等に虚偽の記載がされている上場株式を取得した投資者の損害賠償請求を認めた事件（西武鉄道株式会社株主事件①②）（最判平成23・9・13本誌1383号15頁）

弁護士 中根 敏勝

【①事件（西武鉄道株主集団訴訟事件）】

I 事案の概要

1 概略

　東京証券取引所に上場されていた被上告人西武鉄道株式会社（以下、西武鉄道）という）の株式を取引所市場において取得した上告人らが、株式会社コクド（以下、「コクド」という）等の少数特定者が所有する西武鉄道の株式の割合が東京証券取引所に定める上場廃止事由に該当する事実があったにもかかわらず、西武鉄道が有価証券報告書及び半期報告書（以下「有価証券報告書等」という）に虚偽の記載をして上記事実を隠蔽し、また株式会社コクドが西武鉄道株式の大量保有報告書に過少な数を記載するなどして隠蔽に協力したことで上場廃止となったことにより損害を被ったとして、西武鉄道、コクドを吸収合併した被上告人株式会社プリンスホテル（以下、「プリンスホテル」という）及びコクドの代表取締役であったY₁元会長等に対し、不法行為等に基づく損害賠償を求めた事案の上告審の判決である。

2 原審が確定した事実関係

　(1)　西武鉄道株式は、昭和24年に東京証券取引所に上場され、昭和40年8月から平成16年12月16日まで継続して市場第一部に上場されていた。

　(2)　東京証券取引所においては、遅くとも昭和57年10月1日には以下の上場廃止事由が定められ、これは平成16年まで継続されていた（株券上場廃止基準2条1項、昭和57年10月1日改正附則3項・5項）。

　①　少数特定者持株数（所有株式数の多い順に10名の株主が所有する株式及び役員が所有する株式等の総数をいう）が上場株式数の80％を超えている場合において、1年以内に80％以下とならないとき（以下、「少数特定者持株数基準」という）

　②　上場会社が財務諸表等又は中間財務諸表等に虚偽記載を行い、かつ、その影響が重大であると東京証券取引所が認めた場合（以下、「財務諸表等虚偽記載基準」という）

　③　公益又は投資者保護のため、東京証券取引所が当該銘柄の上場廃止を適当と認めた場合（以下、「公益等保護基準」という）

　(3)　西武鉄道は、関東財務局長等に対して提出した昭和32年3月期から平成16年3月期までの有価証券報告書等において、コクドが所有する西武鉄道株式の数につき、コクド名義で所有する株式（以下、「コクド名義株」という）の数のみを記載し、他人名義で所有する株式（以下、「他人名義株」という）の数を記載せず、また、コクド名義株と他人名義株を合わせればコクドが西武鉄道の発行済株式総数の過半数を有する会社であったにもかかわらず、その旨の記載もしなかった（以下、西武鉄道の有価証券報告書等における上記の内容の虚偽記載を「本件虚偽記載」という）。

　(4)　他方、コクドは、平成2年の証券取引法の改正により提出が義務付けられた大量保有報告書及びその変更報告書において、その所有する西武鉄道株式の数を過少に記載し、後記(7)の公表までの間、正確な数を記載した大量保有報告書及びその変更報告書を提出しなかった。

　また、コクドは、平成7年以降、その所有する西武鉄道株式の一部を他人名義株も含めて売却し、更に、平成12年以降、相対取引で西武鉄道

株式を売却した際、コクド名義株を売却した上でその分の他人名義株をコクド名義に書き換えるという処理をして、他人名義株を減少させた。

(5) 西武鉄道の代表取締役であったY₁（昭和40年11月就任、平成16年4月14日退任）及び訴外A（同月8日就任）並びに西武鉄道の取締役総務部長を経て代表取締役となったY₂（昭和51年6月取締役就任、平成8年6月代表取締役就任、平成16年4月8日代表取締役辞任）は、上記の各在任期間中、本件虚偽記載の事実を認識しながら、その訂正を指示等することなく、これを継続することを容認し、また、Y₁は、コクドの代表取締役（昭和32年10月就任、平成16年10月13日辞任）としても、コクドが所有する他人名義株の存在や本件虚偽記載を認識しながらこれを公表しなかっただけでなく、上記(4)の本件虚偽記載の隠蔽に積極的に関与した。

(6) 西武鉄道の少数特定者持株数は、少数特定者持株数基準が施行された昭和57年10月1日以降、平成16年3月末まで継続して上場株式数の80％を超えていた。しかし、本件虚偽記載のある有価証券報告書等の記載の上では、少数特定者持株数は、常に上場株式の80％以下にとどまるものとされていた。

また、コクドの所有する西武鉄道株式の数が西武鉄道の発行済株式総数に占める割合は、昭和32年3月末以降、常に過半数であったが、本件虚偽記載により、有価証券報告書等の記載上の上記割合は、常に半数以下にとどまるものとされていた。

(7) 西武鉄道は、平成16年10月13日、関東財務局長に対し、コクド等の所有する他人名義株の存在が判明したとして、公衆縦覧期間中である平成12年3月期から平成16年3月期までの有価証券報告書等につき、コクド等の所有する西武鉄道株式の数及び所有割合を訂正し、コクドの表示を「その他の関係会社」から「親会社」に訂正するなどした訂正報告書を提出し、その旨を公表した（以下、「本件公表」という）。

(8) 東京証券取引所は、平成16年10月13日、西武鉄道株式を少数特定者持株数基準に係る猶予期間入り銘柄（その期間は同年4月1日から1年間）としたことを公表するとともに、西武鉄道株式について、財務諸表等虚偽記載基準及び公益等保護基準に該当するおそれがあるとして、その該当の有無を認定する日まで監理ポストに割り当てることを決定し、その旨を公表した。

東京証券取引所は、同年11月16日、西武鉄道株式について、財務諸表等虚偽記載基準及び公益等保護基準に該当するとして、同年12月17日に上場廃止とする旨を決定し、上記決定内容及び同月16日まで西武鉄道株式を整理ポストに割り当てる旨を公表した。

西武鉄道株式は、同月17日、上場廃止となった。

(9) 西武鉄道株式の東京証券取引所における終値は、本件公表の日（なお、本件公表前に同日の取引は終了していた）である平成16年10月13日が1株1081円、上場廃止決定のあった同年11月16日が1株268円、最終取引日である同年12月16日が1株485円であった。

その後、平成18年2月に西武鉄道の会社分割など関係企業の再編が行われ、西武鉄道の株主は、その所有していた西武鉄道株式1株につき西武ホールディングスの株式（以下、「西武ホールディングス株」という）1株を所有することとなった。上記の企業再編の際、西武鉄道株式は、1株919円と評価されて譲渡されるとともに、西武鉄道は、会社分割に反対する株主からの株式買取請求にこれと同一の価格で応じた。

西武ホールディングスは、平成19年5月21日以降、単元未満株式の買取請求に対し、1株1175円で買取りに応じている。

(10) 上告人らは、一般投資家であり、第一審判決別紙「損害等一覧表」の「取得時期」欄記載の日（平成4年12月10日から平成16年10月13日まで）に取引所市場において「持ち株数」欄記載の数の西武鉄道株式を「取得価格」欄記載の1株当たりの価額で取得した。

上告人らは、本件公表の時点で、上記一覧表の「持ち株数」欄記載の数の西武鉄道株式を保有しており、「売却時期」欄に年月日が記載されている株式（以下、「処分株式」という）については当該年月日に「売却価格」欄記載の1株当たりの価額でこれを売却し、また、「売却時期」欄に「保有」と記載されている株式については西武鉄道株

式に代わり同数の西武ホールディングス株（以下、「保有株式」という）を所有している。

(11) コクドは、平成18年2月1日、プリンスホテルに吸収合併された。

訴外Aは、平成17年2月19日死亡し、その相続人である被上告人Y₃は、限定承認をした。

3 当事者の主張

(1) 上告人らは、本件虚偽記載により上告人らに生じた損害の額について、要旨次のとおり主張している。

① 主位的主張

本件虚偽記載がなければ上告人らが西武鉄道株式を取得することはなかったから、西武鉄道株式を取得させられたこと自体が損害であり、対価として支出した取得価額の全額が損害額となる。

② 予備的主張1

上告人らは、本件虚偽記載によって、本来は上場を維持し得ない株式である西武鉄道株式を上場株式としての付加価値（以下、「上場プレミアム」という）が上乗せされた対価で取得させられたから、上場プレミアム相当分が損害であり、取得価額と取得時点での本来あるべき価額（想定価額）との差額が損害額となる。

③ 予備的主張2

本件虚偽記載がされた結果、西武鉄道株式は本件公表後に市場価額が大幅に下落して上場廃止となったから、本件公表後の株価下落分が損害となり、処分株式については本件公表の日の終値と処分価額との差額が、保有株式については上記終値と事実審の口頭弁論終結時の価額との差額が損害額となる。

4 原審の判断内容

原審は、前記事実関係の下において、〔1〕西武鉄道、プリンスホテル及びY₁は、全ての上告人らに対し、〔2〕Y₂は、同人が代表取締役を辞任した後に有価証券報告書が提出された日の前日である平成16年6月28日までに西武鉄道株式を取得した上告人らに対し、〔3〕被上告人Y₃は、訴外Aから相続した財産の限度において、訴外Aが代表取締役に就任した後に有価証券報告書が提出された日である同月29日以降に西武鉄道株式を取得した上告人らに対し、それぞれ本件虚偽記載につき不法行為責任を負うとした上で、本件虚偽記載により上告人らに生じた損害の額について次のとおり判断して、上告人らのうち本件公表後に西武鉄道株式を売却した者の請求を一部認容し、その余の上告人らの請求を棄却すべきものとした。

(1) 主位的主張について

上告人らの主位的主張は、取得した西武鉄道株式が取得時点において無価値であったことを前提とするものと理解するよりほかはないが、西武鉄道株式は長年にわたって上場株式として流通し、多数の売買取引がされてきたものであり、これが客観的に無価値であったとはいえない。本件虚偽記載が株主の構成に関するものであって、会社の収支や資産価値に直接関わるものではなかったことなどからすれば、上告人らは、その取得時点で取得価額に相応した価値を有する西武鉄道株式を取得したものといわざるを得ないし、また、上告人らの取得行為自体に瑕疵はないから、西武鉄道株式の取得自体を損害とみることはできず、主位的主張は理由がない。

(2) 予備的主張1について

上告人らの主張する上場プレミアム相当分の損害は、上告人らが西武鉄道株式を取得した時点では未発生といえなくもない上、その額を数額的に把握することは困難であり、その主張に係る額を認めるに足りる証拠もないから、予備的主張1は理由がない。

(3) 予備的主張2について

本件公表により西武鉄道株式の市場価額が急落するという事態は、本件虚偽記載が判明することによって生ずべき減価が現実化したものということができる。

しかし、上告人らのうち本件公表後に西武鉄道株式を売却した者については、本件公表後いつの時点で西武鉄道株式を売却するかは当該株主が諸般の事情を考慮して決断すべき事柄であること、虚偽記載の公表直後はいわゆるろうばい売りが集中し、その市場価額が客観的株価より過大に下落する傾向がみられること、本件虚偽記載は西武鉄道の財務状況や企業価値そのものに関するものではなかったことなどに照らすと、本件公表後の西

武鉄道株式の売却行為及びそれによる損失の発生が、全て本件虚偽記載から通常生じ得る結果であるとまではいえない。本件虚偽記載により上記の上告人らに生じた損害の額は、本件公表後の西武鉄道株式の市場価額の推移やその後の関係企業の再編の際における西武鉄道株式の評価額等を総合勘案し、民訴法248条を適用して、処分株式1株につき160円と認定するのが相当である。

他方、上告人らのうち本件公表後も西武鉄道株式を売却せず、代わりに西武ホールディングス株を取得した者については、原審口頭弁論終結時において、その保有する西武ホールディングス株の価額が、西武鉄道株式の本件公表の日の終値である1株1081円を下回っているとは認められないから、株価下落による損害を被ったとはいえない。

Ⅱ 判決要旨

請求一部認容。

1 有価証券報告書等に虚偽の記載がされている上場株式を取引所市場において取得した投資者が、当該虚偽記載がなければこれを取得することはなかったとみるべき場合において、当該虚偽記載の公表後に上記株式を取引所市場において処分したときは、上記投資者に生じた当該虚偽記載と相当因果関係のある損害の額は、その取得価額と処分価額との差額を基礎とし、経済情勢、市場動向、当該会社の業績等当該虚偽記載に起因しない市場価額の下落分を上記差額から控除して、これを算定すべきである。

2 有価証券報告書等に虚偽の記載がされている上場株式を取引所市場において取得した投資者が、当該虚偽記載がなければこれを取得することはなかったとみるべき場合において、当該虚偽記載が公表された後のいわゆるろうばい売りが集中することによる上場株式の市場価額の過剰な下落による損害は、当該虚偽記載と相当因果関係がないとはいえない。

3 そうすると、本件虚偽記載と相当因果関係のある損害の額は、処分株式についてはその取得価額と処分価額との差額から、保有株式についてはその取得価額と事実審の口頭弁論終結時の同株式の評価額との差額から、本件公表前の経済情勢、市場動向、西武鉄道の業績等本件虚偽記載とは無関係な要因による下落分を控除して、これを算定すべきである（田原判事補足意見、寺田判事意見あり）。

【②事件（西武鉄道株式機関投資家事件）】

Ⅰ 事案の概要

1 概略

東京証券取引所に上場されていた被上告人西武鉄道株式会社（以下、「西武鉄道」という）の株式を取引所市場において取得した上告人らが、株式会社コクド（以下、「コクド」という）等の少数特定者が所有する西武鉄道の株式の割合が東京証券取引所に定める上場廃止事由に該当する事実があったにもかかわらず、西武鉄道が有価証券報告書及び半期報告書（以下、「有価証券報告書等」という）に虚偽の記載をして上記事実を隠蔽し、また株式会社コクドが西武鉄道株式の大量保有報告書に過少な数を記載するなどして隠蔽に協力したことで上場廃止となったことにより損害を被ったとして、西武鉄道、コクドを吸収合併した被上告人株式会社プリンスホテル（以下、「プリンスホテル」という）及びコクドの代表取締役であったY₁元会長に対し、不法行為等に基づく損害賠償を求めた事案の上告審の判決である。上記の不法行為により上告人らに生じた損害の額が争点となっている。

2 原審が確定した事実関係

(1) 西武鉄道株式は、昭和24年に東京証券取引所に上場され、昭和40年8月から平成16年12月16日まで継続して市場第一部に上場されていた。

(2) 東京証券取引所においては、遅くとも昭和57年10月1日には以下の上場廃止事由が定められ、これは平成16年まで継続されていた（株券上場廃止基準2条1項、昭和57年10月1日改正付則3項・5項）。

① 少数特定者持株数（所有株式数の多い順に

10名の株主が所有する株式及び役員が所有する株式等の総数をいう）が上場株式数の80％を超えている場合において、1年以内に80％以下とならないとき（以下、「少数特定者持株数基準」という）

② 上場会社が財務諸表等又は中間財務諸表等に虚偽記載を行い、かつ、その影響が重大であると東京証券取引所が認めた場合（以下、「財務諸表等虚偽記載基準」という）

③ 公益又は投資者保護のため、東京証券取引所が当該銘柄の上場廃止を適当と認めた場合（以下、「公益等保護基準」という）

(3) 西武鉄道は、関東財務局長等に対して提出した昭和32年3月期から平成16年3月期までの有価証券報告書等において、コクドが所有する西武鉄道株式の数につき、コクド名義で所有する株式（以下、「コクド名義株」という）の数のみを記載し、他人名義で所有する株式（以下、「他人名義株」という）の数を記載せず、また、コクド名義株と他人名義株を合わせればコクドが西武鉄道の発行済株式総数の過半数を有する会社であったにもかかわらず、その旨の記載もしなかった（以下、西武鉄道の有価証券報告書等における上記の内容の虚偽記載を「本件虚偽記載」という）。

(4) 他方、コクドは、平成2年の証券取引法の改正により提出が義務付けられた大量保有報告書及びその変更報告書において、その所有する西武鉄道株式の数を過少に記載し、後記(7)の公表までの間、正確な数を記載した大量保有報告書及びその変更報告書を提出しなかった。

また、コクドは、平成7年以降、その所有する西武鉄道株式の一部を他人名義株も含めて売却し、更に、平成12年以降、相対取引で西武鉄道株式を売却した際、コクド名義株を売却した上でその分の他人名義株をコクド名義に書き換えるという処理をして、他人名義株を減少させた。

(5) 西武鉄道の代表取締役であったY₁（昭和40年11月就任、平成16年4月14日退任）は、上記の各在任期間中、本件虚偽記載の事実を認識しながら、その訂正を指示等することなく、これを継続することを容認し、また、Y₁は、コクドの代表取締役（昭和32年10月就任、平成16年10月13日辞任）としても、コクドが所有する他人名義株の存在や本件虚偽記載を認識しながらこれを公表しなかっただけでなく、上記(4)の本件虚偽記載の隠蔽に積極的に関与した。

(6) 西武鉄道の少数特定者持株数は、少数特定者持株数基準が施行された昭和57年10月1日以降、平成16年3月末まで継続して上場株式数の80％を超えていた。しかし、本件虚偽記載のある有価証券報告書等の記載の上では、少数特定者持株数は、常に上場株式の80％以下にとどまるものとされていた。

また、コクドの所有する西武鉄道株式の数が西武鉄道の発行済株式総数に占める割合は、昭和32年3月末以降、常に過半数であったが、本件虚偽記載により、有価証券報告書等の記載上の上記割合は、常に半数以下にとどまるものとされていた。

(7) 西武鉄道は、平成16年10月13日、関東財務局長に対し、コクド等の所有する他人名義株の存在が判明したとして、公衆縦覧期間中である平成12年3月期から平成16年3月期までの有価証券報告書等につき、コクド等の所有する西武鉄道株式の数及び所有割合を訂正し、コクドの表示を「その他の関係会社」から「親会社」に訂正するなどした訂正報告書を提出し、その旨を公表した（以下、「本件公表」という）。

(8) 東京証券取引所は、平成16年10月13日、西武鉄道株式を少数特定者持株数基準に係る猶予期間入り銘柄（その期間は同年4月1日から1年間）としたことを公表するとともに、西武鉄道株式について、財務諸表等虚偽記載基準及び公益等保護基準に該当するおそれがあるとして、その該当の有無を認定する日まで監理ポストに割り当てることを決定し、その旨を公表した。

東京証券取引所は、同年11月16日、西武鉄道株式について、財務諸表等虚偽記載基準及び公益等保護基準に該当するとして、同年12月17日に上場廃止とする旨を決定し、上記決定内容及び同月16日まで西武鉄道株式を整理ポストに割り当てる旨を公表した。

西武鉄道株式は、同月17日、上場廃止となった。

(9) 西武鉄道株式の東京証券取引所における終値は、本件公表の日（なお、本件公表前に同日の取

引は終了していた）である平成16年10月13日が1株1081円、上場廃止決定のあった同年11月16日が1株268円、最終取引日である同年12月16日が1株485円であった。

その後、平成18年2月に西武鉄道の会社分割など関係企業の再編が行われ、その際、西武鉄道株式は1株919円と評価されて譲渡されるとともに、被上告人西武鉄道は、会社分割に反対する株主からの株式買取請求にこれと同一の価格で応じた。

(10) 上告人らは、平成8年3月から平成16年10月13日までの間に取引所市場において西武鉄道株式を取得し、本件公表後上記上場廃止までの間にその保有していた西武鉄道株式を取引所市場において全部売却した機関投資家、又は上記機関投資家から被上告人らに対する損害賠償請求権の譲渡を受けた者である（以下、同請求権の譲渡前の事実をいうときは、上記の市場取引を行った者を指して「上告人ら」という）。

(11) コクドは、平成18年2月1日、プリンスホテルに吸収合併された。

3　当事者の主張

上告人らは、本件虚偽記載により上告人らに生じた損害の額について、要旨次のとおり主張している。

① 主位的主張

本件虚偽記載がなければ上告人らが西武鉄道株式を取得することはなかったにもかかわらず、上告人らは、本件虚偽記載により西武鉄道株式を取得させられ、かつ、本件公表後にこれを売却することを余儀なくされたから、取得価額と処分価額との差額が損害額である。

② 予備的主張1

本件虚偽記載がなければ西武鉄道株式はすぐにでも上場廃止となり得る株式としての価額（想定価額）で市場に流通していたはずであるから、取得価額と想定価額との差額に相当する額が損害額となる。

③ 予備的主張2

本件虚偽記載がされた結果、西武鉄道株式の市場価額が本件公表後に急落し、上告人らは急落した株価でこれを売却することを余儀なくされたから、本件公表の日の終値と処分価額との差額が損害額となる。

4　原審の判決

原審は、前記事実関係の下において、被上告人らの不法行為責任を肯定した上で、本件虚偽記載により上告人らに生じた損害の額について次のとおり判断して、上告人らの請求を一部認容し、その余の請求を棄却した。

(1) **主位的主張について**

上告人らは、上場株式として流通する西武鉄道株式を通常の方法で取得したのであり、上告人らの取得行為自体に瑕疵はない。また、本件虚偽記載が株主の構成に関するものであって、会社の収支や資産価値に直接関わるものではなかったこと、本件公表までは、本件虚偽記載の影響を受けることなく、取得した西武鉄道株式を処分することが可能であったことからすると、西武鉄道株式の取得自体を損害とみることはできず、主位的主張は理由がない。

(2) **予備的主張1について**

上告人らの主張する取得価額と想定価額との差額相当額の損害は、上告人らが西武鉄道株式を取得した時点では余りに不明瞭なものであって損害が生じたとはいえない上、その主張に係る想定価額を認めることもできないから、予備的主張1は理由がない。

(3) **予備的主張2について**

本件公表により西武鉄道株式の市場価額が急落するという事態は、本件虚偽記載が判明することによって生ずべき減価が現実化したものということができる。

しかし、本件公表後いつの時点で西武鉄道株式を売却するかは当該株主が諸般の事情を考慮して決断すべき事柄であること、虚偽記載の公表直後はいわゆるろうばい売りが集中し、その市場価額が客観的株価より過大に下落する傾向がみられること、本件虚偽記載は被上告人西武鉄道の財務状況や企業価値そのものに関するものではなかったことなどに照らすと、本件公表後の西武鉄道株式の売却行為及びそれによる損失の発生が、全て本件虚偽記載から通常生じ得る結果であるとまではいえない。本件虚偽記載により上告人らに生じた

損害の額は、本件公表後の西武鉄道株式の市場価額の推移やその後の関係企業の再編の際における西武鉄道株式の評価額等を総合勘案し、民事訴訟法248条を適用して、本件公表の日の終値の15％相当額と認定するのが相当である。

Ⅱ 判決要旨

請求一部認容。
1　有価証券報告書等に虚偽の記載がされている上場株式を取引所市場において取得した投資者が、当該虚偽記載がなければこれを取得することはなかったとみるべき場合において、当該虚偽記載の公表後に上記株式を取引所市場において処分したときは、上記投資者に生じた当該虚偽記載と相当因果関係のある損害の額は、その取得価額と処分価額との差額を基礎とし、経済情勢、市場動向、当該会社の業績等当該虚偽記載に起因しない市場価額の下落分を上記差額から控除して、これを算定すべきである。
2　有価証券報告書等に虚偽の記載がされている上場株式を取引所市場において取得した投資者が、当該虚偽記載がなければこれを取得することはなかったとみるべき場合において、当該虚偽記載が公表された後のいわゆるろうばい売りが集中することによる上場株式の市場価額の過剰な下落による損害は、当該虚偽記載と相当因果関係がないとはいえない。
3　以上と異なる原審の判断には、判決に影響を及ぼすことが明らかな法令の違反がある。論旨は、この趣旨をいうものとして理由があり、原判決中、上告人らの敗訴部分は破棄を免れない。そこで、本件虚偽記載と相当因果関係のある損害の額について更に審理を尽くさせるため、同部分につき本件を原審に差し戻すこととする（田原判事補足意見、寺田判事意見あり）

Ⅲ 分析・検討（①②事件共通）

①②事件の判旨に基本的に、賛成するものであるが、若干コメントを加える。
1　有価証券報告書等に虚偽記載があった場合、会社及び役員に損害賠償責任があることを前提に、賠償を求める損害額をどのように認定するか、また、損害額と因果関係のある事由は何で、因果関係のない事由は何かが問題とされる（争点）。

本件以前の下級審判決では、以下のとおりに見解の対立がみられた。
　イ　損害を否定する裁判例
　ロ　株式の取得価額全額（売却している場合は売却価額との差額）を損害と認める裁判例
　ハ　株式の取得価額とは別に損害を算定する裁判例

これらの対立が生じた理由として、
　イ　投資家が株を取得する以前に虚偽記載の事実が公表されていたなら、投資家が株を取得することがなく、株の取得自体が損害とみることができるか
　ロ　公表後に、株を売却した投資家らについて、売却によって損害を被ったといえるか
　ハ　公表後も、株を保有し続けた投資家について、損害が生じたといえるか

という事実関係の認定が難しいことが指摘されている。

これらの争点について、本件では、①②事件とも、事実関係がほぼ共通であることもあり、いずれの結論も、
　イ　当該虚偽記載の公表後に株式を取引所市場において処分したときは、当該虚偽記載と相当因果関係のある損害の額は、その取得価額と処分価額との差額を基礎とし、経済情勢、市場動向、当該会社の業績等当該虚偽記載に起因しない市場価額の下落分を上記差額から控除して、これを算定すべき
　ロ　当該虚偽記載が公表された後のいわゆるろうばい売りが集中することによる上場株式の市場価額の過剰な下落による損害は、当該虚偽記載と相当因果関係がないとはいえない（争点に関する裁判所の判断）。

と判断しているところである（更に、そのような損害の算定に際しては民事訴訟法248条が適用されるとの見地から、損害を算定し直す必要がある部分を原審に差し戻したものである）。
2　会社の内部事情に精通していない一般投資家が、会社に投資をするとの判断にあたっては、

会社が公表する有価証券報告書等が重要であることはいうまでもない。そこに、虚偽記載があれば、それを信頼して投資した投資家にはできるだけの補償をしなければならないであろう。

現在は、金融商品取引法にて、
　イ　投資家に対する損害の賠償
　ロ　会社役員に対する刑事罰
　ハ　会社に対する課徴金
などの定めがあり、会社が虚偽記載を行わないように罰則を定めるとともに、被害を受けた投資家を救済すべく損害賠償請求をしやすくする配慮がなされている。

また、具体的に賠償請求する場合に、投資家側が立証の困難さを負担しなくてもよいように、不法行為の推定規定、損害額についての推定規定が定められている。

したがって、有価証券報告書等に虚偽記載が発覚した以上、投資家としては、まず、損害の賠償を会社、あるいは、会社の役員に対して求めていくことになる。実際に虚偽記載が問題となったライブドア事件、オリンパス事件などで投資家が損害の賠償を求めて提訴した事実が報道されている。

3　次に、虚偽記載と相当因果関係のある損害の額の範囲が問題となるが、本判例の規範は「取得価額と処分価額との差額を基礎とし、経済情勢、市場動向、当該会社の業績等当該虚偽記載に起因しない市場価額の下落分を上記差額から控除して、これを算定すべき」としている。

このうち、取得価額については、投資家が複数回にわたってそれぞれ異なる価額で有価証券を取得し複数回にわたってそれぞれ異なる価額で処分した場合に、個々の取引ごとに請求額を算定する「個別比較法」と、取得価額の総額と処分価額の総額との差額をもって請求額を算定する「総額比較法」とがあるが、これらの内、価額の特定は比較的容易であろう。また、処分価額も同様に比較的容易に特定ができよう。

問題は、虚偽記載に起因しない市場価額の下落分を損害額から控除することとされていることから、控除する金額がいくらで、控除しない金額がいくらかということになる。

この点、本判決では、そのような損害額の算定については、民事訴訟法248条が適用されるとするのみで、具体的な計算方法は示されていない（ただし、ろうばい売りによる下落分は、因果関係があるとされる）。「経済情勢、市場動向、当該会社の業績等当該虚偽記載に起因しない市場価額の下落」の算定は、結局、事案に応じた個別計算ということになるのであろう。

損害額の算定方法についてまとめた文献を、参考に下記に引用しておく。

(1)　**判例時報2097号3頁**（鬼頭季郎、内藤和道）
（要旨）

①　短期的な市場株価ベースで損害を考えるのではなく、金融商品の取引上の品質に関する信頼を欠いたことをもって損害と捉え、西武事件では上場株と信頼して取引をした株主の期待に対する侵害を金銭的に評価すべき、

②　ライブドアは、虚偽記載に係る事項が株式の財務的なファンダメンタルな価値の評価に影響する性格のものであり、本来あるべき価値、即ち虚偽記載がなかりせば想定される株式価値を求めるべき（市場株価を前提としない）、

③　虚偽記載が無ければ、株式を購入することがなかった（例：発行者が不実の届け出書等により株式を発行した）場合、購入によって被った損害を賠償すべきである（金融商品取引法19条1項）。

④　民法は実質的な損害概念、しかしながら、金融商品取引法21条の2第2項は、「公表日」が決まれば自動的に推定損害額が決まる。

(2)　**大証金融商品取引法研究会**（伊藤靖史）
（要旨）

取得したこと自体が損害（取得自体損害説）、高値で取得したことが損害（高値取得損害説）があり、最高裁が示した算定方法は、取得自体損害説と同様の発想に立ちつつ、取得自体損害説において本来は控除が考えられていない金額を損害額から控除するものと整理できる。

Ⅳ　実務対応

1　虚偽記載が判明した場合の会社の対応

虚偽記載が判明した場合、後に

西武鉄道　上場廃止→経営陣退陣、外資系投資家に売却
ライブドア　上場廃止→民事再生申立
オリンパス　上場は維持されているが、経営立て直しが困難な状況に陥る

などの事例をみても、会社の存続自体が困難になるか、そうでなくても、上場維持が大変困難な状況に追い込まれかねない。

　上場会社の場合は、非上場会社の粉飾決算と違って、虚偽記載の判明によって、株式に投資してもらった多数の投資家に確実に損害を与えることになるので、金融商品取引法が、損害賠償、刑事罰を規定するのも、もっともな規律であろう。

　したがって、万一、虚偽記載が判明した場合は、その公表を先に伸ばすのではなく、投資家の損害を小さくすべく、できるだけ早期に、正確な情報開示、そして、虚偽記載内容のリカバリー方法の公表が求められよう。

　これまでの失敗事例のように、虚偽記載を続けようとの判断をしてはいけない。

2　投資家のとるべき行動

　ところで、投資家が、会社あるいは会社の役員に対して、損害賠償を求める場合に、会社に賠償能力が残されているか、役員に損害を負担できる私財があるかが現実の問題となり得る。更に付け加えると、機関投資家でもない一般投資家が、弁護士報酬や訴訟費用を負担してまで、訴訟を起こすことが現実にできるかが問題となる。

　虚偽記載公表後に、株価の下落を来した会社は、並大抵の努力では立ち直ることは困難である。そのような中で、株価下落による損失を被った投資家が自らの損害を回復するためには、会社及び会社役員に対して賠償を直接求めるのではなく、（株式を売却しないで保有継続している投資家の場合）会社の業績が回復して株価が上昇することにより損害を回復する方が望ましいとはいえないであろうか。また、訴訟に踏み切る投資家がいる一方で、種々の事情から訴訟を起こすことができない投資家の存在も念頭に置かなければなるまい。

　したがって、株主としての慎重な判断上での行動が望まれよう。

3　金融商品取引法の制定による推定規定

　①②事件の後のことになるが、旧証券取引法が改正され、2004年に現在の金融商品取引法21条の2（虚偽記載等のある書類の提出者の賠償責任）、同22条（提出会社の役員等の賠償責任）が設けられた。

　この法改正により、虚偽記載等のある発行開示書類または継続開示書類の提出会社は、流通市場において当該会社が発行する有価証券を取得した善意の投資家に対して損害賠償責任を負うことが規定された。また、損害額について、虚偽記載の公表前1年以内に有価証券を取得し、公表日において引き続きこれを保有する投資家の損害は、公表前1か月間の平均市場価額から公表後1か月間の平均市場価額を控除した額とすることができる旨の推定規定も置かれた。

　現在においては、有価証券報告書等に虚偽記載があって損害を被った者は、まず金融商品取引法の適用を検討することになるであろう。

　金融商品取引法の適用のある判決として、ライブドア事件判決（最判平成24・3・13本誌390号16頁）では、「金融商品取引法21条の2第5項にいう虚偽記載等によって生ずべき当該有価証券の値下りとは、投資者が虚偽記載等のある有価証券報告書等の提出者等を発行者とする有価証券を取得するに当たって実際に支払った額と当該取得の時点において当該虚偽記載等がなかった場合に想定される当該有価証券の市場価額との差額に相当する分の値下がりに限られず、有価証券報告書等の虚偽記載等と相当因果関係のある値下がりの全てをいう。」としており、金融商品取引法を適用しても、なお、損害とは一般不法行為の規定に基づき請求できる損害と同様に、虚偽記載等と相当因果関係のある損害をすべて含むと解されている。

　したがって、金融商品取引法の規定によって責任を追及する場合も、金融商品取引法の規定の推定によらずに損害賠償責任を追及する場合（例えば、本件①②で主張されたように取得したこと自体を損害であるとして、推定規定による金額を超える損害額を主張しようとする場合など）には、相当因果関係のある損害の考え方など、引き続き、先例としての意義を有するといえる。

最新 金融・商事法判例の分析と展開〔別冊 金融・商事判例〕

2013年5月15日　初版第1刷発行	監　修　　小　出　　　篤
	発行者　　金　子　幸　司
	発行所　　㈱経済法令研究会
	〒162-8421　東京都新宿区市谷本村町3-21
＜検印省略＞	電話代表　03(3267)4811　制作03(3267)4823

営業所／東京03(3267)4812　大阪06(6261)2911　名古屋052(332)3511　福岡092(411)0805

制作／地切　修　印刷／富士リプロ株式会社

Ⓒ Atsushi Koide 2013　　　　　　　　　　　　　　ISBN978-4-7668-2315-8

　　　　　　　　　"経済法令グループメールマガジン"配信ご登録のお勧め
　　　　　当社グループが取り扱う書籍、通信講座、セミナー、検定試験情報等、皆様にお役立ていただ
　　　　　ける情報をお届け致します。下記ホームページのトップ画面からご登録いただけます。
　　　　　　　　　　☆　経済法令研究会　http://www.khk.co.jp/　☆

定価は表紙に表示してあります。無断複製・転用等を禁じます。落丁・乱丁本はお取替えします。

別冊 金融・商事判例

企業不祥事判例にみる役員の責任

監修
龍岡資晃（学習院大学法科大学院教授）
小出 篤（学習院大学教授）

編集委員
神谷隆一（弁護士）
齋藤 実（弁護士）
鈴木雄介（弁護士）
中根利勝（弁護士）
渡辺 久（弁護士）

企業不祥事が相次ぐ中で、企業のコンプライアンス・ガバナンスが企業の信用維持・業績向上にも大きく影響することが意識されるようになってきている。本書は、企業不祥事のなかで取締役等の責任が問われた事例について、詳細に分析・検討を行った判例評釈集である。

◆企業不祥事研究会において報告・研究成果をまとめたもの
◆判例の分析・検討だけでなく、実務上の対応にも言及
◆会社法務に造詣の深い第一線の弁護士等が執筆

●B5判　　●240頁　　●定価3,675円（税込）

目次

【民事編】

1. 日本システム技術事件（最判平成21・7・9）　　　　弁護士　渡辺　久
2. ダスキン事件（大阪高判平成19・1・18、大阪高判平成18・6・9）　　　　弁護士　加藤伸樹
3. 雪印食品・牛肉偽装事件（東京地判平成17・2・10、東京高判平成17・1・18）　　　　弁護士　脇田未果子
4. 蛇の目ミシン事件（最判平成18・4・10）　　　　弁護士　松尾剛行
5. 間組事件（東京地判平成6・12・22）　　　　弁護士　村岡賢太郎
6. 旧三菱石油事件（東京高判平成14・4・25）　　　　弁護士　浦山慎介
7. 東京電力事件（東京地判平成11・3・4）　　　　弁護士　浦山慎介
8. 三菱商事事件（東京地判平成16・5・20）　　　　弁護士　鹿倉将史
9. 日本航空電子工業・関税法・外為法違反事件（東京地判平成8・6・20）　　　　弁護士　木下雅之
10. 丸荘証券・説明義務違反事件（東京地判平成15・2・27）　　　　弁護士　鈴木雄介
11. 野村證券・孫会社の損害についての責任事件（東京地判平成13・1・25）　　　　弁護士　皆川克正
12. 野村證券・損失補填事件（最判平成12・7・7）　　　　弁護士　杉本亘雄
13. 日本経済新聞・インサイダー取引事件（東京地判平成21・10・22）　　　　弁護士　神谷隆一
14. 青森県住宅供給公社事件（青森地判平成18・2・28）　　　　弁護士　佐々木英乃
15. JT乳業事件（名古屋高金沢支判平成17・5・18）　　　　弁護士　松井雅典
16. 新潮社・名誉毀損事件（東京地判平成21・2・4）　　　　弁護士　山田晴子
17. プリンスホテル事件（東京高判平成22・11・25）　　　　弁護士　竹村朋子
18. 神戸製鋼事件（神戸地裁平成14・4・5和解）　　　　弁護士　加藤洋美

【刑事編】

1. 北海道拓殖銀行事件（最決平成21・11・9）　　　　UBS　赤間英一
2. 平和相互事件（最決平成10・11・25）　　　　弁護士　渡辺　久
3. 長銀粉飾決算事件（最判平成20・7・18）　　　　弁護士　加藤伸樹
4. ジャパンメディアネットワーク事件（東京地判平成20・9・17）　　　　弁護士　澁谷展由
5. 大阪証券取引所・仮装馴合取引事件（最決平成19・7・12）　　　　弁護士　松井雅典
6. 北國銀行事件（最判平成16・9・10）　　　　弁護士　土平英俊
7. 五菱会ヤミ金融事件（東京高判平成17・11・17）　　　　弁護士　齋藤　実

『M&A判例の分析と展開』も好評発売中!!

野村修也（中央大学教授）・中東正文（名古屋大学教授）編集　●B5判　●264頁　●定価3,990円（税込）

横河電機製作所事件を始め、忠実屋・いなげや事件、ベルシステム事件、ライブドアvsニッポン放送事件、蛇の目ミシン事件、そして住友信託銀行vs旧UFJ事件などなど、外国判例編も含め、20件ものM&Aに関する重要判例をセレクトして解説しています。

経済法令研究会　http://www.khk.co.jp/

〒162-8421 東京都新宿区市谷本村町3-21　TEL:03(3267)4811　FAX:03(3267)4803

1201-2213-TO(2272)

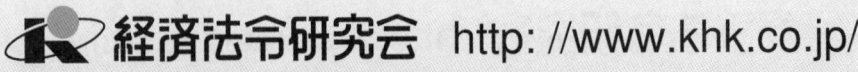

金融・商事判例 2013年増刊号（No.1411）

融資責任を巡る判例の分析と展開

西口　元（前橋地方裁判所部総括判事）・鎌野邦樹（早稲田大学大学院法務研究科教授）・金丸和弘（森・濱田松本法律事務所／弁護士）

● B5判　● 128頁　● 2,100円（税込）

◆厳選された融資責任についての重要判例29件を、第一線で活躍している研究者・弁護士・裁判官がコンパクトに解説！

◆「貸す責任」、「貸さない責任」を巡る裁判例の今後の動向を見通すために最適な一冊！

（項目および執筆者・敬称略）

目　次

I　経営者の融資責任

No.	判例	所属	執筆者
1	銀行取締役の融資判断と任務懈怠責任（概観）	森・濱田松本法律事務所／弁護士	金丸　和弘
2	東京地判平成14・7・18	森・濱田松本法律事務所／弁護士	石井　裕介
3	東京地判平成16・3・25	中村・角田・松本法律事務所／弁護士	山田　和彦
4	札幌高判平成18・3・2	九州大学大学院法学研究院教授	上田　純子
5	札幌高判平成18・3・2	日本大学大学院法務研究科助教	金澤　大祐
6	最二判平成20・1・28〔①事件〕、最二判平成20・1・28〔②事件〕	日本大学法学部教授、弁護士	松嶋　隆弘
7	最二判平成21・11・27	國學院大學法科大学院教授	中曽根玲子
8	宇都宮地判平成22・3・18	小沢・秋山法律事務所／弁護士	香月　裕爾
9	東京高判平成23・12・15	鹿児島大学法科大学院教授	村山　洋介
10	最三決平成11・7・6	國學院大學教授	関　哲夫
11	最一決平成20・5・19	早稲田大学教授	島田聡一郎
12	最三決平成21・11・9	森・濱田松本法律事務所／弁護士	小田　大輔
13	福岡高宮崎支判平成23・8・31	弁護士	松葉　知久
14	大阪高判平成14・3・29	京都学園大学教授	渡邊　博己
15	盛岡地判平成19・7・27	高崎経済大学准教授	金光　寛之
16	東京高判平成16・12・21	北陸大学講師	胡　光輝
17	広島高判平成22・2・19	早稲田大学大学院法務研究科教授	烏山　恭一
18	最一判平成12・9・28	森・濱田松本法律事務所／弁護士	山内　洋嗣
19	最二判平成18・4・10	金子・中・橋本法律事務所／弁護士	島川　勝
20	東京地判平成12・11・16	森・濱田松本法律事務所／弁護士	太子堂厚子
21	福岡高判平成24・4・13	潮見坂綜合法律事務所／弁護士	清水　真
22	東京高判平成17・1・27	日本大学法学部教授、篠崎・進土法律事務所／弁護士	清水　恵介

II　貸し手責任

No.	判例	所属	執筆者
23	貸し手責任総論―銀行融資の実行責任および説明責任等に関する判例概観―	早稲田大学大学院法務研究科教授	鎌野　邦樹
24	東京地判平成13・7・19	早稲田大学大学院法務研究科助教	白石　大
25	前橋地判平成24・4・25	東京地方裁判所判事補	村岡　聖子
26	東京地判平成16・1・22	早稲田大学大学院法務研究科教授	鎌野　邦樹
27	東京高判平成17・3・31	岩田合同法律事務所／弁護士	田路　至弘
28	東京地判平成17・10・31	弁護士	吉田　和央
29	最一判平成18・6・12	前橋地方裁判所部総括判事	西口　元
30	最三判平成24・11・27	浅井国際法律事務所／弁護士	浅井　弘章

1303-2276-TO

経済法令研究会　http://www.khk.co.jp/

〒162-8421 東京都新宿区市谷本村町3-21　TEL:03(3267)4811　FAX:03(3267)4803